本书系全国教育科学"十二五"规划 2012 年度国家重点课题"中小学理科教材国际比较研究"（课题批准号：AHA120008）研究成果

"十二五"国家重点图书出版规划项目
中小学理科教材难度国际比较研究丛书

丛书主编　袁振国

国家出版基金项目
NATIONAL PUBLICATION FOUNDATION

中小学理科教材难度国际比较研究

王民　等　著

高中地理卷

GEOGRAPHY

教育科学出版社
·北京·

出 版 人 李 东

责任编辑 何 艺 薛 莉

版式设计 宗沅书装 孙欢欢

责任校对 张 珍 金 霞

责任印制 叶小峰

图书在版编目（CIP）数据

中小学理科教材难度国际比较研究. 高中地理卷／
王民等著. —北京：教育科学出版社，2016.12
（中小学理科教材难度国际比较研究丛书／袁振国
主编）
ISBN 978-7-5191-0661-4

Ⅰ.①中… Ⅱ.①王… Ⅲ.①中学地理课—教材—对
比研究—高中—世界 Ⅳ.①G633

中国版本图书馆 CIP 数据核字（2016）第 181693 号

中小学理科教材难度国际比较研究丛书
中小学理科教材难度国际比较研究（高中地理卷）
ZHONGXIAOXUE LIKE JIAOCAI NANDU GUOJI BIJIAO YANJIU（GAOZHONG DILI JUAN）

出版发行　**教育科学出版社**

社　　址	北京·朝阳区安慧北里安园甲 9 号		市场部电话	010-64989009	
邮　　编	100101		编辑部电话	010-64989419	
传　　真	010-64891796		网　　址	http：//www.esph.com.cn	
经　　销	各地新华书店				
制　　作	北京大有艺彩图文设计有限公司				
印　　刷	保定市中画美凯印刷有限公司				
开　　本	169 毫米×239 毫米 16 开		版　　次	2016 年 12 月第 1 版	
印　　张	20.5		印　　次	2016 年 12 月第 1 次印刷	
字　　数	250 千		定　　价	42.00 元	

如有印装质量问题，请到所购图书销售部门联系调换。

丛书总序

一、缘起

2008 年 8 月 29 日，中央决定启动《国家中长期教育改革和发展规划纲要（2010—2020 年）》（以下简称《教育规划纲要》）的研制工作，我很荣幸地参与了《教育规划纲要》调研起草的全过程。在征求意见的过程中，减轻学生课业负担的呼声一直很高，同时，很多家长、社会人士，包括著名学者、两院院士都认为，减轻学生课业负担需适当降低教材难度，"适当降低教材难度"一度写进了《教育规划纲要》文本。但是，这一判断并没有科学研究的依据。从全世界科技发展的进程和课程教材改革的历史来看，教材的内容越来越丰富，新的知识和方法不断被补充到教材中来。如果比较笼统地做一个判断的话，中小学教材总的说来不是越来越易，而是越来越难，在国际竞争日益加剧的背景下降低教材难度具有很大的风险。

中小学教材的难易在一定程度上代表了一个国家教育发展的水平。教材的难易不仅决定着学生掌握知识的程度，而且关系到人才培养目标和民族的整体素质。世界上很多有影响的教育改革都聚焦课程教材的改革，教材难度的调整常常是课程教材改革的重要内容。1958 年，美国为了应对苏联成功发射人造卫星的挑战，颁布了著名的《国防教育法》，强调"新三艺"，就是以提高教材难度而著称的。

学生课业负担过重与教材难度到底有没有关系？如果我们在没有进行认真研究的情况下就把大中小学教材的难度降下来，10 年、20 年以后发现是一个错误选择的话，后果就太严重了。这一疑虑得到了领导和同事们的认同。因此，关于这个问题，《教育规划纲要》的文本是这样表述的："调整教材内容，科学设计课程难度"。这既积极回应了社会的关切，又保持了审慎的态度，为今后开展专题研究提供了空间，留下了伏笔。

二、过程

教材难度研究非常复杂，涉及很多因素，不仅与教材的客观难度有关，也与教师的素质、教学的要求、教学的时间以及学生的能力和用功程度等因素有关。研究过程中不断有人提出，仅研究教材的难度意义不大，要把教材、教学、教师、课程综合起来研究，才能提出系统改进我国教育的意见。这一观点乍一听起来很有道理，但如果真的这么做了，大概就不可能有今天的研究成果了。因为将无数个复杂因素堆积在一起，这一研究就不可避免地会变成无数凭主观发表评论的研究中的一个，成为没有任何确切结论的自娱自乐。中国教育太需要板上钉钉的、数据确凿的研究了。为了保证客观性和可靠性，研究经历了一个不断聚焦核心问题的过程。

要正面回答教材难不难的问题，有两条可以选择的途径。一是测量出人在不同年龄阶段的接受能力和学习潜力，同时确定学习不同难度的知识所需要的智力程度，根据人的学习能力和潜力判定教材的难易程度。但是我们都知道这在目前的科学研究水平上是做不到的，况且人和人还存在很大差异。另一个相对可行的办法则是通过国际比较，确定我国教材在国际上的相对难易程度，由此做出政策性的判断。为此，《教育规划纲要》颁布后不久，全国教育科学规划领导小组办公室就启动了"中小学理科教材国际比较研究"这一课题，得到全国哲学社会科学规划办公室的大力支持和全国相关高校的积极响应。通过招标竞标，华东师范大学、北京师范大学、东北师范大学、西南大学、陕西师范大学、华中师范大学6所大学的13个团队承担了6个学科不同学段的子课题，各子课题组的组长分别是：

数学：小学——宋乃庆（西南大学），初中——曹一鸣（北京师范大学），高中——史宁中（东北师范大学）。

物理：初中——李春密（北京师范大学），高中——廖伯琴（西南大学）。

化学：初中——王祖浩（华东师范大学），高中——周青（陕西师范大学）。

生物：初中——陆建身（华东师范大学），高中——刘恩山（北京师范大学）。

地理：初中——段玉山（华东师范大学），高中——王民（北京师范大学）。

科学：小学——胡卫平（陕西师范大学），初中——崔鸿（华中师范大学）。

课题组的全体成员精诚协作，总分结合，有步骤地收集和翻译教材、制定研究框架、研讨规范标准、确定方法原则、统计分析数据、调查验证结论、合成研究成果，举行了上百次的大中小型研讨会。很多课题组还利用出国交流或邀请外国专家访问的机会与外国同行进行了切磋研讨。课题组紧张有序，出色地完成了研究任务。

三、方法

通过反复讨论，课题组确定了以下 4 个原则。第一，此次教材比较研究限定于理科，这样可以排除历史文化因素和意识形态的影响。研究涵盖了基础教育的所有 6 个理科学科：数学、物理、化学、生物、地理、科学。第二，研究涵盖 3 个学段——小学、初中、高中，以便了解不同学段教材难度可能存在的差异。第三，仅就教材的文本进行比较，虽然各国在使用教材的过程中对教材的依赖程度不同，但它毕竟是一个基本依据。教材选取的原则是使用范围广，使用时间长，得到政府部门或专业委员会的认可。第四，研究选取了 10 个国家进行比较，包含中国、澳大利亚、日本、韩国、新加坡、德国、法国、俄罗斯、英国和美国，涉及 7 种语言，工作量之大、工作之难，可想而知。

研究从广度和深度两个维度着手，综合判断教材难度。用 N 表示知识的难度，G 表示知识的广度，S 表示知识的深度，α_1、α_2 分别表示知识广度、深度的权重。在此基础上，提出了刻画教材难度的模型，这个模型是广度和深

度两个要素的加权平均，即

$$N = \alpha_1 \cdot G + \alpha_2 \cdot S$$

在调查研究的基础上，各学科确定模型中的参数值 α，一般广度为 0.40，深度为 0.60，难度值在 0—1 之间，0 为最易，1 为最难（部分学科如生物则采用了乘法模型 $N = G \times S$）。

教材的广度研究参考美国各州首席教育官员委员会（Council of Chief State School Officers，CCSSO，2004）提出的课程实施调查（Surveys of Enacted Curriculum，SEC）。SEC 将教材所涉及的知识结构与知识点整理成若干主题。实验、例题、习题根据它们隶属的知识点，也采取同样的方法进行分析。以物理为例，有"力与运动""电""波""动力学和平衡""能""物性"6 个一级主题，每个主题下包括若干个二级主题，如表 1 所示。

表 1　物理教材的知识结构

一级主题	二级主题	一级主题	二级主题
力与运动	矢量和标量	力与运动	动量、冲量和守恒
	位移		平衡
	速度		摩擦力
	相对位置和速度		万有引力
	加速度		弹力
	力	电	静电学
	牛顿第一定律		库仑定律
	牛顿第二定律		电场
	牛顿第三定律		电学

续表

一级主题	二级主题	一级主题	二级主题
电	电流、电压、电阻	能	势能
	串联、并联电路		动能
	磁学		质能守恒
	场的相互作用		内能及热传递
	导体和绝缘体		光能
	其他		声能
波	特性和作用		热力学定律和熵
	可见光		功和能
	不可见光/电磁波谱		机械能和机械
	声音		能源
	地震、海啸、海浪	物性	特性及构成
	信息的传递		物态
动力学和平衡	分子运动		物理变化
	压强和浮力		物理特性
	动力学和温度		光子和光谱
	平衡		原子学说
	反应速度		量子论和电子云
	其他		其他

再以化学为例，有"物质结构与性质""元素及其化合物""化学反应原理""有机化合物""化学计量""化学实验"6个二级主题，二级主题继续分解为三级主题、知识团、知识点和微观内容。以"元素及其化合物"为例，教材的知识结构如图1所示。

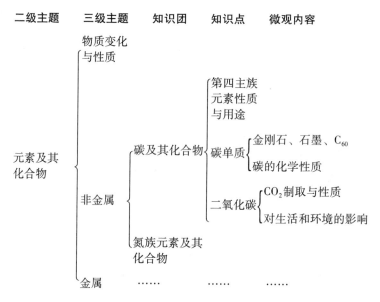

图1　化学教材的知识结构示例

教材深度的测定是在广度分析的基础上，分别对知识点、例题、习题、实验，根据其内容的特点进行深度赋值。

首先是知识点深度水平的划分。SEC把知识点深度分为5个水平，分别是记忆、操作、理解、分析和应用。我们进行了简化，分为了解、理解、应用3个水平，相应的教材知识点深度从低到高分别赋值为1、2、3，如表2所示。

表2　知识点深度水平界定

水平	各水平的含义	教材的表征方式
了解	通过阅读教材，能背诵基础科学事实；回忆科学术语和定义；回忆科学公式；识别、辨认事实或证据；举出例子；描述对象的基本特征	定义、意义、单位、单位换算、符号、公式、原理、规律、结论、基础性的材料、描述性例子、分析性例子、图片例子、仪器的介绍、拓展资料

续表

水平	各水平的含义	教材的表征方式
理解	通过阅读教材，能解释概念；解释教师演示的内容；说明科学探究的过程和方法；利用图表记录和整理数据	例题、演示实验、公式推导、探究实验、概念的总结、规律的得出、对现象的解释（包括生活现象）
应用	通过阅读教材，能在新的情境中使用抽象的概念、原则；进行总结、推广；建立不同情境下的合理联系；对实验进行评估等	运用知识解决综合性的问题、设计制作

教材的难度分析综合广度分析和深度分析的思路框架，如图 2 所示。

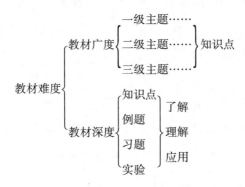

图 2　教材难度分析的思路框架

四、发现

通过 2011 年 2 月至 2014 年 5 月历时 3 年多、集中了 150 多位研究人员的研究，把教材最难的国家计 10 分，最容易的计 1 分，把 6 科教材各个学段的积分相加，再除以 13 发现，在 10 个国家中，中小学理科教材最难的是俄罗斯，以下依次为：美国、澳大利亚、德国、中国、新加坡、韩国、日本、法国、英国。我国中小学理科教材难度在 10 个国家中属中等水平，在 6 个学科上大都排在第 4—6 名，但 10 个国家的教材难度排名在 6 个学科上存在明显差异。

数学教材：俄罗斯最难，其次是美国和中国，英国最容易。

物理教材：美国最难，中国第5，法国和韩国最容易。

化学教材：俄罗斯最难，美国第3，中国第5，韩国最容易。

生物教材：澳大利亚和德国最难，美国第4，中国第7，日本和法国最容易。

地理教材：澳大利亚和俄罗斯最难，中国第4，美国和中国接近，日本最容易。

科学教材：美国最难，中国第6，德国和俄罗斯最容易。

从总体上看，我国教材难度处于世界中等水平，但在广度、深度和不同知识主题的难度上表现出不同特征。有的学科教材容量不大，更重内容深度，表现出"窄而深"的取向，如物理学科；有的学科教材覆盖面宽，知识点多，但内容较浅，表现出"大而宽""浅而散"的倾向，如化学学科。在不同学段和具体内容方面，我国教材难度也有所不同。如小学数学教材难度比较适中，初高中数学教材偏难；小学数学教材内容略少，初高中数学教材内容偏多；小学、初中数学教材习题偏难，高中数学教材习题偏易；初高中物理教材实验难度大，知识和习题偏易；初高中化学教材内容偏多，知识和实验偏易。

既然我国中小学理科教材难度在世界上处于中等水平，为什么人们会认为学生课业负担特别重呢？13个研究团队基于对我国中小学教学长期的观察、调研发现：我国学生课业负担过重主要是课外加码和教不得法所致。在对教材难度进行国际比较研究的同时，课题组还对中小学各学科的实际教学情况进行了调查和分析，发现我国中小学的实际教学难度比教材难度平均高出50%—100%，同时又布置大量作业，重复练习问题严重，占用了学生大量课余时间，而且给学生造成了很大的心理压力。

五、启示

本课题揭示了我国学生课业负担过重并非由教材难度过高所致的事

实，同时对我国教材编写内容与形式的改进也有很多启发。从教材编写理念看，我们还基本停留于老师讲、学生听的模式，即注重概念、定义、例题、练习的讲解，内容缺乏问题性、探索性和创造性，更缺少从学生出发、以学生发展为导向的编写思想。我国教材编写的改革还有很大空间。

（一） 加强课程标准与教材的系统设计，注重不同学段的有效衔接

国际比较发现，我国中小学课程标准和教材编写缺少学段间的整体规划，缺乏不同学段之间的有效衔接，学科知识的系统性体现不够。有的学科课程标准没有一体化设计，在一标多本的教材编写模式之下，不同学段教材编写团队各自独立，未能通盘考虑。我国教材编写需要加强教学内容和目标层级的整体设计，对能力培养和态度形成进行系统安排，帮助学生对学科形成整体认识，完善教材学科知识的系统性、过程性和衔接性。

（二） 变革教材呈现方式，增强趣味性

我国教材的编写基本遵循"老师讲、学生听"的教学方式的要求，不利于自主学习、合作学习和师生互动。国外教材普遍比较重视栏目设计、版式设计、语言表达、插图编排以及内容组织的多样性，同时注重趣味性，教材的编写意图和教学思想也非常清楚，有利于激发学生学习兴趣，易于教师把握和处理教材。建议我国教材中增加实物图、示意图、模型图、概念图、表格等形象、直观、生动的素材，运用类比、模拟等方法，增强教材的吸引力。

（三） 优化教材结构，加强知识类型的均衡选择

国外教材重视科学性与逻辑性，多从问题入手，强调知识的整体构建。教材编写能考虑学生认知特点，突出同一概念或同一主题内容在不同年级的逐步深入，重视知识编排的递进性。我国教材在编写时需更加注意按照不同年级学生的认知特点和知识基础，螺旋式设计知识目标、能力目标、态度目标及其教学安排。针对教材中不同类的知识或主题难度不够均衡的问题，需要改进设计。比如，加强信息技术在数学学习中的作用；物理教材要适当增加教材的广度，降低教材的深度，实验内容的设计应更加科学；化学教材应

适当减少偏离核心概念的知识点数量，收缩知识的覆盖面，优化实验和习题，强化学生思维训练等。

（四） 加强国情和本土文化的渗透，融合价值观教育

教材的本土文化渗透是指将本国地理、历史、艺术、文化、科技等渗透到教材中，以培养学生爱祖国、爱家乡的情感和社会责任感。国外很多教材都特别重视文化渗透。如物理教材普遍注重科学-技术-社会观念的渗透；新加坡科学教材专门开辟了"国民教育"栏目；美国、法国、德国等国的教材频繁出现与科学有关的人物、艺术作品赏析；等等。相比其他国家，我国教材的文化渗透较少，不利于培养学生的科学人文素养和社会责任感。建议我国教材编写加强文化渗透，帮助学生形成正确的价值观。

（五） 注重与生活实际的联系，培养学生解决实践问题的能力

国外教材非常重视与现实生活及其他学科之间的联系，重视培养学生解决实践问题的能力。比如，数学习题常常涉及文化、商业、家庭理财等方面的生活实际问题，突出知识的运用。建议我国教材增加应用性知识的比重，拓展与学生生活相联系的内容，习题更多以实际生活为背景，以培养学生解决实践问题的能力。

六、成效

如此大规模、多学科、跨部门的实证研究在中国是罕见的，在国际上也是少有的。本课题在取得了大量数据和重要发现的同时，对国家课程教材政策、学术规范和学术队伍建设、社会认知和国际学术研究均产生了重大影响。

（一） 为国家课程标准修订和教材编写提供了科学支撑

长期以来，要求降低我国中小学教材难度的声音始终存在，制定基础教育课程标准和编写教材的专家学者中也有相当一部分人持这种主张并直接影响到对课程标准的修订。本课题取得阶段性成果后，袁贵仁部长在研究报告上做了长篇批示。2014 年 5 月 6 日，在教育部基础教育二司指导下，课题组

举行了大型课题成果报告会，来自全国各地的课程标准制定委员会专家、教育科学与教学研究专家 300 多人出席了成果报告会。清华大学谢维和副校长、教育部基础教育课程教材发展中心田慧生主任、上海市教委尹后庆副主任、人民教育出版社韦志榕总编辑从不同角度对研究成果的价值、意义和影响做了高度评价。本课题对我国新一轮课程标准的修订产生了直接影响，为今后教材的改进提供了科学支撑。

（二） 有力促进了教材研究的学术规范和学术队伍建设

课程教材研究是国际教育历久弥新的研究领域，在我国，其研究成果和研究队伍也占到总量的 30% 以上。本课题在研究的初期和中期用了大量的时间与精力讨论研究的标准、程序及方法，形成了统一的研究思路、标准和方法，为保证研究的质量和得出科学的结论奠定了方法论基础。同时，本课题带动了 6 所部属师范大学的学科教学论队伍建设和人才培养工作。据不完全统计，以本课题为依托完成的博士论文就有十多篇，公开发表论文数十篇。本课题还促进了 6 所大学学科教学论的学术交流，提供了协同创新的成功案例。

（三） 对形成正确的社会舆论导向发挥了重要作用

课题报告发布之后，各大媒体进行了广泛报道，中央电视台、中国教育电视台、北京电视台、东方卫视等进行了专题报道；《光明日报》《文汇报》《中国教育报》均以大篇幅进行了专题报道，特别是《光明日报》两次以整版面进行了报道，进行了专题报道的报纸杂志累计近百家；新华网、人民网、中国网、新浪网、搜狐网、凤凰网等 300 余家网络媒体转载报道。这不仅增进了人们对学生课业负担过重原因的正确认知，增进了人们对教育科学研究重要性的认知，而且增进了人们对深化教育改革、支持教育改革的认知。

（四） 极大地改善了我国教育研究在国际上的学术形象

在研究过程中，很多课题组成员与外国学者，包括美国、德国、日本、澳大利亚的学者进行过交流，或者在国外做过演讲。外国学者在听说了本研究的规模和方法后，无不表现出惊讶和敬佩，坦承组织和开展如此规模的研究在他们国家是难以想象的。

以本人的经历为例。2014 年 10 月 22 日上午，应美国大城市教育局局长联席会议（Joint Conference of Directors of Education Bureau in American Metropolis）和联合国教科文组织国际教育发展部华盛顿分部邀请，本人在乔治·华盛顿大学做了题为"中小学理科教材难度的国际比较研究"的专题演讲，演讲历时一个半小时，进行了 30 分钟的提问交流。美国教育部官员、知名大学学者和智库人员、市郡教育局局长、资深媒体人员和专栏作家 100 多人出席了会议。乔治·华盛顿大学教育与人类发展学院院长、国家教育学术委员会会长福伊尔（Michael J. Feuer）教授在报告前做了热情洋溢的致辞。会议由霍普金斯大学中国事务与全球战略合作办公室主任罗斯（M. Ross）教授主持。

大会特邀评论员托尔尼-普塔（Judith Torney-Purta）教授（马里兰大学人类发展与定量分析学荣誉教授，她对"年青人的公民与社会参与"课题有 50 年的跨国界的深入研究，曾经荣获 2009 年美国心理学会颁发的国际心理发展奖，并当选为国家教育学术委员会委员）、威廉斯（James H. Williams）教授（乔治·华盛顿大学国际教育与国际事务学院教授，拥有哈佛大学博士学位，著作超过 40 部，并为联合国儿童基金会的多个项目提供咨询）对演讲给予了高度评价。托尔尼-普塔教授在评论中说：袁教授的报告令人惊奇，大量的数据揭示了很多我们完全无法猜测的结论，对美国课程和教材政策有深刻启发，使我们对中国学者的教育研究充满敬意。这些数据潜在的意义还有很多，（我）期待着袁教授在报告中所展示的更大的研究前景。威廉斯教授在评论中说：袁教授领导的团队研究是巨大的、惊人的，在美国组织这样的研究是难以想象的，它使我们看到了教育国际标准研究的新趋势。我们期待有更多这样的报告会。

七、深化

基于事实和证据的实证研究是科学研究的基础，但课程和教材不仅是科学问题，而且是历史和人文的问题。随着研究的深入，这一研究需要从事实研究向价值研究拓展，不仅关心教材的难度，而且关心教材的质量，不仅关心"难不难"，而且要关心"好不好"。

目前的研究是从各国正在使用的教材入手进行的比较研究，是一种共时性研究，但教材改进是一个历史发展过程，并且会继续发展。我们的研究要面向未来，就要拓展到历时性研究，特别是教材内容与科学技术发展的关系、教材编写与现实生活中知识应用的关系、教材呈现与创新能力培养的关系以及多个学科知识综合运用的要求。确实，教材编写与教材的使用有很大的差别，在教材实际使用过程中，教学理念、教学方法、师生关系都极大地影响着教材的使用效果，这些都有待系统化的深入探讨。希望我们的研究成为教材研究和学科教学研究的新起点，能够激发更多更好的研究，为科学、高效和创造性的课程与教材建设做出更大贡献！

袁振国

课题组组长，华东师范大学终身教授

2015 年 10 月 20 日

目　录

GEOGRAPHY

第一章

绪论

地理教育是国民素质教育的重要组成部分。基础教育阶段的地理教材是根据地理课程标准编订的，能将地理课程标准要求的知识与技能、过程与方法、情感态度与价值观等传递给学生，以协助教师教学。教材完成了社会对学校教育功能的角色期盼，是学校教育中最重要的课程资源，也是衡量一个国家或地区基础教育水平的重要标志（王民，2005）[191-192]。

20 世纪 80 年代以来，世界范围内兴起了新一轮地理教育改革（王民，2001）[35]。在世界地理教育改革的浪潮中，地理教材的地位和作用也渐渐发生改变，各国纷纷推出新的地理课程标准、编写新的地理教材。在此背景下，地理教材国际比较研究的重要性也日益凸显。

第一节 地理教材研究的文献基础

一、随着教育理念的发展，教材地位发生转变

在相当长的一段时间内，教材被认为是知识和价值的"权威"，是真理的"化身"，具有永恒的、普遍的价值。由专家编写开发、权威机构审定的教材，是教师"传递"和学生"掌握"的对象。教材上的知识是"客观真理"，具有"普世价值"，是教师和学生必须遵循和服从的"精神轨道"和"知识权威"（张华，2011）。学生对教材内容的"掌握状况"，成为评价学生学习成绩和教师工作绩效的依据。这种保守的教育价值观必然导致对教材内容的"经典膜拜"的现象，从而隔断了教材与社会生活的联系，限制了教师的创造性（陈志鸿，2005）。

随着知识经济时代的到来和科学技术的迅猛发展，国际上教育的基本理念正在发生深刻的变化：人们越来越注重学生在基础教育阶段的素质提高，注重学生创造性与开放性思维的培养，注重学生的个性发展（钟启泉，杨明全，2001）。"以学生为主"、促进学生多样化发展的教育理念，得到了世界各国的广泛认同。"以学生为主"的理念在基础教育课程

与教学中得到切实落实，而教材正是最重要的教学资源。

在提倡"以学生为主"的教学环境下，教材的功能也发生了转变。教科书开始强调将实践活动的直接经验和书中的间接经验进行整合，整合和呈现要尊重儿童的心理特征和认知发展规律（李强，李孟璐，2011）。教科书的基本功能可以概括为：唤起学习欲望、提示学习课题、提示学习方法、促进学习个性化和个别化、巩固学习。这就要求教科书不仅要有学术的、科学的逻辑性，还必须适应学生的认知过程以及感性、情感方面的特点；不仅要制定所有学生必须共同达到的目标，还要提示拓展和深化学习的多种选择方向，以适应每个学生的不同兴趣；不仅要促使学生改进自己的学习方法和发展相关的能力，还要利于学生复习；不仅要提示多样化的拓展学习的方向，还要允许多种思考方式和开放的学习结果（沈晓敏，2001）。教材从学生兴趣出发，力图将学生的学习状态从"被强迫"转变为"主动"。

从课程的角度来看，教材不再是完成课程目标的唯一文本。教科书在设计中更加关注教学情境的动态生成，教科书的作用更多体现在教学示范和提供教学建议上（钟启泉，2008）[297]。从教学的角度来看，教科书的作用是多元化的：既为教师提供教学内容和教学素材，又为学生提供学习指导和自我评价方法，力求提高学习效率，有效实现教学目标（钟启泉，张华，2001）[334]。这种新的定位会改变教师与教材的关系，解除教材对教师的控制，从而有助于充分释放教法在教学中的张力，改变教师的职业生活状况，为学生创造一种充满生命活力的教育生活。

二、地理教材研究在国际地理课程改革的背景下尤为重要

从 20 世纪 80 年代开始，世界各国对基础教育的重视程度不断提高，纷纷进行基础教育改革。课程改革是基础教育改革中的一个关键环节，课程改革主要是为了解决三个方面的问题：①改变学校课程以知识为本位的现状；②推动应试教育向素质教育的转化；③在科学发展迅猛的背景下，将新知识和新技术整合到课程中（王民，2003）[3-4]。

1988 年英国通过教育改革法案，规定"地理"是国民教育阶段 10 个基础科目之一，并于 1991 年颁布了《国家地理课程》。1992 年国际地理联合会地理教育委员会公布的《地理教育国际宪章》提出："地理在各个不同级别的教育中都可以成为有活力、有作用和有兴趣的科目，并有助于终身欣赏和认识这个世界"，"为了保证能够为将来做好准备，地理在中小学里都应该是一门核心学科"，"在学校里，所有学生都应该修读一组有连贯性的地理课程。"（国际地理联合会地理教育委员会，1993）1991 年美国政府在《美国 2000 年教育战略》中把地理、英语、数学、历史、科学一起列为核心课程。1993 年美国总统签署的《2000 年目标：美国教育法》以法律形式将地理指定为必修课程之一，并提出"2000 年所有美国学生都要具备运用地理学能力"的教育目标（仲小敏，宫作民，2001）。1994年美国国家地理学会出版《生活化的地理：国家地理标准》，并于 2012 年出版修订版。随着《地理教育国际宪章》的颁布和各国地理课程的修订和颁布，世界各国中学地理教材在编写理念、编写模式、内容选择、内容组织、内容表达等方面也发生了很大变化（李家清，2010）[107-122]。

21 世纪初我国正式启动了基础教育课程改革，力求全面推进素质教育。2001 年教育部颁布《基础教育课程改革纲要（试行）》，这是我国课程改革的开端（徐英杰，韩保来，2001）[545]。地理作为基础教育的重要学科之一，承担着培养具有责任感和行动力公民的重大责任（王民，2003）[6]。地理教材的研究在地理课程改革中显得尤为重要。

三、我国进入了地理教材改革回顾与再发展的关键时期

2001 年《国务院关于基础教育改革与发展的决定》发布，要求"深化教育教学改革，扎实推进素质教育"。2002 年我国开始研制高中阶段的课程标准，2003 年颁布《普通高中地理课程标准（实验）》。2004 年秋

季，第一批新课改高中地理教材正式进入了实验区，目前已经在我国所有省份（除港、澳、台地区）正式使用。新课程的实现是中国中小学课程从学科本位、知识本位向关注每一个学生发展的历史性转变（朱慕菊，2002）[2-8]。在新课程的实施中，教育界涌起一股批评"应试教育"、重视"素质教育"的潮流。2004年王策三发表文章指出，由"应试教育"向"素质教育"转轨提法的流行，反映了一股"轻视知识"的教育思潮，这种思想未能全面把握个人发展的社会机制和认识机制，是对教育改革的误解（王策三，2004）。2005年钟启泉发表文章并对此观点予以回应，认为我国课程创新本着"全球视野，本土行动"的准则，致力于一系列课程教学概念的重现，卓有成效地介入我国基础教育课程改革实践，并不断地汲取鲜活的经验，且围绕"知识""学习""课堂文化"等概念，对我国课程创新中的若干模糊概念进行了澄清（钟启泉，2005a）。

教材作为课程改革中的一个重要环节，受到了广泛的关注。许多专家和教师都开始关注教材编写和实施过程中存在的各类问题。例如各门学科教科书内容的衔接是否合理；同一门课程不同年级之间的教科书内容过渡是否合理；在教科书中是否存在精英主义、功利主义的倾向；重视教科书编写的创新性，关注"教科书克隆"现象；关注教科书的实际使用，各地行政举措是否利于落实"一纲多本"的教科书政策等（钟启泉，2005b）。

新课程改革提倡"自主学习""探究学习""合作学习"，提倡教学方式的多样化以适应不同学生的学习需要，这些都给地理教科书提出了新的要求。而新教科书的推行对于广大教师课堂教学方式的变革、教科书新理念所带来的自由度和弹性、教科书适用度（李长吉，2011）等也成为困扰我国中学课堂教学的重要问题，影响着我国教科书的改革与发展。

新课程中学地理教科书均由地理研究所的研究员或师范大学的教授担任主编，编写主体从编辑人员扩大到从事地理学科研究和地理教育的专业人员、中学地理教师、中学地理教研员和其他地理教育研究人员（林培英，杨国栋，2011）[15]。但上述新课程改革中普遍存在的问题在我国中学地理教科书编写和使用中也有所体现。地理教材存在的诸多问题经过十余年的新课程改革尝试已经得到部分解决，但从历史的角度对这些尝试进行国际比较，是回顾和完善我国中学地理教材改革的重要路径之一。

2001 年 7 月《全日制义务教育地理课程标准（实验稿）》颁布，并于当年秋季在 38 个实验区正式实施，至 2005 年 9 月已经推广到全国范围。2010 年教育部组织修订实验稿，并于 2011 年正式颁布《义务教育地理课程标准（2011 年版）》（以下简称初中新课标）。初中新课标的颁布标志着地理课程改革的实验阶段结束，地理课程改革进入经验总结和再发展的阶段（段玉山，陈澄，2010）。初中阶段的地理课程分为 7 年级上、7年级下、8 年级上、8 年级下四部分，以区域地理为主组织课程内容。初中新课标强调"学习对生活有用的地理"（中华人民共和国教育部，2012）[1-6]，初中新课标颁布后地理教材也相继进行了修订和再版，将初中新课标的要求贯彻到实际教学中（雷云，2015）。

义务教育课程标准颁布后，教育部于 2003 年 4 月颁布了《普通高中地理课程标准（实验）》，这标志着高中地理课程改革开始实施。2004 年秋，该课标在广东、山东、海南、宁夏 4 个实验区实施。2006 年秋，随着江苏、天津、浙江、安徽、福建、辽宁 6 个实验区的加入，实验区的数量扩大到 10 个。2007 年秋，北京、吉林、黑龙江、陕西、湖南 5 个实验区也开始使用该课标。2012 年，高中地理课标已经推广到全国范围。高中阶段的地理课程分为必修课和选修课，其中必修课共 3 个模块，以系统地理为主，例如必修 1 以自然地理系统为主；选修地理共 7 个模块，以专题地理为主，例如选修 2 以海洋地理为主。高中地理课标强调："增强学生的地理学习能力和生存能力"（中华人民共和国教育部，2003）[4]，这些要求也被贯彻到高中地理教学中（林培英，2011）。2014 年年底，教育部开始组织高中各科课程标准的修订工作。根据调查的意见和新形势的需要，修订工作对高中课程改革进行了全面反思，提出了各科课程的核心素养，并以此作为各科的课程目标。核心素养是知识和技能、过程与方法、情感态度与价值观的整合；它是个体在面对复杂的、不确定的现实生活情境时，分析情境、发现问题、提出问题、解决问题、交流结果过程中表现出来的综合性品质；它是在各科课程学习中获得的关键能力与必备品格，是对学科学业质量的抽象描述；它指向清晰，有内在结构，能统摄后续的内容标准与学业质量标准。高中地理课程标准修订组提出了4条核心素养，即人地协调观、综合思维、区域认知、地理实践力。新修订的高中地理课程标准将于2017年颁布。该标准将高中地理课程分为必修和选修两类课程。必修课程包括2个模块，即地理1（侧重自然地理）、地理2（侧重人文地理）。选修Ⅰ课程包括3个模块，即自然地理基础、区域发展、资源环境与国家安全；选修Ⅱ课程包括9个模块，即天文学基础、海洋地理、自然灾害与防治、旅游地理、城乡规划、环境保护、政治地理、地理信息技术应用、地理野外实习。

根据"优先发展教育，建设人力资源强国"的战略部署，国务院2010年颁布了《国家中长期教育改革和发展规划纲要（2010—2020年）》（以下简称《纲要》）。《纲要》是一大批教育研究者从2006年开始基础准备工作，历经5年的反复讨论和修订，才形成的定稿（顾明远，2010）。《纲要》指出，未来10年的基础教育需要"巩固九年义务教育水平，提高普通高中学生的综合素质，同时减轻中小学生课业负担"。

目前，我国中学地理教材呈现出"一标多本"的局面。根据初中地理课程标准编写出版的初中地理教材包括：人教版（人民教育出版社）、中图版（中国地图出版社）、星球版（商务印书馆、星球地图出版社）、湘教版（湖南教育出版社）、粤教版（广东人民出版社）、晋教版（山西教育出版社）、大象版（大象出版社）。根据高中地理课程标准编写出版的高中地理教材包括：人教版（人民教育出版社）、中图版（中国地图出版社）、湘教版（湖南教育出版社）及鲁教版（山东教育出版社）。

四、教材难度是教材国际比较研究中的核心内容

教材是中学阶段学生最主要的学习资源，教材的难度水平受到社会各界的高度关注。从 20 世纪 20 年代至今，教材难度研究已经有多年的历史。

在国际上，教材难度主要是研究学生接受教材知识的难易程度，英语、汉语等语言学科最早对教材难易程度进行了比较研究。我国的教材难度评估在很长一段时间里都局限于语言学科内部，而学科教材难度的研究一般以定性分析为主、定量分析为辅。

目前国内教材难度的定性研究方法认为，教材难度至少受到课程深度、课程广度和课程时间 3 个因素的影响。其中，课程深度是指课程内容所需要的思维深度，既涉及概念的抽象程度及关联程度，又包括课程内容的推理和运算；课程广度指课程内容所涉及的范围和领域的广泛程度；课程时间指完成课程内容所需要的时间。一般认为，学生所学习的课程内容，只要有足够的时间，绝大多数学生都可以理解；时间越长，学生理解和掌握的难度相对越小；时间越短，学生理解和掌握的难度相对越大。

定量分析以黄甫全的课程难度灰色模型、鲍建生的数学课程综合难度模型、孔凡哲和史宁中的课程难度定量模型为代表。黄甫全在 20 世纪 90 年代提出的灰色模型是以儿童脑电频率为数据基础并结合问卷调查进行的实证分析。使用该方法得出的结论是课程的外在难度受到学习者自身、教师、外部环境等多因素的影响，不便于进行大规模的国际比较（黄甫全，1995）。鲍建生认为，教材中的习题直接反映了课程的难度，针对习题建立了难度模型。该研究主要针对数学课程，不能直接迁移运用到其他学科（鲍建生，2011）。

孔凡哲和史宁中构建了刻画教材课程难度的定量模型，并对我国义务教育《几何》教材的课程难度进行了研究。这一模型已经被广泛运用到数

学、化学、物理、地理等教材的研究之中。这一模型综合考虑了课程内的知
识点数目、知识点深度和授课时间（孔凡哲，史宁中，2006）。具体公式
如下：

$$N = \alpha \frac{S}{T} + (1-\alpha) \frac{G}{T} \quad (0 \leq \alpha \leq 1)$$

N 表示课程难度；S 表示课程深度；T 表示课程时间；G 表示课程广
度；S/T 为可比深度；G/T 为可比广度；α 为加权系数（$0 \leq \alpha \leq 1$）。加权
系数反映了课程对于"可比深度"或者"可比广度"的侧重程度，一般
情况下可比深度和可比广度同等重要，各取 0.5 为系数。这个课程难度定
量模型是在不考虑实际的教师教学、学生学习和教学环境等其他因素的情
况下，单纯地对课程内容进行量化的模型。该模型以课程广度、课程深度
和课程时间为变量对课程难度进行静态的量化。

目前，该模型已经应用于国内地理教材的比较研究中。李家清使用这
一定量模型，对我国改革开放以来的高中地理教材的课程难度进行了分
析。但是，该课程难度模型应用到地理教材研究中，还存在一些有待完善
的问题：第一，仅关注了知识点，没有关注地理教材中的习题和各栏目中
的题目。探究学习、案例学习等地理教材中的栏目都会设置相应题目，教
材章节后也有习题，这些题目是教材的重要组成部分，而模型没有考虑到
题目的难度。第二，划分知识点深度的指标有待细化，需要结合地理学科
的特色进行调整。

国内有关地理教材内容难度的研究并不多。在仅有的研究中，文本分
析法依然是研究的主流方法，即针对核心概念的选择、教材的知识逻辑关
系、教材的深层结构等进行质性评价。

20 世纪 90 年代开始，随着教材课程难度计算模型的出现，教材内容
难度研究开始向定量化转变，在地理、化学、生物等多个学科得到了大力
推广，并获得了学术界的普遍认可。

如何从国际比较的角度来分析我国中学地理教材、审视我国中学地理课程的内容难度，是我国中学地理教育研究需要迫切回应的重大现实问题。2012年2月，国家社会科学基金重大委托项目"中小学教材难易程度的国际比较研究"的第一次研讨会在北京召开。大会上，总课题项目组组长袁振国指出，十七届六中全会对繁荣发展哲学社会科学提出了明确要求，要重点扶持立足中国特色社会主义实践的研究项目，着力推出代表国家水准、具有世界影响、经得起实践和历史检验的优秀成果。因此，从国际视野来审视我国中学地理教材内容在国际同等水平下的难易程度，具有重要的研究意义和价值。本研究主要从地理教材的难度出发，对地理教材进行国际比较研究。

第二节　地理教材研究对象的选择

中学地理教材通常包括初中和高中2个学段所使用的地理教材。在世界绝大多数国家或地区，初中阶段开设的地理课程有单科课程，也有综合课程，即将地理纳入"社会"与"科学（或理科）"课程。地理课程在开设的年级、类别、内容等方面存在较大差异。尤其是区域地理模块，各国因区位、国家政治及文化历史背景不同，对大洲地理、分国地理、区域地理等内容的要求也是不同的。我国现行基础教育学制主要有2种形式：一种是小学5年、初中4年、高中3年，简称"五四三"制；另一种是小学6年、初中3年、高中3年，简称"六三三"制。初中地理课程设置在1年级和2年级，总计4个学期。

在世界大多数国家或地区，高中阶段地理课程则大部分以单科形式开设，我国也不例外。1981年，我国在高二重设地理课，每周2课时，内容是以人和地理环境关系为主线的系统地理。1996年我国颁布了《全日制普通高级中学地理教学大纲（供试验用）》，提出：普通高中地理教学的目的，是使学生获得比较系统的自然地理和人文地理基础知识，了解当代中国区域研究所面临的重要课题。在具体课程设置中，高一地理为必修，旨在让学生获得比较系统的自然地理和人文地理知识，高二和高三为文科类限选，内容为中国区域研究面临的重要课题。

进入 21 世纪，我国开始了新一轮的课程改革。2003 年《普通高中地理课程标准（实验）》颁布，提出以人地关系为主线，以当前的人类面临的人口、资源、环境、发展等问题为重点，突出可持续发展的观点。该标准还提出了地理课程的三维目标和课程理念，要求以此为指导来选择课程内容。

目前，我国高中地理教材采用必修和选修相结合的内容安排形式。必修部分包括了地理 1（自然地理）、地理 2（人文地理）、地理 3（区域研究）3 个模块。选修部分由"宇宙与地球""海洋地理""旅游地理""城乡规划""自然灾害与防治""环境保护""地理信息技术应用"7 个模块组成。必修部分涵盖了现代地理学的基本内容，体现了自然地理和人文地理的联系与融合；选修部分涉及地理学的理论、应用、技术等各个层面，关注与人们生产生活密切相关的地理领域，凸显地理学的学科特点与应用价值，以利于开拓学生的视野，进一步提高学生的科学精神与人文素养（中华人民共和国教育部，2003）[3]。

本研究选择国内普遍使用的高中地理教材，与国际高中地理教材进行比较。鉴于地理课程的开设年级、学制、课程安排等存在较大差异，本研究以高中段 16 岁（10 年级）左右的学生所学的地理教材为研究对象，对高中地理教材难度进行比较研究，并通过对教材内容体系、作业系统、图像系统的比较研究辅助说明各国教材的特点。

本研究选用的国外地理教材来自美国、英国、日本、澳大利亚、新加坡、德国、法国、韩国、俄罗斯等 9 个教育水平与经济发展水平都较为发达的国家。不同国家由于教育、经济、文化等方面的差异，地理教材的编写与使用也各有特点。因此，在教材选择上，本研究确定的具体要求包括：第一，所选教材均由知名出版社（出版公司或出版集团）组织编写出版；第二，所选教材使用范围广或使用后的反响良好；第三，教材选择原则上"能少不多"，选择国外使用最普遍、最有代表性的一套教材。教材选择结果如表1-1所示。

表1-1　本研究涉及的高中地理教材清单

国别	教材名称	出版单位	出版年	简称	备注
中国	《地理》	人民教育出版社	2011	中国教材	包括：《地理1（必修）》和《地理2（必修）》，适用于10年级学生
美国	《地理》（Geography）	霍尔特·麦克杜格尔出版社（Holt McDougal）	2010	美国教材	适用于11年级学生
英国	《高级地理》（Advanced Geography）	牛津大学出版社（Oxford University Press）	2006	英国教材	适用于12年级学生
日本	《新详地理B》（新详地理B）	帝国书院（帝国書院）	2012	日本教材	适用于10年级学生
澳大利亚	《全球交互作用》（Global Interactions）	培生教育集团（Person Education Limited）	2008	澳大利亚教材	第2版，适用于10年级学生
韩国	《地球科学Ⅰ》（지구과학Ⅰ）	天才教育出版社（천재교육출판사）	2012	韩国教材	适用于11年级学生
德国	《实践地理·起步阶段》（Praxis Geographie. Schülerband）	韦斯特曼出版社（Westermann）	2010	德国教材	适用于北莱茵-威斯特法伦州的11年级学生
法国	《生命与地球科学2年级》（Sciences de la vie de la Terre 2de）	纳登出版公司（Editions Nathan）	2010	法国教材	适用于11年级学生

续表

国别	教材名称	出版单位	出版年	简称	备注
俄罗斯	《地理 10 年级》（География10）	莫斯科教育出版社（Москва Просвещение）	2002	俄罗斯教材	适用于 10 年级学生
新加坡	《地球：我们的家园 4》（Earth：Our Home 4）	马歇尔·卡文迪什教育出版社（Marshall Cavendish Education）	2008	新加坡教材	适用于 10 年级学生

GEOGRAPHY

第二章

高中地理教材难度
比较的研究方法

中学地理教材难度是中学地理课程难度的核心体现，也是衡量教材质量的重要指标。本研究仅关注教材本身的难度，不涉及教学问题，更不涉及教师、学生、社会环境等影响因素。地理教材难度受到内容广度和内容深度2个因素的影响。即相同教学时间内，内容广度越大、内容深度越大，教材的难度越大。基于这一假设，本研究将地理教材难度的计算模型表达如下：

$$N = G \times S$$

其中，N 代表教材难度；G 代表教材内容广度；S 代表教材内容深度。

第一节　内容广度的计算方法

已有研究指出，如果课文中含有的词语概念越多，学生阅读需要的时间就会越长，而学生回忆起来的内容则可能会更少（Kintsch，van Dijk，1978）。传统教材内容难度模型认为，学生所学习的课程内容，只要时间足够，绝大多数学生都可以理解；时间越长，学生理解和掌握的难度越小；时间越短，学生理解和掌握的难度越大。也就是说，如果知识点数目相同，学时越长，难度越小；反之，难度越大。基于此，教材的内容广度是教材难度的重要组成部分，内容广度与教材中所包括的词语概念数量及学习时间密切相关。

教材的内容分析从高到低可以分为3个层次：模块、知识主题和知识点。模块是各国课程标准参照地理学分类系统所划定的内容。本研究针对3个模块，分别为：自然地理模块、人文地理模块、区域地理模块。每一个模块又可以划分出若干知识主题。例如自然地理模块中的知识主题包括：行星地球、地球运动、地球圈层结构、大气圈等；人文地理模块中的知识主题包括：人口、城市、产业、人地关系等；区域地理模块中的知识主题包括：北美洲、南美洲、东亚、南亚、非洲等。每一个知识主题又包括许多知识点。知识点是本研究内容广度计算中的重要单位。本研究的知识点划分符合以下标准（示例见表2-1）。

表2-1　教材内容广度知识点确定示例

知识点	中国教材中的表述
太阳辐射	太阳源源不断地以电磁波的形式向四周放射能量，这种现象称为太阳辐射。
寒潮的定义	寒潮是指冬半年大范围的强冷空气活动。我国气候部门规定，当一次冷空气入侵，使气温在24小时内下降10℃以上、最低气温降至5℃以下时，可以发布寒潮警报。
热力环流模式	如图所示（图略），当地面受热情况是均匀的时候，空气没有上升和下降运动。如果A地受热多，B、C两地受热少，则A地近地面空气就会膨胀上升，到上空聚积起来，使上空的空气密度增大，形成高气压；B、C两地的空气就会冷却收缩下沉，上空的空气密度减小，形成低气压。于是，在上空，空气便从气压高的A地向气压低的B、C两地扩散。在近地面，A地空气上升向外流出，使A地近地面的空气密度减小，形成低气压；B、C两地因有下沉气流，近地面的空气密度增大，形成高气压。于是，近地面的空气又从B、C两地流回A地，以补充A地上升的空气，从而形成了热力环流。

　　第一，知识点是知识表述的最小单元，不可再分。第二，知识点不仅可以是概念（如"太阳辐射"和"寒潮的定义"），也可以是一个地理学的过程（如"热力环流模式"）。第三，知识点之间是并列关系，不能出现知识交叉。某个知识点多次出现，取其最高难度作为计量标准。第四，知识点出现的情况，仅以教材书面呈现为参考，不考虑教学、教师、课程体系对知识点可能存在的影响。第五，知识点仅考虑教材正文中的地理知识，不包括思考、习题、扩展阅读等辅文的内容。

　　在内容广度的具体计算公式中，用知识点数目来表示词语概念的数量，用课程标准中规定的课时数量表示学习时间。内容广度等于教材的知识点数目与学习这些知识点所需要的时间之比。按照这个计算公式，每个国家的教材内容广度都代表在单位时间（1 学时）内需要学习的知识点数目。具体公式为：

$$G = N/T$$

其中，G 是内容广度；N 是知识点数目；T 是学时。

为了让国家之间的内容广度 G 更具可比性，本研究采用差值分级的方法对教材知识点数量进行标准化，从而计算各个版本内容广度的得分和所处位置，计算结果显示，教材的广度数值分布在 1.00 至 3.00 之间，使其与内容深度具有同等的数量级，以便更好地进行比较。具体的标准化公式为：

$$G_i = \frac{G_{num} - G_{min}}{G_{max} - G_{min}} \times 2 + 1$$

其中，G_i 表示某个国家的内容广度，G_{num} 表示实际的知识点数目，为 1 到无穷大的自然数。G_{max} 和 G_{min} 分别代表知识点最多和最少的数量。

第二节　内容深度的计算方法

本研究将各国教材的内容深度划分为课文内容深度（TS）和习题内容深度（ES）。如此划分的原因有二：一是高中学段教材的习题部分具有重要地位，必须予以考虑。本研究中的"习题"包括以问题或任务为指向的内容，例如选择、填空、思考、复习、探究、案例研究等，这些内容集中体现了"学"的特征，是教材重要的组成部分，习题的数量和内容深度影响着教材的难度。二是课文内容深度和习题内容深度的分析方法不同，必须分别独立研究才能保证各个部分的科学性。内容深度 S 的具体计算公式为：

$$S = TS + ES$$

其中，S 是内容深度，TS 是课文内容深度，ES 是习题内容深度。

一、课文内容深度的计算方法

教学内容是一种特殊的知识系统，它既不同于科学知识本身，也不同于日常经验；既要考虑到学科知识体系，又要考虑到学生的年龄特点和需要等（裴娣娜，2007）[168]。因此，我们可以认为，一定学科知识的内容深度重点体现在该内容对于学生年龄、需要和生活经验所提出的认知要求上。

1965 年布卢姆（B. S. Bloom）等人编写了《教育目标分类学（第一分册·认知领域）》一书，提出了一个教育目标分类体系。该体系目前已经被翻译成 20 多种文字，在世界各国广为应用。布卢姆教育目标分类体系为测验设计和课程开发提供了基本依据。2001 年，安德森（L. W. Anderson）对布卢姆教育目标分类体系进行了修订，在保持布卢姆经典目标分类体系的基础上，将新知识和新思考融入这一体系之中。布卢姆目标分类体系的主要思想是：专家通过分类框架安排课程内容，教师通过分类框架安排教学活动，测试时运用分类表对教学内容进行针对性测试，以增进学生对教育目标的理解（安德森，2009）[序i-iii]。

布卢姆的分类框架有 2 个维度，即知识维度和认知过程维度。其中知识维度是学生被期望学习的知识内容，用名词或名词短语表示；认知过程维度是学生被期望达到的认知程度，用动词表示。知识维度共分 4 类：①事实知识，如风向等天气符号、地球的周长。②概念知识，如水资源的分类、地带性规律、板块构造理论。③程序知识，如读地图、进行市场选址。④元认知知识，如明白自己对地理概念的掌握情况，能够根据情境使用习得的地理技能解决问题。这 4 类知识是有层次性的，事实知识最简单，最易懂；元认知知识理解起来最困难，也是学习要求最高的知识。认知过程维度包括 6 种认知水平：知道（记忆）、理解、应用、分析、综合（评价）、评价（创造）①。这6种知识认知水平也是有层次性的，知道是最低层级，评价为最高层级（安德森，2009）⁴。

在地理教材课文内容深度的具体评价赋分中，本研究以布卢姆教育目标分类学为理论基础，通过为各知识点评价赋分，完成课文内容深度的评价。为了检验布卢姆教育目标分类在教材课文内容深度划分中的实用性，本研究先以中国地理教材作为案例进行评价赋分，选择了人民教育出版社出版的高中《地理1（必修）》（简称人教版）和中国地图出版社出版的高中《地理1（必修）》（简称中图版），根据布卢姆认知领域分类方法进行评价和赋分。从图2-1中可以看到，按照布卢姆认知领域分类的6个层级对知识点进行赋值评分，大部分知识点都集中在"知道""领会""应用"层级上，"分析""综合""评价"层级上的知识点较少。从2本教材的赋值评分结果可以看出：2本教材知识点在认知层级上的分布规律基本一致。

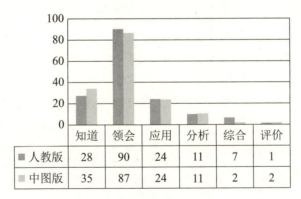

	知道	领会	应用	分析	综合	评价
■ 人教版	28	90	24	11	7	1
中图版	35	87	24	11	2	2

图2-1　中国人教版和中图版地理教材"大气圈"主题的知识点的认知层级分布

---

① 括号内为2001年新修订的布卢姆认知维度。原布卢姆认知维度为：知道、理解、应用、分析、综合、评价。修订后的认知难度为：记忆、理解、应用、分析、评价、创造。

为了便于研究者进行知识点分级评价和赋分，突出各认知层级的差别，减少研究者的主观误差，本研究将布卢姆认知分类的 6 个层级整合为 4 个层级。这 4 个层级分别为：知道、领会、应用、分析综合评价。研究者对 4 个层级进行细致的定义，列出了常见的相关词汇，并以中国地理教材（人教版）中的内容为实例，以便对照赋值（如表 2-2 所示）。10 个国家的教材内容深度评定以此为基础，并结合各国的特色予以补充（裴娣娜，2007）[102]（魏宏聚，2010）。

表 2-2　教材课文内容深度评价分析

层级	定义	相关动词	知识的基本特征	中国教材举例
1. 知道	对知识的记忆，能够识别和再现学过的知识和有关材料	记忆 识别 列表 定义 陈述 呈现 描述	多事实性知识，是学科中的最基本元素，它通常是一些与具体事物相联系的符号或"符号串"，它们传递重要的信息	地面长波辐射 大气对地面长波辐射的吸收 大气运动的根本原因——太阳辐射能纬度不均 气压梯度定义 大气环流定义 海陆热力性质差异的表现
2. 领会	在知识记忆的基础上对知识的掌握，能抓住知识的实质，把握材料的主题和意义	区别 重述 应用 操作 分类 说明	多概念性知识，涉及类目、分类和它们两者或多者之间的关系——较为复杂的和有组织的知识形式	不同纬度太阳辐射削弱作用的不均匀分布 大气对地面长波辐射的吸收 大气受热过程的物理意义 热力环流形成模式 气压梯度风 水平气压梯度力方向 赤道低气压

层级	定义	相关动词	知识的基本特征	中国教材举例
3. 应用	能将知识进行分解，找出组成的要素，并分析其相互关系及组成原理，并将其运用于新情境中	解释分析检查实验比较辨别区别	多程序性知识，是如何做"事"的知识；这里的"事"范围广泛，从完成相对固定程序的练习到解决新颖的问题	大气受热基本过程 大气逆辐射（温室效应） 陆地与海洋之间的热力环流 城市与郊区之间的热力环流 理想状态下单圈环流的形成
4. 分析综合评价	把各个要素或部分组成新的整体；能根据一定的标准对事物进行价值的判断	归纳设计评价评论证明预测解决	多反省认知的知识，一般指关于认知的知识，也指个人对自身的意识和知识	高空风——平行等压线 低空风——与等压线斜交 地转偏向力下的三圈环流的形成

课文内容深度 TS 的计算公式：

$$TS = （N_1 \times 1 + N_2 \times 2 + N_3 \times 3 + N_4 \times 4）／（N_1 + N_2 + N_3 + N_4）$$

其中：

N_1是处于"知道"层级的知识点数目，每一个知识点赋值为 1；

N_2是处于"领会"层级的知识点数目，每一个知识点赋值为 2；

N_3是处于"应用"层级的知识点数目，每一个知识点赋值为 3；

N_4是处于"分析综合评价"层级的知识点数目，每一个知识点赋值为 4。

二、习题内容深度的计算方法

本研究所指的习题主要包括地理教材中的探索、案例研究、思考、讨论、读图、复习题、实验、活动等，具有明确的学习任务，以解决一定的实际问题为目的，问题解决的过程可反映习题的难度。这种习题难度是与学生的智力技能密切相关的。

吉尔福德（J. P. Guilford）是以其智力结构模型而闻名于世的。他假定人的智力由这样三个维度组成：内容（包括视觉、听觉、符号、语义和行为）、操作（求同思维、求异思维、评价、记忆保持、记忆记录和认知）和产品（单元、类别、关系、系统、转换和蕴含），因为人的任何操作都要针对一定的内容，会导致一定的产品（刘儒德，1996）。由此，问题解决的过程被分为 3 个阶段：初始信息分类阶段、归类信息储存阶段、材料转换阶段。在这 3 个阶段中，问题的各类信息经过认知、记忆、聚合思维、发散思维、评价等智力活动，才能处理完结，使得问题得以解决（裴娣娜，2007）[168]。

我国《普通高中地理课程标准（实验）》明确规定，教材编写要考虑高中学生的心理特点，要有意识地引导学生的理性思维，以利于帮助学生形成人地协调与可持续发展等观念（中华人民共和国教育部，2003）[34]。这种理性思维可以体现在为学生提供有关某个地区发展问题的不同观点；为某些有争议的地理问题保留开放式结果，不给出唯一答案；设计一些需要运用地理原理进行分析、判断并具有一定深度的问题等。即，课程标准更加注重教材对于学生的综合评价等理性思维能力的训练。因此，在制定习题内容深度层级的过程中，本研究以吉尔福德智力结构模型理论为指导，在"材料转换"之上添加了"材料评价"这一更高层级，以体现新课程教材必须强调和突出的"理性思维"能力的要求。

根据以上分析，本研究确定了 4 个层级的定义、在教材中的具体体现形式，制定了人教版和中图版教材习题内容深度评价分析表（如表 2-3 所示），然后进一步讨论得出了各国教材习题内容深度赋值对照表，本研究依据赋值对照表进行了分析。

表2-3 高中地理教材习题内容深度评价分析

层级	定义	相关动词	中国教材举例
1. 初始信息分类（以下简称信息分类）	以认知为基础，觉察到信息的问题，并收集有关资料	找出（从图中找出特点）、定义、包括哪些（直接在教材或材料中找出一个词或一句话回答）	在图2.4a和图2.4b上标出白天和夜间海洋和陆地气压的高低。 想想一天之内，海岸边何时吹海风，何时吹陆风？ 描述赤道低气压带、极地高气压带与副热带高气压带、副极地低气压带分别是怎样形成的。
2. 归类信息储存（以下简称信息储存）	以记忆为基础，将视觉的、听觉的、符号的、语义的、行为的有关材料加以收集，进行简单的问题解答	比较、了解（或找出、调查，从生活中找，自己查阅资料）、分析（初级）、分类归纳（初级）、计算（文中有公式或者明确的计算方法）、绘图（绘制缺乏情境的原理图要素，如方向等）、描述（用自己的话总结概括等，课文已经有所提及）	大气逆辐射的存在对地面有什么作用？如果用"大气保温作用"概括，你认为合适吗？ 用自己的语言描述东北信风带、西风带、极地东风带的形成原因。 在图2.4a上，画出白天陆地和海洋之间的大气运动方向，使之构成一个环流圈，在图2.4b上，画出夜间陆地和海洋之间的大气运动方向，使之构成一个环流圈。 在图上画出甲、乙两地的风向。
3. 材料转换	以操作作用为基础，将认知和记忆的材料转换成新观念，形成问题解决的假设，并加以证明，解决一定的问题	分析原因、推导（简单，基于课文中讲过的原理）、比较（多方面的）、绘图（绘制综合的原理图，或基于情境的过程分析图）	为什么月球表面的昼夜温度变化比地球表面剧烈？ 观察烟雾在玻璃缸内是如何飘动的。你发现了什么现象？由实验得出什么样的结论？ 甲、乙两地，哪里的气压梯度大？简要说明判断理由。 在下图中标出大气运动方向箭头，表示赤道与极地之间的热力环流，并比较赤道与极地近地面气压的高低。 画出全球气压带和风带分布模式图，总结分布规律。 冬季，大陆会形成高压还是低压？简述理由。夏季，大陆会形成高压还是低压？简述理由。

续表

层级	定义	相关动词	中国教材举例
4. 材料评价	以评价作用为基础，借助逻辑推断进行评价，以检验认知及材料的精确性，检验新观点和假设的可靠程度并加以证实	预测（基于比较综合的知识）、判读（从图中提取大量信息）、分析原因（书中没有解释）	分析海陆风对海滨地区的气候有什么调节作用？ 想想赤道与极地之间的热力环流是否能够持续？为什么？ 从纬度位置上看，图中两个空气柱分别处于哪个气压带上？如果分别以这两个空气柱为中心绘出几条闭合的等压线，气压带还是呈带状分布吗？由此你得出什么结论？

习题内容深度 ES 的计算公式：

$$ES = （N_1×1+N_2×2+N_3×3+N_4×4） / （N_1+N_2+N_3+N_4）$$

其中：

N_1 是处于"信息分类"层级的习题数目，每一个知识点赋值为 1；

N_2 是处于"信息储存"层级的习题数目，每一个知识点赋值为 2；

N_3 是处于"材料转换"层级的习题数目，每一个知识点赋值为 3；

N_4 是处于"材料评价"层级的习题数目，每一个知识点赋值为 4。

GEOGRAPHY

第三章

高中地理教材难度的
比较研究

第一节　高中地理教材内容广度的国际比较

一、高中地理教材的内容分异

10个国家的教材内容安排各有不同。本研究进行内容广度分析时，将自然地理、人文地理、区域地理作为本研究的3个模块。每一个模块，又可以划分出知识主题：在自然地理部分中，提取出行星地球、地球运动等7个有3国以上教材含有的知识主题；在人文地理部分中，提取人口、城市、人地关系、能源资源等8个有2国以上教材含有的知识主题；在区域地理部分中，因为各国教材的内容设置差异太大，无法提取共同的知识主题，所以区域地理部分没有共同知识主题。每一个知识主题，又包括许多知识点，知识点是本研究内容广度计算中的重要单位。教材内容的主题划分见表3-1。

表3-1　各国高中地理教材的内容分异

模块	知识主题	中国	韩国	澳大利亚	英国	美国	新加坡	德国	法国	俄罗斯	日本	国家数
自然地理	1. 行星地球	√	√			√		√	√			5
	2. 地球运动	√				√		√				3
	3. 地球圈层结构	√	√		√	√		√				5
	4. 大气圈	√	√	√	√			√			√	7
	5. 水　圈	√	√	√	√	√		√				6
	6. 岩石圈	√	√	√	√	√		√	√		√	8
	7. 自然地理环境	√	√	√	√			√				6
	自然地理总计	√	√	√	√	√		√	√		√	8
人文地理	8. 人　口	√		√						√	√	4
	9. 城　市	√									√	2

续表

模块	知识主题	中国	韩国	澳大利亚	英国	美国	新加坡	德国	法国	俄罗斯	日本	国家数
人文地理	10. 产业	√					√				√	3
	11. 人地关系	√								√	√	3
	12. 能源资源			√						√	√	3
	13. 政治地理			√						√	√	3
	14. 文化地理			√							√	2
	15. 发展地理			√				√	√			3
人文地理总计		√		√				√	√	√	√	6
区域地理总计						√				√	√	3

二、高中地理教材内容广度的比较结果

各国高中地理教材的篇幅差距很大，仅从纸制教材的页数上来看，页数最多的是美国教材，1 册共 856 页；页数较少的是中国教材，2 册共 205 页。页数在一定程度上影响了知识点的数量。但教材的页数和知识点数量并不存在明显的关系，例如，澳大利亚和英国的教材页数相近，但前者共有 1374 个知识点，后者仅有 801 个知识点。再例如，中国和德国的教材页数相近，但前者包括 456 个知识点，后者仅包括 175 个知识点。各国高中地理教材的有效学时相差也较大。有效学时最长的是日本教材，1 本书教授 1 个学年，共花费 140 学时；有效学时最短的是德国教材，1 本书教授 1 个学期，共花费 30 学时。

根据教材内容广度的计算公式进行计算，结果如表3-2所示。各国家教材内容广度由大到小依次为：澳大利亚、俄罗斯、美国、英国、新加坡、中国、德国、法国、韩国、日本教材。我国教材位居第6，略低于各国教材的平均水平。单位学时内，澳大利亚教材平均每学时学习的知识点最多，约为12.72 个；日本教材平均每学时学习的知识点最少，约为3.47 个。

表 3-2　各国高中地理教材内容广度及其排序

国别	页码①	知识点个数	有效学时	单位学时知识点个数	内容广度 G	排序
澳大利亚	1 册 460 页	1374	108	12.72	3.00	1
俄罗斯	1 册 397 页	952	102	9.33	2.27	2
美国	1 册 856 页	616	80	7.70	1.91	3
英国	1 册 464 页	801	114	7.03	1.77	4
新加坡	1 册 250 页	683	106	6.44	1.64	5
中国	**2 册 205 页**	456	72	**6.33**	**1.62**	6
德国	1 册 224 页	175	30	5.83	1.51	7
法国	1 册 288 页	248	54	4.59	1.24	8
韩国	1 册 256 页	294	68	4.32	1.18	9
日本	1 册 331 页	486	140	3.47	1.00	10

从各国地理教材内容广度的距平值（如图 3-1 所示）可以看出，英国、新加坡和中国 3 个国家教材的内容广度更加接近平均值，中国教材的内容广度略低于各国教材的平均水平。

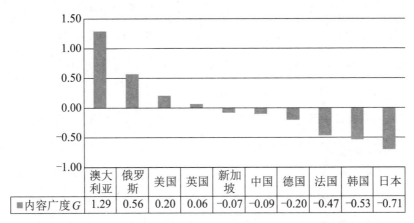

	澳大利亚	俄罗斯	美国	英国	新加坡	中国	德国	法国	韩国	日本
■内容广度 G	1.29	0.56	0.20	0.06	-0.07	-0.09	-0.20	-0.47	-0.53	-0.71

图 3-1　各国高中地理教材内容广度距平值（平均值＝1.71）

---

① 日本和韩国地理教材的开本尺寸均为 787 mm×1092 mm，其余教材的开本尺寸均为 890 mm×1240 mm。

对其中几个国家教材内容广度的具体分析如下。

澳大利亚教材全书的知识点数量为 1374 个，其中自然地理部分有 492 个，人文地理部分有 882 个，远高于其他国家教材，而相对应的有效学时为 108，在各国教材中排在第 3 位，仅仅少于日本和英国教材，与新加坡、俄罗斯教材相差不大。计算单位学时内容广度，澳大利亚教材则远远大于其他国家教材。在具体内容的分配方面，澳大利亚教材中，自然地理占 208 页，人文地理占 245 页。进而可估算出，自然地理部分占 49.6 学时，人文地理占 58.4 学时。与其他各国教材相比，其对应的知识点数量处于前列。

俄罗斯教材总体框架为总分总结构，全书分为 3 章，11 个主题。其中第一章和第三章为人文地理内容，第二章为区域地理内容。第一章讲述世界的总体特征，包含 5 个主题，即现代世界政区图、世界资源地理、世界人口地理学、科技革命与世界经济、世界经济地理学。第二章讲述世界的区域特征，包含 5 个主题，即欧洲、亚洲和澳大利亚、非洲、北美洲、拉丁美洲。第三章讲述人类面临的全球性问题，包含 1 个主题：人类面临的全球性问题，探讨全球性问题及其解决办法。俄罗斯教材全书不含自然地理部分的内容，仅含人文地理与区域地理。全书含近千个知识点，知识范围广，因而单位学时的内容广度较大，位居第 2。

美国教材总体框架为总分结构，共包括 10 单元，32 章。第一单元为地理基础部分，为全书的总述部分，该单元四章中前 3 章为自然地理，第四章为人文地理。从第二单元到第十单元分别针对具体大洲、重要区域或国家进行介绍，依次为美国和加拿大、拉丁美洲、欧洲、俄罗斯共和国、非洲、西北亚、南亚、东亚、东南亚、大洋洲和南极洲，主要是区域地理内容。全书以第一单元的知识点为基础知识，其他 9 个单元在此基础上选取不同的区域进行详细阐述，从而使其更重视地理知识的具体应用实践。区域地理部分的每个单元包含 4 个部分：概述、该区的自然地理、人文地理和当今大事。美国教材全书主要是区域地理内容,自然地理和人文地理的内容较少。由于区域地理涉及全世界主要大洲和重要国家,内容极为广泛,因此教材的内容广度明显高于平均水平。

英国教材包含自然地理、人文地理和区域地理。教材以年级段划分,10年级侧重于自然地理部分,且以"地球圈层结构""大气圈""水圈""岩石圈""自然地理环境"部分内容为主。此外,英国、新加坡、中国、德国等国教材的单位内容广度的相似度较高,其内容广度更加接近均值。

法国教材的内容均属于自然地理,具体有4个章节,即"地球:可居住的行星""太阳:能量的来源""矿物燃料:过去的太阳能""土地:持久的财富?"从自然要素的圈层分类来看,五大圈层结构的相应内容均有涉及,同时也探讨了宇宙的有关知识。但法国的教材呈现形式是"以主题问题引领相关知识",对某一要素的知识介绍并不全面和细化,尤其在文本方面的内容总结较少,从表3-2可发现,其知识点数量只有248个,加之有效学时的影响,一定程度上决定了法国教材内容广度偏小的结果。

韩国教材自然地理部分的内容广度小于各国教材平均值,在所有国家教材中仅比日本教材略多。《地球科学Ⅰ》只有自然地理的内容,但是教材中的活动较多,对知识点的阐释比较详细,而纯知识点的数量并不太多。

日本教材覆盖自然地理、人文地理、区域地理等各个方面的内容,但其内容广度在各国教材中是最小的。究其原因,日本教材的知识点数量较少,为486个,排在第6位,而学时却是各国教材中最长的,平均每学时的知识点最少,因此其教材内容广度最小。

从以上分析可以看出,除澳大利亚教材是自然地理和人文地理并重且内容广度最大以外,其他以区域地理和人文地理为主的教材内容广度偏大,而以自然地理为主的教材内容广度偏小。因而可以看出,教材的知识属性对于内容广度的影响是非常明显的。

第二节 高中地理教材内容深度的国际比较

运用内容深度的计算方法，本研究对 10 个国家的教材进行了赋值和具体计算，基本数据如表 3-3 所示。内容深度的计算结果表明：10 个国家教材的内容深度由最大到最小依次为：英国、澳大利亚、中国、韩国、德国、新加坡、法国、俄罗斯、美国、日本教材。我国教材位居第 3，高于各国教材的平均水平。

表 3-3 各国高中地理教材内容深度及其排序

国别	知道	领会	应用	分析综合评价	课文内容深度 TS	信息分类	信息储存	材料转换	材料评价	习题内容深度 ES	内容深度 S	排序
英国	299	401	72	29	1.79	71	149	108	76	2.47	4.26	1
澳大利亚	612	709	33	20	1.61	157	299	226	89	2.32	3.93	2
中国	230	194	23	8	1.58	59	119	70	20	2.19	3.77	3
韩国	177	81	34	2	1.53	82	256	91	5	2.04	3.57	4
德国	109	63	3	0	1.39	28	222	66	3	2.14	3.53	5
新加坡	535	138	1	9	1.25	25	99	63	7	2.27	3.52	6
法国	181	58	7	2	1.31	35	50	33	9	2.13	3.44	7
俄罗斯	679	267	6	0	1.27	272	118	115	93	2.05	3.32	8
美国	445	164	4	0	1.28	689	475	139	79	1.72	3.00	9
日本	277	193	14	2	1.06	36	37	13	1	1.76	2.82	10

一、高中地理教材课文内容深度的比较结果

教材课文内容深度的基本数据如表 3-4 所示。从表中可以看出，10 个国家的教材课文内容深度存在较大差异。课文内容深度从最大到最小依次是：英国、澳大利亚、中国、韩国、德国、法国、美国、俄罗斯、新加坡、日本教材。我国教材位居第 3，高于各国教材的平均水平。

表 3-4　各国高中地理教材课文内容深度基础信息

国别	知道	领会	应用	分析综合评价	课文内容深度 TS	排序
英国	299	401	72	29	1.79	1
澳大利亚	612	709	33	20	1.61	2
中国	230	194	23	8	1.58	3
韩国	177	81	34	2	1.53	4
德国	109	63	3	0	1.39	5
法国	181	58	7	2	1.31	6
美国	445	164	4	0	1.28	7
俄罗斯	679	267	6	0	1.27	8
新加坡	535	138	1	9	1.25	9
日本	277	193	14	2	1.06	10

从表中可以看到，各国教材在课文内容深度的 4 个层级上的分布是不均等的：位于"知道"层级的知识点数量最多，"领会""应用"和"分析综合评价"层级的知识点数量明显较少。各国教材的课文内容深度的平均分布为："知道"层级 58%、"领会"层级 38%、"应用"层级 3%、"分析综合评价"层级 1%（如图 3-2 所示）。中国教材的课文内容深度分布为："知道"50%、"领会"43%、"应用"5%、"分析综合评价"2%（如图 3-3 所示）。相对于各国教材的平均水平，我国地理教材中"知道"

层级的知识点较少，"领会"层级的知识点偏多，其余层级的知识点数量都偏多。

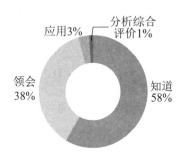

图 3-2　各国高中地理教材
平均课文内容深度层级分布

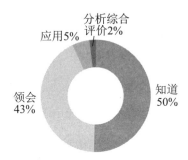

图 3-3　中国高中地理教材
课文内容深度层级分布

通过对各国地理教材进行赋值和计算，可以得到课文内容深度值，如表 3-3 所示。其中英国教材数值最大，为 1.79；日本教材数值最小，为 1.06；其他依次为澳大利亚、中国、韩国、德国、法国、美国、俄罗斯、新加坡教材。通过对距平值（如图 3-4 所示）的观察，可以看到，相较于平均值而言，中国教材的课文内容深度偏大，说明我国教材知识的表述深度要略高于各国教材的平均水平。

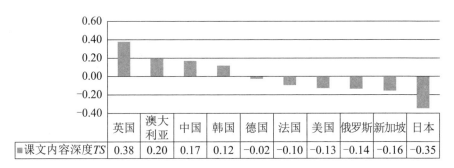

	英国	澳大利亚	中国	韩国	德国	法国	美国	俄罗斯	新加坡	日本
■课文内容深度TS	0.38	0.20	0.17	0.12	-0.02	-0.10	-0.13	-0.14	-0.16	-0.35

图 3-4　各国高中地理教材课文内容深度距平值（平均值＝1.41）

英国教材的课文内容深度最大，排名第 1。在课文内容深度的 4 个认知层级中，"领会"层级的知识最多，几乎占知识总数的一半，"知道"层级的知识点数量次之。这种分布规律无论在全书范围内，还是知识主题范围内均广泛存在。英国教材的知识点偏重于"领会"层级，远远高于各国教材的平均水平。英国教材纳入比较的内容均属于"自然地理"模块，英国教材的内容及组织结构与大学开设的"自然地理学"等专业课程较为相似，例如，"斜坡和块体运动""水文学"都有专门章节进行系统阐释。

澳大利亚教材的课文内容深度排名第2。在4个认知层级中，澳大利亚教材"领会"层级的知识点最多，为52%，远远高于各国教材的平均水平；其次为"知道"层级的45%；"应用"和"分析综合评价"层级的知识点极少。澳大利亚教材的内容分别属于"自然地理"模块和"人文地理"模块：在"自然地理"模块，"知道"层级的知识点占比为61%，"领会"层级为29%；在"人文地理"模块，"知道"层级的知识点占比为35.1%，"领会"层级为64.3%。自然地理模块的知识偏"知道"层级，人文地理模块的知识偏"领会"层级。

中国教材的课文内容深度排名第3，高于各国教材的平均水平。中国教材从内容上可以划分为"自然地理"模块和"人文地理"模块，2个模块的知识点分布并没有表现出较大差异。教材知识点在"知道"层级上略少，在其他3个层级上略多。

美国教材的课文内容深度排名倒数第4，低于各国教材的平均水平。美国教材的内容属于"自然地理"模块和"区域地理"模块，其知识点多分布在"知道""领会"层级。学生只需要掌握一些基本概念，如"资源供应程度""君主制政体""联邦制国家""地理资源学"等；知道分类和分布，如"国家最普遍的分布方法""经济高度国家的分类"等；能够把"矿产资源的纵向开采"与"矿产资源的横向开采"进行简单对比等。美国教材的知识点大部分旨在扩展学生的知识面，丰富学生的视野，不要求学生进行深入学习。

俄罗斯教材的课文内容深度排名倒数第3，教材内容属于"人文地理"模块和"区域地理"模块。"人文地理"模块的知识点相对较容易，偏重于"知道"和"领会"，而"区域地理"模块的知识点相对较难。

日本教材的课文内容深度排名最末，教材涉及"自然地理""人文地理""区域地理"模块。"自然地理"模块的知识点层级较高，但内容较少。整个"自然地理"模块的知识点仅占全书的20%。"人文地理"模块的知识点约占全书的50%，"区域地理"模块的知识点占全书的30%，这2个模块内知识点层级都较低。

各国教材的课文内容深度表现出了较为明显的差异，这种差异可能是由教材本身的内容决定的。例如，英国、澳大利亚、中国、韩国教材以自然地理为主，其内容深度明显大于日本、俄罗斯、新加坡等国的以人文地理或区域地理为主的教材。

二、高中地理教材习题内容深度的比较结果

教材习题内容深度的数据如表3-5所示。从表中可以看出，10个国家的教材习题内容深度存在较大差异。习题内容深度从最大到最小依次是：英国、澳大利亚、新加坡、中国、德国、法国、俄罗斯、韩国、日本、美国教材。我国教材位居第4，高于各国教材的平均水平。

表 3-5　各国高中地理教材习题内容深度及其排序

国别	信息分类	信息储存	材料转换	材料评价	习题内容深度 ES	排序
英国	71	149	108	76	2.47	1
澳大利亚	157	299	226	89	2.32	2
新加坡	25	99	63	7	2.27	3
中国	59	119	70	20	2.19	4
德国	28	222	66	3	2.14	5
法国	35	50	33	9	2.13	6

续表

国别	信息分类	信息储存	材料转换	材料评价	习题内容深度 ES	排序
俄罗斯	272	118	115	93	2.05	7
韩国	82	256	91	5	2.04	8
日本	36	37	13	1	1.76	9
美国	689	475	139	79	1.72	10

从表中可以看到，各国教材的习题内容深度的具体分布为："信息储存"层级的习题最多，其次为"信息分类"，"材料转换"和"材料评价"层级的习题数量相对较少。经计算，各国教材习题内容的平均深度分布为："信息分类"习题占总数的 32%、"信息储存"占 39%、"材料转换"占 21%、"材料评价"占 8%（如图 3-5 所示）。中国教材习题内容深度的分布为："信息分类"习题占总数的 22%、"信息储存"占 45%、"材料转换"占 26%、"材料评价"占 7%（如图 3-6 所示）。相对而言，我国地理教材中"信息分类"和"材料评价"的习题较平均数量偏少，而"信息储存"和"材料转换"的习题数量偏多。另外，就具体数量而言，我国地理教材中的习题数量也明显偏少。

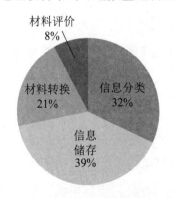

图 3-5　各国高中地理教材
平均习题内容深度层级分布

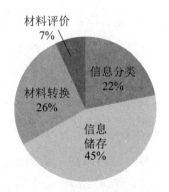

图 3-6　中国高中地理教材
习题内容深度层级分布

英国教材习题内容深度最大，为 2.47；美国教材习题内容深度最小，为 1.72；德国和法国地理教材的习题内容深度更接近平均水平；中国教材的习题内容深度高于国际平均水平，具体数据如图 3-7 所示。

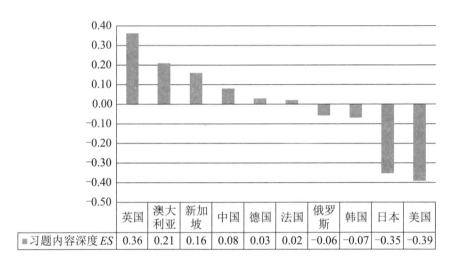

	英国	澳大利亚	新加坡	中国	德国	法国	俄罗斯	韩国	日本	美国
■习题内容深度 ES	0.36	0.21	0.16	0.08	0.03	0.02	-0.06	-0.07	-0.35	-0.39

图 3-7　各国高中地理教材习题内容深度距平值（平均值=2.11）

英国教材习题内容深度排名第 1。英国教材的习题分为 3 种类型：第一种是课文中每个小节结束后的问题；第二种是非正文的栏目，如案例探究、技能等栏目中的问题；第三种是每章末针对英国大学入学考试的习题。这 3 种题目以章末的题目最难，栏目中的题目次之，课文内容阐述过程中的问题最简单。每一个知识主题都对应了这 3 类题目。在自然地理模块下，英国教材多个知识主题的习题内容深度位于各国前列。

澳大利亚教材的习题大多是针对课文中出现的图表和阅读材料设计的，较为简单的题目可以从图中或材料中直接找到答案，可以归为"信息分类"和"信息储存"层级；而比较难的题目就需要学生搜集各种材料进行总结归纳或评价，属于"材料转换"和"材料评价"层级。从具体的习题内容深度层级分类来看，"材料转换"和"材料评价"层级的习题所占比例较大，而"信息分类"层级的习题则相对较少。自然地理模块的

"材料评价"层级的习题明显较多；人文地理模块的"信息储存"和"材料转换"层级的习题所占比例更大。

新加坡教材的习题内容深度偏大，排名第3。从均值角度来看，第二层级"信息存储"和第三层级"材料转换"的习题所占比例均高于均值，分别高11.58%和11.94%；第一层级"信息分类"和第四层级"材料评价"所占比例均低于均值，分别低18.64%和4.88%。

中国教材的习题主要包括活动、阅读、案例、读图思考、问题研究等5种类型。习题的形式相对较少，但目的性更强，"阅读"和"案例"重在学生拓展知识和课外阅读；"读图思考"意在指导学生对图像信息进行提取和运用；"活动"强调学生的实际操作和地理表达。习题分类非常清晰，便于学生选择学习方式。教材中大量的教学内容通过阅读、案例等形式表现出来，需要学生自己总结知识，习题在"材料转换"和"材料评价"等级上的数量比重明显偏大。

日本教材习题内容深度较其他国家教材明显偏小，这一方面可能受日本教材习题数量影响，其习题数量是各国教材中最少的；另一方面也与习题的类型有关。日本教材中的习题有两类：第一类是课文插图注释中的读解设问；第二类是非正文的栏目，如技能训练等栏目中的问题。第一类习题的题目设置主要围绕插图，对图的内容提出问题，一般只要求学生对图进行简要分析。第二类习题稍难，主要根据所讲解的技能来提问，一般都是考查技能的题目，通常来说，第二类习题涉及的相关内容在文中都有讲解，习题难度通常不高，"材料转换"和"材料评价"层级的习题数目较少。另外，日本教材的习题中，如果一道大题设有多个问题，一般都是由浅入深、层层递进的，达到较高层级的习题数量较少。

美国教材的习题内容深度最小，在4个认知层级中，"信息分类"层级的习题最多，几乎占习题总数的一半，"信息储存"次之，"材料转换"更少，"材料评价"最少。美国教材的习题主要包括3种类型：第一种是课文中每个小节结束后的问题；第二种是非正文的栏目，如地理思考、地理学五大主题等栏目中的问题；第三种是每章末针对整章内容的习题。这3种习题的难度依次加大。虽然美国教材中"材料评价"层级的习题较多，但其"信息分类"层级的习题数量占到了习题总数的近一半，导致美国教材的习题内容深度最小。

第三节　高中地理教材难度的国际比较

根据高中地理教材内容难度计算模型，通过内容广度和内容深度的分析，最终可计算出高中地理教材内容的总难度。对各国的教材难度值进行离差标准化后，可得到标准化的难度值，最终的计算结果如表3-6所示（难度均值为0.37，标准差为0.28）。

表3-6　各国高中地理教材总难度及其排序

国别	内容广度 G		内容深度 S		总难度 N		
	数值	排序	数值	排序	难度值	标准化	排序
澳大利亚	3.00	1	3.93	2	11.79	1.00	1
英国	1.77	4	4.26	1	7.53	0.53	2
俄罗斯	2.27	2	3.32	8	7.52	0.52	3
中国	**1.62**	**6**	**3.77**	**3**	**6.10**	**0.37**	**4**
新加坡	1.64	5	3.52	6	5.77	0.33	5
美国	1.91	3	3.00	9	5.73	0.32	6
德国	1.51	7	3.53	5	5.34	0.28	7
法国	1.24	8	3.44	7	4.28	0.16	8
韩国	1.18	9	3.57	4	4.23	0.16	9
日本	1.00	10	2.82	10	2.82	0.00	10

10 本参加国际比较的高中地理教材平均难度值是 0.37。高中地理教材总难度由大到小依次为：澳大利亚、英国、俄罗斯、中国、新加坡、美国、德国、法国、韩国和日本教材。难度标准化之后，可以看到澳大利亚的教材难度值最高，达到 1.00，而日本的教材难度值最低，为 0.00。我国教材总难度位居第 4，难度值为 0.37，恰好处于各国教材的平均水平。根据上表的数据，可以得出各国教材总难度的距平值（如图 3-8 所示）。

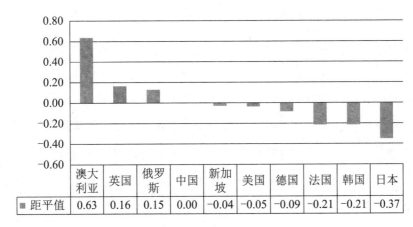

	澳大利亚	英国	俄罗斯	中国	新加坡	美国	德国	法国	韩国	日本
■ 距平值	0.63	0.16	0.15	0.00	-0.04	-0.05	-0.09	-0.21	-0.21	-0.37

图 3-8　各国高中地理教材总难度距平值（平均值＝0.37）

从图中可以看出，有 3 个国家的教材难度值在平均值以上，分别是澳大利亚、英国和俄罗斯教材。其中，澳大利亚教材难度最大，远远大于其他各国教材；排名第 2 的英国教材和排名第 3 的俄罗斯教材相差不大。另外 7 个国家的教材难度值均小于平均值，按照难度大小排序，分别是：中国、新加坡、美国、德国、法国、韩国、日本教材。其中，中国、新加坡、美国的教材难度比较接近平均水平。韩国、法国、日本的教材难度比较小。

澳大利亚高中地理教材《全球交互作用》囊括了自然地理和人文地理模块，内容翔实。教材的特点是知识点多、知识面广，详细解读了相关知识点，内容广度大；课文内容深度较大，习题内容深度也较大，因此教材难度相对较大，排名第 1，远远高出国际平均水平。

英国高中地理教材《高级地理》的编写风格与我国的大学地理专业课本类似，专业性较强。英国教材的"水文学""冰川作用""土壤"等章节涉及内容较深，远远高于我国高中地理教材的要求。在具体行文过程中，若英国教材的课文内容深度较大，则习题内容深度较小。反之亦然。课文和习题之间有一种难度上的此消彼长的关系。综合来看，英国教材难度较大，在各国教材中排名第2。英国教材中的探究体系栏目是教材的一大亮点。探究体系共包括4种栏目，分别是：技能学习、深入拓展、探讨学习和案例研究。每种栏目都有自己特定的作用和目的，有独立的内容和探究方式。

韩国教材《地球科学Ⅰ》的整体难度略低于各国教材的平均值。《地球科学Ⅰ》的知识点数量在各国教材中排名第8，知识点数量少，不到知识点数量最多的澳大利亚教材的1/4，学时也相对较长，内容广度小。但教材对知识点均进行了详细解释和阐述，再加上教材中与知识点相配合的活动比较多，因此韩国教材的内容深度不小。韩国教材的内容体系与我国教材有所不同。章节的设置与章节之间的联系更多地体现了地球科学这一学科的整体架构及韩国地理课程标准对学生能力的要求。韩国教材共3章，分别为"地球只有一个""变化中的地球"和"神秘的宇宙"，从章名可以看出教材更重视让学生建立对地球科学这一领域的整体概念，着眼于对学生科学态度和价值观的培养。

日本教材的难度在各国教材中是最小的，内容广度和深度均排在最后一名。日本教材的内容体系与其他国家的教材也有所不同。日本教材分为4部：第一部"自然与生活"，第二部"世界的各个地区"，第三部"全球化发展的现代世界"，第四部"全球性课题"。这样的结构使得日本教材能够涉及"自然地理""人文地理"和"区域地理"3个模块，但对每个模块的内容并没有进行深入的探讨。

GEOGRAPHY

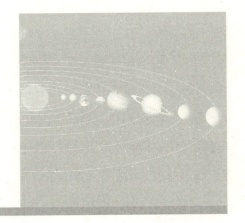

第四章

高中地理教材难度的
具体比较

第一节　高中地理教材"自然地理"模块的难度比较

虽然 10 个国家的地理教材存在内容差异，但其中还是有 8 个国家的地理教材都安排了"自然地理"模块的课程内容。在知识主题的具体内容上，这 8 个国家的地理教材也存在很多相同点。例如，有 5 个国家的地理教材选择了"行星地球"知识主题，有 3 个国家的地理教材选择了"地球运动"知识主题，有 5 个国家的地理教材选择了"地球圈层结构"知识主题等（如表4-1所示）。

表4-1　"自然地理"模块教材知识主题选取特点

国别	行星地球	地球运动	地球圈层结构	大气圈	水圈	岩石圈	自然地理环境
中国	√	√	√	√	√	√	√
英国			√	√	√	√	√
韩国	√		√	√	√	√	√
美国	√	√	√	√	√	√	
日本				√		√	√
澳大利亚				√		√	
法国	√					√	
德国	√	√	√	√	√	√	√
总计	5	3	5	7	6	8	6

"自然地理"模块有 7 个共同的知识主题。各国地理教材最常选择的是"岩石圈"，8 个国家的教材全部选用了此知识主题。排名第 2 的是"大气圈"，除法国教材以外，有 7 个国家的教材选用了此知识主题。"自然地理环境"和"水圈"并列第 3，分别有 6 个国家的教材选用了此知识

主题。"行星地球"和"地球圈层结构"知识主题均有5个国家的教材选用。被选择最少的知识主题是"地球运动"，只有3个国家的教材选用了该知识主题。

一、"行星地球"知识主题的难度比较

"行星地球"是"自然地理"模块中的知识主题之一，有5个国家的教材有该主题的内容。从内容广度和内容深度2个角度，对5个国家的教材进行赋值和具体计算，基本数据如表4-2所示。

表4-2　各国高中地理教材"行星地球"知识主题难度基础信息

国别	内容广度		课文内容深度				习题内容深度			
	知识点个数	有效学时	知道	领会	应用	分析综合评价	信息分类	信息储存	材料转换	材料评价
中国	27	5.63	15	6	5	1	5	4	1	1
韩国	83	22.04	56	18	8	1	17	98	20	3
美国	8	0.54	8	0	0	0	0	0	0	1
法国	68	13.00	52	14	1	1	9	18	7	2
德国	3	0.49	2	1	0	0	2	6	2	0

（一）内容广度的比较

运用内容广度的计算方法，本研究通过对各国教材进行赋值和具体计算，得到了其内容广度的数据（如表4-3所示）。内容广度的计算结果表明：在"行星地球"知识主题上，各国教材内容广度由大到小依次为美国、德国、法国、中国、韩国教材。我国教材位居第4，低于平均水平。

表4-3　各国高中地理教材"行星地球"知识主题内容广度及其排序

国别	知识点个数	有效学时	单位学时知识点个数	内容广度 G	排序
美国	8	0.54	14.68	3.00	1
德国	3	0.49	6.10	1.43	2

国别	知识点个数	有效学时	单位学时知识点个数	内容广度 G	排序
法国	68	13.00	5.23	1.27	3
中国	27	5.63	4.80	1.19	4
韩国	83	22.04	3.77	1.00	5

从表4-3可以看出"行星地球"在各国教材中所占的比重。从知识点个数来看，知识点数量由多到少依次为韩国、法国、中国、美国、德国教材。其中韩国教材"行星地球"知识主题的知识点数量最多，专门设有"天体观测"一章进行该知识主题的讲解。法国教材有"地球：可以居住的行星"一章专门讲解。中国教材在"宇宙中的地球"一章中有2个小节专门讲解该知识主题。美国教材和德国教材的这部分知识点极少，美国教材只出现了与太阳系相关的8个知识点，德国教材只出现了与日地关系相关的3个知识点。"行星地球"的学时平均占"自然地理"模块总学时的14%。学时最少的是德国，仅为0.49学时；最多的是韩国，达到22.04学时。

教材内容广度最大的是美国教材，为3.00。其他依次为德国、法国、中国、韩国教材。可以看到，学时的多少对广度的影响非常大，虽然美国、德国教材的相关知识点较少，但由于对应的学时更少，所以总体的内容广度反而比较大。

结合学时可算出各国教材的内容广度值距平值（如图4-1所示），可以看到，美国教材内容广度远远超过了平均值，其他国家教材的内容广度均在平均值之下；德国教材的内容广度较为接近平均水平，中国教材内容广度低于平均水平。

（二）内容深度的比较

"行星地球"知识主题的内容深度基本数据如表4-4所示，计算结果表明：各国教材"行星地球"知识主题内容深度由大到小依次为美国、

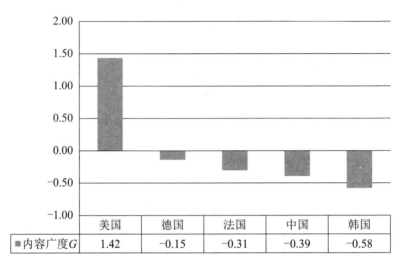

图4-1　"行星地球"知识主题内容广度距平值（平均值＝1.58）

中国、韩国、法国、德国教材。总体来说，内容深度最大的是美国教材，为5.00；其他依次为中国、韩国、法国、德国教材。各国地理教材"行星地球"部分的内容广度距平值如图4-2所示，可以看到，美国教材的内容深度远远超过了平均值，其他国家教材的内容深度均在平均值之下；中国教材内容深度排名第2，低于平均水平。

表4-4　各国高中地理教材"行星地球"知识主题内容深度及其排序

国别	知道	领会	应用	分析综合评价	课文内容深度 TS	信息分类	信息储存	材料转换	材料评价	习题内容深度 ES	内容深度 S	排序
美国	8	0	0	0	1.00	0	0	0	1	4.00	5.00	1
中国	15	6	5	1	1.70	5	4	1	1	1.82	3.52	2
韩国	56	18	8	1	1.45	17	98	20	3	2.06	3.51	3
法国	52	14	1	1	1.28	9	18	7	2	2.05	3.33	4
德国	2	1	0	0	1.33	2	6	2	0	2.00	3.33	5

各国教材"行星地球"主题的内容深度主要由课文内容深度和习题内

容深度组成，二者的值及累加内容深度值如图4-3所示。可以发现，美国教材中习题内容深度所占比例较大；韩国、法国、德国教材的习题内容深度相对于课文内容深度都较大；中国教材的习题内容深度和课文内容深度所占比例较为均衡。

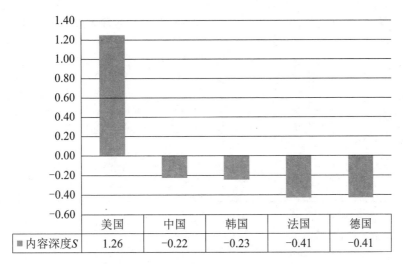

	美国	中国	韩国	法国	德国
■内容深度S	1.26	-0.22	-0.23	-0.41	-0.41

图4-2 "行星地球"知识主题内容深度距平值（平均值＝3.74）

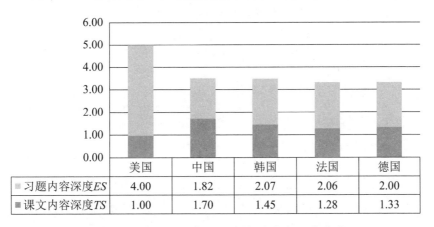

	美国	中国	韩国	法国	德国
■习题内容深度ES	4.00	1.82	2.07	2.06	2.00
■课文内容深度TS	1.00	1.70	1.45	1.28	1.33

图4-3 "行星地球"知识主题内容深度分布

（三）总难度的比较

根据内容广度和内容深度的计算，最终可得出各国教材"行星地球"

知识主题的内容总难度（难度均值为 0.25，标准差为 0.42），具体如表
4-5 所示。通过距平值（如图 4-4 所示）可以看到，美国教材的总难度最
大，显著高出国际平均水平。其余各国教材总难度均低于平均水平。我国
地理教材的总难度明显低于平均水平。

表 4-5　各国高中地理教材"行星地球"知识主题难度及其排序

国别	内容广度 G		内容深度 S		总难度 N		
	数值	排序	数值	排序	难度值	标准化	排序
美国	3.00	1	5.00	1	15.00	1.00	1
德国	1.43	2	3.33	5	4.76	0.11	2
法国	1.27	3	3.33	4	4.23	0.06	3
中国	1.19	4	3.52	2	4.19	0.06	4
韩国	1.00	5	3.51	3	3.51	0.00	5

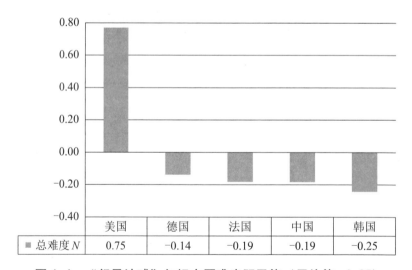

	美国	德国	法国	中国	韩国
■ 总难度 N	0.75	-0.14	-0.19	-0.19	-0.25

图 4-4　"行星地球"知识主题难度距平值（平均值 = 0.25）

美国教材该知识主题的内容难度较大。该主题仅包括太阳系的组成、
大行星、小行星、彗星定义等 8 个知识点，知识点数量少且课时少，综合
起来内容广度偏大。美国教材习题内容深度较大，如"以小组为单位，用

网络搜索希克苏鲁伯事件，为报纸报道这一事件写一个标题""制作一张地图，展示指定区域""撰写一篇小行星引起破坏的文章""写一个对某事件进行预言的科学家的采访稿"等。美国教材难度较大主要是由于习题内容深度较大。

德国教材中"行星地球"知识主题仅有 3 个知识点，10 道练习题。知识点包括太阳短波辐射和太阳常数等，对应的课时非常短，而内容广度反而较大。德国教材的习题数量虽然少，但习题内容深度较大，例如，"通过查阅专业文献或网页，估计天文条件引起的太阳辐射波动，说明太阳黑子运动对地球气候的影响"，这一习题不仅要求学生掌握太阳黑子周期的基础地理知识，还要求学生能够分析周期运动的变化对全球气候的影响。习题着重考查学生的分析能力和知识迁移能力。

法国教材的"行星地球"知识主题共有 68 个知识点，36 道习题。不同小节的课文内容深度相差较大。"太阳系"一节中有 20 个知识点，其中 19 个知识点都属于"知道"层级，这是由于该节着重介绍太阳系中各种天体的概况和特点，多为陈述性、事实性知识。"宇宙中的水"这一小节共 10 个知识点，知识点的层级较高，讨论了地球、月球及其他行星上水的特点并推测水与行星生命间的联系。在 36 道习题中，"信息储存"层级的考查占 50%，"材料转换"和"材料评价"层级的题目共占 25%。

韩国教材"行星地球"知识主题的知识点数量和习题数量在所有教材中都是最多的，这一知识主题的知识点约占全书的 1/3，单位学时的内容广度是最小的。韩国教材的课文内容深度和习题内容深度都处于中等水平，造成其难度最小的主要原因是其内容广度过小。

二、"地球运动"知识主题的难度比较

"地球运动"是"自然地理"模块中的知识主题之一，有 3 个国家的教材有该主题的内容。从内容广度和内容深度 2 个角度，对 3 个国家的教材进行赋值和具体计算，基本数据如表 4-6 所示。

表4-6　各国高中地理教材"地球运动"知识主题难度基础信息

国别	内容广度		课文内容深度				习题内容深度			
	知识点个数	有效学时	知道	领会	应用	分析综合评价	信息分类	信息储存	材料转换	材料评价
中国	31	3.00	8	10	12	1	3	3	6	0
美国	1	0.18	1	0	0	0	0	0	0	0
德国	2	0.25	1	1	0	0	0	0	0	0

（一）　内容广度的比较

运用内容广度的计算方法，本研究通过对各国教材进行赋值和具体计算，得到了各国教材内容广度的数据（如表4-7所示）。内容广度的计算结果表明：在"地球运动"知识主题上，各国教材内容广度由大到小依次为中国、德国、美国教材。中国教材排名第1，高于各教材的平均水平。

表4-7　各国高中地理教材"地球运动"知识主题内容广度及其排序

国别	知识点个数	有效学时	单位学时知识点个数	内容广度 G	排序
中国	31	3.00	10.33	3.00	1
德国	2	0.25	8.13	2.08	2
美国	1	0.18	5.54	1.00	3

从表4-7可以看出"地球运动"知识主题在各国教材中所占的比重。从知识点个数来看，在3个国家的教材中，中国教材的知识点的个数最多，在"宇宙中的地球"一章中有2个小节是专门讲解"地球运动"的。德国教材在"有关大气的基础知识"一章中提到了"地球运动所产生的影响"；美国教材在"自然地理"一章中提到了"地球运动"的知识。"地球运动"的学时平均占总"自然地理"模块总学时的23%，学时最多的是中国教材，最少的是美国教材。

内容广度最大的是中国教材，为3.00；其次为德国教材；内容广度最小的是美国教材。除中国教材针对"地球运动"进行了系统的讲解外，德国和美国教材都是在讲解其他知识点的时候提到了相关的内容。

结合学时计算各国教材的内容广度距平值（如图4-5所示），可以看到，中国的教材内容广度远远超过了平均水平，德国的教材内容广度次之，美国的教材内容广度最小，低于平均水平。

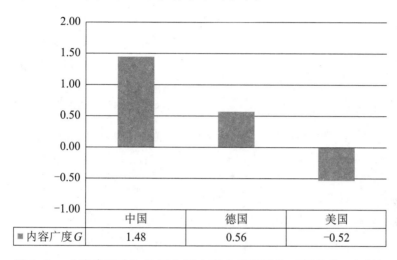

	中国	德国	美国
■ 内容广度 G	1.48	0.56	−0.52

图4-5 "地球运动"知识主题内容广度距平值（平均值 = 1.52）

（二） 内容深度的比较

"地球运动"知识主题的内容深度基本数据如表4-8所示，计算结果表明：各国教材的"地球运动"知识主题内容深度由大到小依次为中国、德国、美国教材。我国教材位居第1，高于平均水平（如图4-6所示）。

表4-8 各国高中地理教材"地球运动"知识主题内容深度及其排序

国别	知道	领会	应用	分析综合评价	课文内容深度 TS	信息分类	信息储存	材料转换	材料评价	习题内容深度 ES	内容深度 S	排序
中国	8	10	12	1	2.19	3	3	6	0	2.25	4.44	1
德国	1	1	0	0	1.50	0	0	0	0	0.00	1.50	2
美国	1	0	0	0	1.00	0	0	0	0	0.00	1.00	3

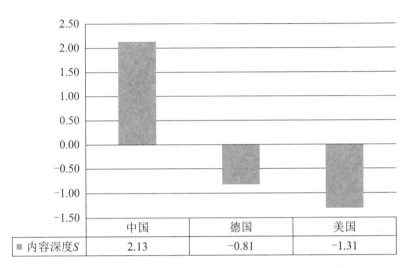

■内容深度S	中国	德国	美国
	2.13	-0.81	-1.31

图 4-6　"地球运动"知识主题内容深度距平值（平均值＝2.31）

　　各国教材"地球运动"知识主题的内容深度主要由课文内容深度和习题内容深度组成，二者的值及累加内容深度值如图 4-7 所示。从图中可以发现中国教材中习题内容深度与课文内容深度所占比例较为接近；德国、美国教材在该知识主题下没有习题，所以也就没有习题内容深度。

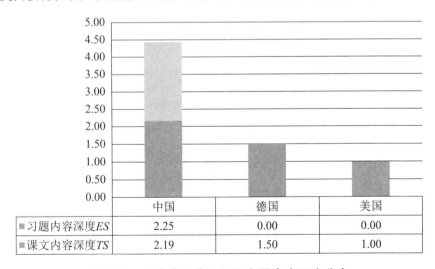

	中国	德国	美国
■习题内容深度ES	2.25	0.00	0.00
■课文内容深度TS	2.19	1.50	1.00

图 4-7　"地球运动"知识主题内容深度分布

（三） 总难度的比较

根据内容广度和内容深度的计算，最终可得出"地球运动"知识主题的内容总难度（难度均值为 0.39，标准差为 0.53），具体如表 4-9 所示。从距平值来看（如图 4-8 所示），中国教材的总难度最大，显著高于平均水平。德国、美国教材的总难度均低于平均水平。

表 4-9　各国高中地理教材"地球运动"知识主题难度及其排序

国别	内容广度 G		内容深度 S		总难度 N		
	数值	排序	数值	排序	难度值	标准化	排序
中国	3.00	1	4.44	1	13.34	1.00	1
德国	2.08	2	1.50	2	3.12	0.17	2
美国	1.00	3	1.00	3	1.00	0.00	3

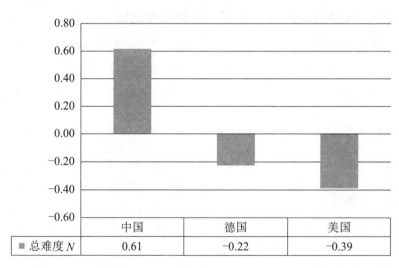

	中国	德国	美国
■ 总难度 N	0.61	-0.22	-0.39

图 4-8　"地球运动"知识主题难度距平值（平均值＝0.39）

中国教材该知识主题的内容广度、课文内容深度、习题内容深度均为最大。例如，教材深入讲解了地球自转和公转对昼夜更替、地方时、四季更替的影响等内容，其中运用了大量的数理逻辑推断，因此难度较大。综合来看，整个"地球运动"知识主题的难度很大。

德国教材中"地球运动"知识主题仅有 2 个知识点，即"五带的划分界限"和"五个热量带及其分布规律"，皆在"能量输入和全球光照"小节内容中讲解。该部分内容占一页篇幅，文字介绍较少，主要通过"地球的光照条件分区"和"地球的光照"2 张图片解释五带的划分、5 个热量带及其分布规律。课文内容深度一般，五带的划分部分一带而过，主要介绍热量带和分布规律，旨在让学生牢固地掌握五带的分布规律，正确解释五带的划分，能够灵活地运用该部分知识。这一部分没有设置相关习题。整体来看，德国教材中的"地球运动"部分内容难度较小。

美国教材对应的知识点仅有"地球自转形成一天的时间"。从内容深度上看，该知识点属于"知道"等级，没有习题。因此，该部分内容的难度最小。

三、"地球圈层结构"知识主题的难度比较

"地球圈层结构"是"自然地理"模块中的知识主题之一，有 5 个国家的教材有该主题的内容。从内容广度和内容深度 2 个角度，对 5 个国家的教材进行赋值和具体计算，基本数据如表 4-10 所示。

表 4-10　各国高中地理教材"地球圈层结构"知识主题难度基础信息

国别	内容广度		课文内容深度				习题内容深度			
	知识点个数	有效学时	知道	领会	应用	分析综合评价	信息分类	信息储存	材料转换	材料评价
中国	14	1.13	10	4	0	0	3	2	3	2
英国	22	3.64	20	2	0	0	1	4	4	3
韩国	29	5.04	22	7	0	0	15	13	5	0
美国	16	0.54	15	1	0	0	12	7	1	0
德国	7	0.49	5	2	0	0	2	9	0	0

（一）内容广度的比较

运用内容广度的计算方法，本研究通过对各国教材进行赋值和具体计

算，得到各国教材内容广度的数据（如表 4-11 所示）。内容广度的计算结果表明：在"地球圈层结构"知识主题上，各国教材内容广度由大到小依次为美国、德国、中国、英国、韩国教材。我国教材位居第 3，略低于平均水平。

表 4-11 各国高中地理教材"地球圈层结构"知识主题内容广度及其排序

国别	知识点个数	有效学时	单位学时知识点个数	内容广度 G	排序
美国	16	0.54	29.37	3.00	1
德国	7	0.49	14.23	1.72	2
中国	**14**	**1.13**	**12.44**	**1.57**	**3**
英国	22	3.64	6.04	1.02	4
韩国	29	5.04	5.76	1.00	5

从表 4-11 可以看出"地球圈层结构"在各国教材中所占的比重。从知识点个数来看，按照知识点数量由多到少依次为韩国、英国、美国、中国、德国教材。韩国地理教材在第二章"地球环境的构成要素"中有 2 个小节内容与此知识主题相关，"地球环境的构成要素"讲述的是地球的外部结构，"地球环境的物质和能量循环"是关于地球的内部结构的内容；英国教材的第一章"板块构造"系统讲述了地球的圈层结构；美国教材第二章"自然地理：一个有生命的星球"中的"地球的内部和外部"一节与此知识主题相关；德国教材在"有关大气的基础知识"中提到了地球的外部结构。在 5 个国家的教材中，"地球圈层结构"的学时平均占"自然地理"模块总学时的 27%，学时最多的是韩国教材，最少的是德国教材。

结合学时计算各国教材的内容广度距平值（如图 4-9 所示），可以看到美国教材的内容广度远远超过了平均值，德国教材次之，其他国家教材的内容广度均在平均值之下。英国和韩国教材的内容广度都较大程度地低于平均水平，中国教材的内容广度较为接近平均水平。

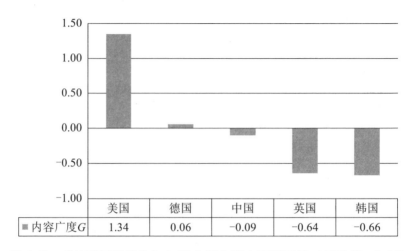

	美国	德国	中国	英国	韩国
■ 内容广度G	1.34	0.06	−0.09	−0.64	−0.66

图4-9　"地球圈层结构"知识主题内容广度距平值（平均值＝1.66）

（二）内容深度的比较

"地球圈层结构"知识主题的内容深度基本数据如表4-12所示，计算结果表明：各国教材"地球圈层结构"知识主题的内容深度由大到小依次为英国、中国、德国、韩国、美国教材。我国教材位居第2，高于平均水平。各国地理教材"地球圈层结构"部分的内容深度距平值如图4-10所示，可以看到，美国、中国教材的内容深度均超过了平均值，其他国家教材的内容深度均在平均值之下。

表4-12　各国高中地理教材"地球圈层结构"知识主题内容深度及其排序

国别	知道	领会	应用	分析综合评价	课文内容深度 TS	信息分类	信息储存	材料转换	材料评价	习题内容深度 ES	内容深度 S	排序
英国	20	2	0	0	1.09	1	4	4	3	2.75	3.84	1
中国	10	4	0	0	1.29	3	2	3	2	2.40	3.69	2
德国	5	2	0	0	1.29	2	9	0	0	1.81	3.10	3
韩国	22	7	0	0	1.24	15	13	5	0	1.70	2.94	4
美国	15	1	0	0	1.06	12	7	1	0	1.45	2.51	5

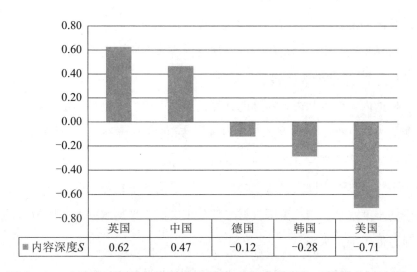

	英国	中国	德国	韩国	美国
■内容深度S	0.62	0.47	-0.12	-0.28	-0.71

图 4-10 "地球圈层结构"知识主题内容深度距平值（平均值＝3.22）

　　各国教材"地球圈层结构"知识主题的内容深度主要由课文内容深度和习题内容深度组成，二者的值及累加内容深度值如图 4-11 所示。可以发现，从课文内容深度来说，中国和德国教材较大，美国和英国教材较小；从习题内容深度来说，英国教材最大，中国教材次之，美国教材最

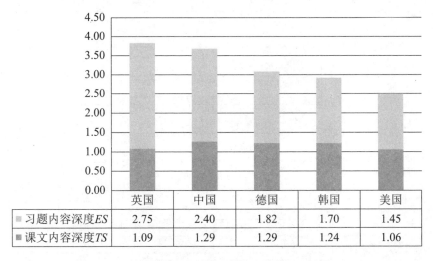

	英国	中国	德国	韩国	美国
■习题内容深度ES	2.75	2.40	1.82	1.70	1.45
■课文内容深度TS	1.09	1.29	1.29	1.24	1.06

图 4-11 "地球圈层结构"知识主题内容深度分布

小。总体来说，各国教材的习题内容深度均比课文内容深度大，与其他国家的教材相比，中国和德国教材的课文内容深度所占比例较大。

（三）总难度的比较

根据内容广度和内容深度的计算，最终可得出"地球圈层结构"知识主题的内容总难度（难度均值为 0.47，标准差为 0.38），具体如表 4-13 所示。从距平值来看（如图 4-12 所示），美国教材的总难度最大，显著高于平均水平；中国教材次之，但也高于平均水平；德国教材的难度水平与平均难度水平相当；英国教材本部分难度低于平均水平；韩国教材的难度显著低于平均水平。

表 4-13　各国高中地理教材"地球圈层结构"知识主题难度及其排序

国别	内容广度 G		内容深度 S		总难度 N		
	数值	排序	数值	排序	难度值	标准化	排序
美国	3.00	1	2.51	5	7.54	1.00	1
中国	1.57	3	3.69	2	5.78	0.62	2
德国	1.72	2	3.10	3	5.33	0.52	3
英国	1.02	4	3.84	1	3.93	0.22	4
韩国	1.00	5	2.94	4	2.94	0.00	5

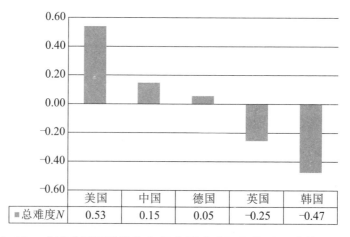

	美国	中国	德国	英国	韩国
■总难度 N	0.53	0.15	0.05	-0.25	-0.47

图 4-12　"地球圈层结构"知识主题难度距平值（平均值＝0.47）

美国教材中，该主题下的具体知识点包括"地球""地球的内部结构"和"地球的外部结构"，其中"地球"包括"地球的形状""地球周长和直径"等事实性知识，难度较低。习题分为2大类，一类是名词解释，例如，"什么构成地球的内部？""什么构成生物圈？"；一类是简单的问答，例如，"怎样解释地球表面七大洲的存在？"稍微难一点的题目要求学生对影响原因进行分析，例如，"地球的一个圈层怎样影响另一个圈层？"这样难度的题目较少。内容广度上，知识点数量较少，单位学时广度较大。课文内容深度上，绝大多数知识点为"知道"，仅有一个知识点为"领会"，其他等级没有分布。习题较简单，名词解释和简单问答的题目较多。综合来看，由于美国教材该部分的内容广度要远远大于其他国家的教材，因此其内容的总难度也明显大于其他国家的教材。

中国教材在讲述"地球外部结构"内容时仅用了1/2的页面，对大气圈、水圈、生物圈均用2—3句话进行了大体介绍，共包含了5个知识点。相对其他几个国家的教材而言，中国教材的内容广度更大，习题内容深度更大，总难度较大。

英国教材"地球圈层结构"部分共有22个知识点和12道习题。本部分内容篇幅为2章，对地球内部结构的介绍十分详细，地球外部结构的介绍相对简略。总体来说，对知识点的要求不高，都集中在"知道"和"领会"层级。"地球圈层结构"部分的习题数量较少，但是习题内容深度较大。例如，许多栏目中的问题难度都很大，达到了"材料评价"层级。章节末的复习题内容深度较大，例如，"运用案例解释为什么火山或地震分布在远离板块边界的地区"，这一题目要求学生基于文中讲过的原理，进行原因分析和综合推导。综合来看，英国教材该部分知识较简单，习题内容深度较大。

韩国教材这一主题的内容难度远低于其他国家的教材，其原因主要是单位学时的内容广度和习题的内容深度较小。韩国教材这一主题的知识点数量是最多的，受教材编写特点限制，其辅助知识点的文字解释和活动比较多，因此单位学时的内容广度最小。同样，韩国教材这一主题下习题的数量也远多于其他国家的教材，但习题的内容深度集中于"信息分类"和"信息储存"，因此习题的内容深度也最小。单位学时的内容广度和平均习题内容深度是各国教材中最小的，从而使得韩国教材这一主题的整体难度最小。

四、"大气圈"知识主题的难度比较

"大气圈"是"自然地理"模块中的知识主题之一，7个国家的教材有该主题的内容。从内容广度和内容深度2个角度，对7个国家的教材进行赋值和具体计算，基本数据如表4-14所示。

表4-14　各国高中地理教材"大气圈"知识主题难度基础信息

国别	内容广度		课文内容深度				习题内容深度			
	知识点个数	有效学时	知道	领会	应用	分析综合评价	信息分类	信息储存	材料转换	材料评价
中国	56	9.75	21	21	11	3	10	23	15	3
英国	100	16.66	26	59	13	2	19	18	6	7
韩国	70	9.76	29	26	15	0	4	37	18	1
美国	51	3.09	44	7	0	0	68	20	14	9
日本	46	10.53	29	17	0	0	0	7	1	0
澳大利亚	102	9.91	57	36	6	3	35	16	17	6
德国	71	11.00	45	24	2	0	6	69	22	2

（一）内容广度的比较

运用内容广度的计算方法，本研究通过对各国教材进行赋值和具体计算，得到各国教材内容广度的数据（如表4-15所示）。内容广度的计算结果表明：在"大气圈"主题上，各国教材内容广度由大到小依次为美国、澳大利亚、韩国、德国、英国、中国、日本教材。我国教材位居第6，低于平均水平。

表 4-15　各国高中地理教材"大气圈"知识主题内容广度及其排序

国别	知识点个数	有效学时	单位学时知识点个数	内容广度 G	排序
美国	51	3.09	16.52	3.00	1
澳大利亚	102	9.91	10.29	1.97	2
韩国	70	9.76	7.17	1.46	3
德国	71	11.00	6.45	1.34	4
英国	100	16.66	6.00	1.27	5
中国	56	9.75	5.74	1.23	6
日本	46	10.53	4.37	1.00	7

从表 4-15 中可以看出"大气圈"在各国教材中的重要程度。从知识点个数来看，按照知识点数量由大到小依次为澳大利亚、英国、德国、韩国、中国、美国、日本教材。澳大利亚教材对应本知识主题安排一章的教学内容，共有 5 节，分别对大气的分层结构和物质组成、大气过程、世界气候类型、小气候形成、人类与大气的相互作用进行了介绍。德国教材对应该主题的内容均在一章之内，包括"有关大气的基础知识""中纬度地区的天气现象"等几节内容。韩国教材对应该主题的内容比较分散，有在"地球的构成"一章中的内容，也有在"天气的变化"一章中的内容。中国教材对应该主题的内容均在"地球上的大气"一章之内。美国教材对应该主题的内容除了在"自然地理：气候和植被"一章中出现之外，还有零星内容分散在其他章节之中。日本教材在"自然环境与生活"一章中有较多内容涉及该主题。"大气圈"的学时平均占"自然地理"模块总学时的15%，学时最多的是美国教材，最少的是日本教材。

结合学时计算各国教材的内容广度距平值（如图 4-13 所示），美国、澳大利亚教材的内容广度远远超过了平均值，其他国家教材的内容广度均在平均值之下。韩国、德国的教材内容广度较为接近平均水平，英国、中国、日本教材的内容广度低于平均水平。

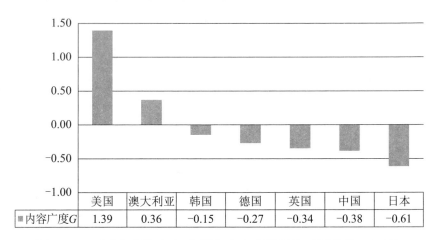

	美国	澳大利亚	韩国	德国	英国	中国	日本
■内容广度G	1.39	0.36	-0.15	-0.27	-0.34	-0.38	-0.61

图4-13　"大气圈"知识主题内容广度距平值（平均值＝1.61）

（二）　内容深度的比较

"大气圈"知识主题的内容深度基本数据如表4-16所示，计算结果表明：各国教材的"大气圈"知识主题内容深度由大到小依次为中国、韩国、英国、德国、日本、澳大利亚、美国教材。我国教材位居第1，高于平均水平。各国地理教材"大气圈"部分的内容广度距平值如图4-14所示，中国、韩国、英国教材的内容深度均超过了平均值，德国教材的内容深度与平均值基本相当，日本和澳大利亚教材的内容深度低于平均值，美国教材的内容深度远低于平均值。

表4-16　各国高中地理教材"大气圈"知识主题内容深度及其排序

国别	知道	领会	应用	分析综合评价	课文内容深度 TS	信息分类	信息储存	材料转换	材料评价	习题内容深度 ES	内容深度 S	排序
中国	21	21	11	3	1.93	10	23	15	3	2.21	4.14	1
韩国	29	26	15	0	1.80	4	37	18	1	2.27	4.07	2
英国	26	59	13	2	1.91	19	18	6	7	2.02	3.93	3

续表

国别	知道	领会	应用	分析综合评价	课文内容深度 TS	信息分类	信息储存	材料转换	材料评价	习题内容深度 ES	内容深度 S	排序
德国	45	24	2	0	1.39	6	69	22	2	2.21	3.60	4
日本	29	17	0	0	1.37	0	7	1	0	2.12	3.49	5
澳大利亚	57	36	6	3	1.56	35	16	17	6	1.92	3.48	6
美国	44	7	0	0	1.14	68	20	14	9	1.67	2.81	7

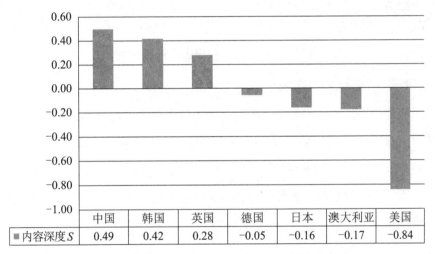

	中国	韩国	英国	德国	日本	澳大利亚	美国
■内容深度 S	0.49	0.42	0.28	-0.05	-0.16	-0.17	-0.84

图 4-14　"大气圈"知识主题内容深度距平值（平均值=3.65）

　　各国教材"大气圈"知识主题的内容深度主要由课文内容深度和习题内容深度组成，二者的值及累加内容深度值如图 4-15 所示。从图中可以发现，从课文内容深度来说，中国、英国、韩国教材较大，美国教材最小；从习题内容深度来说，中国、韩国、德国、日本教材较大，美国教材最小。总体来说，各国教材本部分的习题内容深度所占比例均比课文内容深度大，中国教材习题内容深度和课文内容深度均排在前列，综合内容深度排第1。

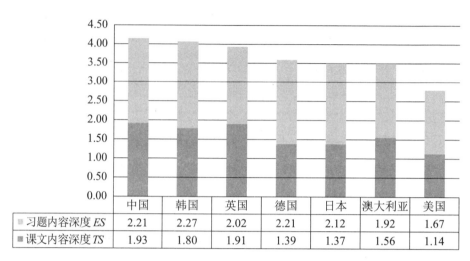

图 4-15 "大气圈"知识主题内容深度分布

（三） 总难度的比较

根据内容广度和内容深度的计算，最终可得出"大气圈"知识主题的内容总难度（难度均值为 0.44，标准差为 0.32），具体如表 4-17 所示。从距平值来看（如图 4-16 所示），美国教材的总难度最大，显著高于平均水平。日本教材的总难度最小，显著低于平均水平。中国教材的难度低于平均水平。

表 4-17 各国高中地理教材"大气圈"知识主题难度及其排序

国别	内容广度 G		内容深度 S		总难度 N		
	数值	排序	数值	排序	难度值	标准化	排序
美国	3.00	1	2.81	7	8.44	1.00	1
澳大利亚	1.97	2	3.48	6	6.87	0.68	2
韩国	1.46	3	4.07	2	5.94	0.49	3
中国	**1.23**	**6**	**4.14**	**1**	**5.08**	**0.32**	**4**
英国	1.27	5	3.93	3	4.99	0.30	5
德国	1.34	4	3.60	4	4.83	0.27	6
日本	1.00	7	3.49	5	3.49	0.00	7

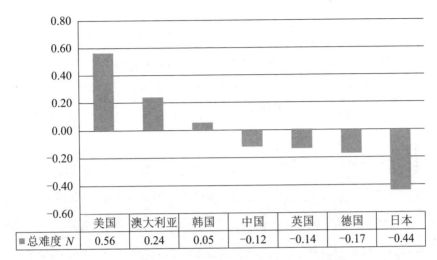

图4-16 "大气圈"知识主题难度距平值（平均值＝0.44）

　　美国教材"大气圈"部分的内容难度最大。该主题的知识点并不多，具体包括"季节与天气""影响气候的因素""气候变化""世界气候区""气候的影响"和"常见天气系统"。其中，"季节与天气"包括"锋面雨""龙卷风"等极端天气的事实性知识。综合来看，美国教材"大气圈"部分的单位时间的内容广度很大，但内容深度并不大。

　　澳大利亚教材在此部分共有102个知识点，内容广度较大。澳大利亚教材对于自然地理的要素分析颇为重视，这也迎合了其教材第一章开篇强调的要素叠加和相互作用的理念。该知识主题下，澳大利亚教材共包含了74道习题，多属于"信息分类"和"信息储存"层级。

　　韩国教材的总难度略高于平均水平，仅次于美国教材。韩国教材的内容广度、内容深度均属于中等偏上水平。韩国教材这部分的知识点包括"降雨的形成""锋""台风及其危害"等，习题也较多，习题的内容深度层级集中在"信息储存"和"材料转换"上，要求学生针对教材中给出的一些概念进行辨析和计算推导。

　　中国教材的内容深度居各国教材之首，但内容广度较小，内容难度排名第4。"大气圈"是中国地理教材的经典核心内容，涉及的知识点最多，且使用的篇幅和教学时间也最多。该部分知识包含了大量有关"三圈环流""热力环流""海陆热力性质差异"等逻辑推理和实用性很强的内容，课文内容深度较大，且对应的习题内容深度也相对偏大。

德国教材中与"大气圈"相关的二级知识点有14个，主要内容位于第一章，讲解了"风带和气压带""气旋与反气旋"等内容。在"气旋与反气旋"内容后是有关"读天气图"的栏目，给学生提供了正确解读天气图的步骤，并以中欧天气为例进行了详细讲解，栏目中的习题内容深度较大。例如，"根据给定的步骤读取一张最新的天气图"，这一题目对学生的能力要求较高。"方法"栏目的加入丰富了该部分的内容，也是对学生实践能力的提高。"全球气候变化"部分的内容占第四章所有内容的一多半。德国教材对全球气候变化的问题十分重视，在"气候保护和气候政策"中详细介绍了京都议定书，并且提出对于气候变化造成的影响要采取适当的措施来应对，反映出该教材具有积极保护环境的态度。综上，德国教材"大气圈"内容广度居中，课文内容深度偏小，习题内容深度偏大，总难度偏小。

"大气圈"是日本教材"自然地理"模块中的知识主题之一。与其他国家相比，日本教材该部分的内容广度最大，内容深度却不大。具体而言，日本教材中"大气圈"部分只讲了"大气圈"中的一部分知识，主要包括4个方面的内容："人类生活与气候之间的联系""气候的形成""世界的气候分区""植物的生长和土壤"。教材包含很多概念性知识，如"赤道低气压带""中纬度高气压带"等。有关"气候带"的介绍内容中不仅描述了气候带的位置，还总结了其特点，介绍得比较详细，并且会有一些思考题出现。习题分布在"气候形成"和"世界气候分区"的知识点中，以"信息分类"和"材料转换"层次居多。

五、"水圈"知识主题的难度比较

"水圈"是"自然地理"模块中的知识主题之一，有6个国家的教材有该主题的内容。从内容广度和内容深度 2 个角度，对 6 个国家的教材进行赋值和具体计算，基本数据如表 4-18 所示。

表 4-18　各国高中地理教材"水圈"知识主题难度基础信息

国别	内容广度		课文内容深度				习题内容深度			
	知识点个数	有效学时	知道	领会	应用	分析综合评价	信息分类	信息储存	材料转换	材料评价
中国	28	5.63	10	11	5	2	4	10	4	5
英国	248	28.63	102	115	23	8	10	51	44	15
韩国	28	8.19	9	11	8	0	11	32	32	0
美国	22	1.09	19	3	0	0	6	3	2	0
澳大利亚	220	27.39	143	61	8	8	34	57	44	56
德国	29	6.15	18	10	1	0	22	11	10	0

（一）　内容广度的比较

运用内容广度的计算方法，本研究通过对各国教材进行赋值和具体计算，得到各国教材内容广度的数据（如表 4-19 所示）。内容广度的计算结果表明：在"水圈"主题上，各国教材内容广度由大到小依次为美国、英国、澳大利亚、中国、德国、韩国教材。我国教材位居第 4，低于平均水平。

表 4-19　各国高中地理教材"水圈"知识主题内容广度及其排序

国别	知识点个数	有效学时	单位学时知识点个数	内容广度 G	排序
美国	22	1.09	20.19	3.00	1
英国	248	28.63	8.66	1.63	2
澳大利亚	220	27.39	8.03	1.55	3
中国	28	5.63	4.98	1.19	4
德国	29	6.15	4.72	1.15	5
韩国	28	8.19	3.42	1.00	6

从表 4-19 中可以看出"水圈"在各国教材中的重要程度。从知识点

个数来看，按照知识点数量由大到小排序依次为：英国、澳大利亚、德国、韩国、中国、美国教材。英国和澳大利亚教材的知识点个数远远大于其他几个国家的教材。英国教材非常重视"水圈"，关于该主题有四章内容，分别为"水文学""河流和河流地貌""海岸"和"冰川作用"。澳大利亚教材关于该主题的内容包括"水圈""海岸环境和海岸沉积物的处理""流域与河流整治"三章。德国教材关于该主题的内容有"有关洋流的基础知识""人类赖以生存的水"等几节，分别从不同的角度进行了阐述。中国教材关于该主题的内容包括"地球上的水"一章，还有"河流地貌发育"一节中的部分内容。美国教材仅在地理基础部分简单阐述了该部分的内容。"水圈"的学时平均占"自然地理"模块总学时的15%，学时最多的是英国教材，最少的是美国教材。

结合学时计算各国教材的内容广度距平值（如图4-17所示）：内容广度最大的是美国教材，其他依次为英国、澳大利亚、中国、德国、韩国教材，内容广度最小的是韩国教材。美国教材虽然知识点个数少，但由于学时较少，内容广度反而更大；英国、澳大利亚教材分别排名第2、第3，内容广度与平均值相当。中国教材排名第4，低于平均水平。

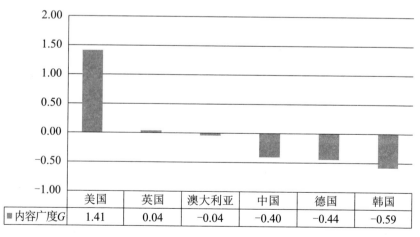

	美国	英国	澳大利亚	中国	德国	韩国
■内容广度G	1.41	0.04	-0.04	-0.40	-0.44	-0.59

图4-17 "水圈"知识主题内容广度距平值（平均值＝1.59）

（二） 内容深度的比较

"水圈"知识主题的内容深度基本数据如表 4-20 所示，计算结果表明，各国教材"水圈"知识主题内容深度由大到小依次为中国、英国、韩国、澳大利亚、德国和美国教材。我国教材位居第 1，高于平均水平。各国地理教材"水圈"部分的内容广度距平值如图 4-18 所示，中国、英国、韩国、澳大利亚教材的内容深度均超过了平均值，德国和美国教材的内容深度均在平均值之下。中国教材内容深度显著高于平均水平。

表 4-20　各国高中地理教材"水圈"知识主题内容深度及其排序

国别	知道	领会	应用	分析综合评价	课文内容深度 TS	信息分类	信息储存	材料转换	材料评价	习题内容深度 ES	内容深度 S	排序
中国	10	11	5	2	1.96	4	10	4	5	2.44	4.40	1
英国	102	115	23	8	1.75	10	51	44	15	2.53	4.28	2
韩国	9	11	8	0	1.96	11	32	32	0	2.28	4.24	3
澳大利亚	143	61	8	8	1.46	34	57	44	56	2.64	4.10	4
德国	18	10	1	0	1.41	22	11	10	0	1.72	3.13	5
美国	19	3	0	0	1.14	6	3	2	0	1.63	2.77	6

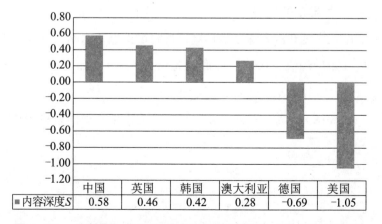

	中国	英国	韩国	澳大利亚	德国	美国
■内容深度S	0.58	0.46	0.42	0.28	-0.69	-1.05

图 4-18　"水圈"知识主题内容深度距平值（平均值＝3.82）

各国教材"水圈"知识主题的内容深度主要由课文内容深度和习题内容深度组成，二者的值及累加内容深度值如图4-19所示。从图中可以发现，从课文内容深度来说，中国和韩国教材较大，英国教材次之，美国教材最小；从习题内容深度来说，澳大利亚教材最大，英国教材次之，美国教材最小。总体来说，各国教材中习题内容深度的比例均比课文内容深度的比例大，澳大利亚教材的习题内容深度所占比例最大，中国教材的习题内容深度所占比例居中。

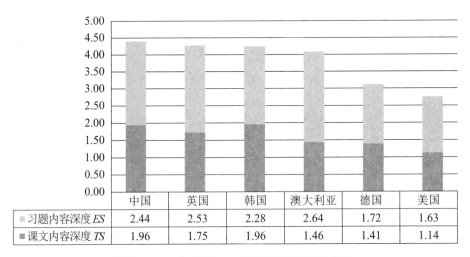

	中国	英国	韩国	澳大利亚	德国	美国
■习题内容深度 ES	2.44	2.53	2.28	2.64	1.72	1.63
■课文内容深度 TS	1.96	1.75	1.96	1.46	1.41	1.14

图4-19 "水圈"知识主题内容深度分布

（三） 总难度的比较

根据内容广度和内容深度的计算，最终可得出"水圈"知识主题的内容总难度（难度均值为0.46，标准差为0.38），具体如表4-21所示。从距平值（如图4-20所示）来看，美国教材的总难度最大，显著高于平均水平。德国教材的总难度最小，明显低于平均水平。中国教材的总难度略低于平均水平。

表 4-21　各国高中地理教材"水圈"知识主题难度及其排序

国别	内容广度 G		内容深度 S		总难度 N		
	数值	排序	数值	排序	难度值	标准化	排序
美国	3.00	1	2.77	6	8.32	1.00	1
英国	1.63	2	4.28	2	6.95	0.71	2
澳大利亚	1.55	3	4.10	4	6.35	0.58	3
中国	1.19	4	4.40	1	5.22	0.34	4
韩国	1.00	6	4.24	3	4.24	0.13	5
德国	1.15	5	3.13	5	3.62	0.00	6

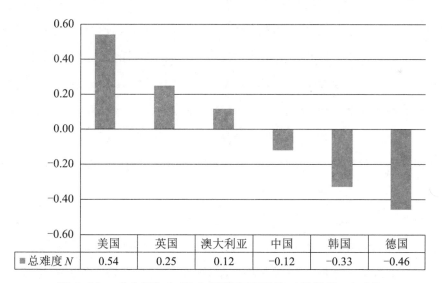

	美国	英国	澳大利亚	中国	韩国	德国
■总难度 N	0.54	0.25	0.12	-0.12	-0.33	-0.46

图 4-20　"水圈"知识主题难度距平值（平均值＝0.46）

　　美国教材中，该知识主题下的知识点包括"水体""自然界的水循环"和"大规模的海水运动"等。知识点中的内容大多是概念性知识，如"地下水""最大淡水湖"等，大多数的知识点为"知道"层级，课文内容深度较小。美国教材的习题数量较少，"信息分类"等级的习题数量较多，习题内容深度也不高。美国教材的内容深度较小，但内容广度大，总难度最大。

英国教材在"水圈"部分共有 248 个知识点和 120 道习题。水圈部分对应的是英国教材中的"水文学""海岸"和"冰缘作用和冰川作用"，共 3 章内容。与其他各国不同的是，不列颠岛四面环海，因此英国教材用了较多的篇幅来讲解海洋和海岸。英国教材并没有讲世界洋流的分布，而是将重点放在"海浪""潮汐""海岸沉积""海岸侵蚀""沿海地区生态系统""海岸分类"等内容上。从知识点的安排上能看出英国重视海岸资源，强调海岸管理和沿海生态系统的维系。英国教材以案例研究的方式，重点关注英国区域地理知识，例如，案例"奇兹韦尔的防洪措施""威斯特海岸的地质概况和侵蚀"着重关注沿海小镇的海岸管理和危机处理。此外，由于英国海拔偏高，曾经受到过广泛的冰川侵蚀，所以教材较为详细地讲解了"冰缘作用和冰川作用"。英国教材的习题内容深度普遍较大，有许多需要学生运用案例来解释的习题。例如，"运用案例描述并解释人类活动会怎样影响水循环过程""案例中的冰缘区开发遇到什么问题，请就开发方式和开发水平影响着冰缘环境的利用展开评论""什么是消极平衡和积极平衡，能用什么事实说明冰川或冰川的一部分会存在积极平衡或消极平衡"等。总体来看，英国教材该部分的内容广度大、内容深度较大，难度也较大。

澳大利亚教材在此部分的难度排名第 3，内容难度在平均水平以上。澳大利亚教材"水圈"知识主题中有 220 个知识点和 191 道习题。具体来看，教材中该部分的内容包括"水圈""海岸环境和海洋沉积物的处理""流域与河流治理"。其中，"海岸环境和海洋沉积物的处理""流域与河流治理"是澳大利亚教材独有的内容，表现了澳大利亚对于自身所处水环境的关注。"海岸环境和海洋沉积物的处理"一章有 8 部分内容，按知识点数量由大到小的排序为：堆积地貌、波浪、海岸的侵蚀和堆积、人类对海岸演变过程的影响、可持续发展和海岸管理、潮汐和水流、沿海环境、海岸沉积物收支。"流域与河流治理"一章有 7 部分内容，按知识点数量由大到小的排序为：河流是一个系统、河流流域、河流的功能、决定河流自然属性的是什么、河流地貌、河流生态系统和河流治理。系统地理的"水圈"内容相对简单，习题也比较简单。这 2 章的习题内容深度较大，实践、操作、分析、评价的题目较多，例如，"研究任务：调查关于目前墨累河流域治理的形式"。

中国教材"水圈"部分的难度排名第 4，略低于平均值。中国教材的内容广度较小，但内容深度非常大。中国教材的知识点认知层级较高，"知道"层级的知识点较少；中国教材的习题内容深度也较大，存在较高层级的习题。

韩国教材"水圈"部分的难度小于平均值。韩国教材内容广度最小，内容深度处于中等水平。知识点的内容深度大多在"领会"层级，习题的数量较多，高层级的习题不多。

德国教材该部分的难度最小。"水圈"相关内容在德国教材中的第一章、第三章、第五章中均有涉及，除了第一章讲解的相关洋流的成因及洋流的驱动力等基础地理知识外，其他则主要是以水资源缺乏和保护问题为主。如第三章"资源：利用、危害和保护"、第五章"可持续发展：针对全球环境问题的一个回答"。相关内容还有大量辅助案例，更加体现了对具体环境问题的重视。例如，引入"中国三峡大坝""咸海退化"和"中东：为水而战"等案例，说明教材更加注重人类生活的安定和环境的合理利用。

六、"岩石圈"知识主题的难度比较

"岩石圈"是"自然地理"模块中的知识主题之一，有 8 个国家的教材有该主题的内容。从内容广度和内容深度 2 个角度，对 8 个国家的教材进行赋值和具体计算，基本数据如表 4-22 所示。

表 4-22　各国高中地理教材"岩石圈"知识主题难度基础信息

国别	内容广度		课文内容深度				习题内容深度			
	知识点个数	有效学时	知道	领会	应用	分析综合评价	信息分类	信息储存	材料转换	材料评价
中国	34	6.00	13	15	5	1	8	5	11	4
英国	343	53.10	134	156	34	19	38	72	50	42
韩国	52	8.19	41	8	3	0	8	32	7	0
美国	49	2.54	41	8	0	0	38	15	14	6
日本	53	11.85	49	4	0	0	5	3	4	0
澳大利亚	91	7.30	52	25	11	3	4	2	6	5
法国	110	28.00	82	25	3	0	19	21	16	7
德国	15	2.70	10	5	0	0	0	0	0	0

（一）内容广度的比较

运用内容广度的计算方法，本研究通过对各国教材进行赋值和具体计算，得到各国教材内容广度的数据（如表 4-23 所示）。内容广度的计算结果表明：在"岩石圈"主题上，各国教材内容广度由大到小依次为美国、澳大利亚、英国、韩国、中国、德国、法国、日本教材。我国教材位居第 5，低于平均水平。

表 4-23　各国高中地理教材"岩石圈"知识主题内容广度及其排序

国别	知识点个数	有效学时	单位学时知识点个数	内容广度 G	排序
美国	49	2.54	19.27	3.00	1
澳大利亚	91	7.30	12.46	2.08	2
英国	343	53.10	6.46	1.27	3
韩国	52	8.19	6.35	1.25	4
中国	34	6.00	5.67	1.16	5
德国	15	2.70	5.55	1.15	6
法国	110	28.00	4.57	1.01	7
日本	53	11.85	4.47	1.00	8

从表 4-23 中可以看出"岩石圈"在各国教材中所占的比重。从知识点个数来看，按照知识点数量由大到小依次为英国、法国、澳大利亚、日本、韩国、美国、中国、德国教材。英国教材共有五章有关该主题的内容，它们是"板块构造""风化作用、岩石和侵蚀""斜坡和滑坡""河流和河流地貌""土壤"。法国教材的"土地：持久的财富？"一章对该主题进行系统阐述，此外其他章节中也涉及了该知识。澳大利亚教材有一章"岩石圈"系统阐述该部分的内容。中国教材有"地表形态的塑造"对应着该主题。日本、美国、韩国、德国教材中与该主题对应的内容并不明确，其中日本教材在"自然环境和生活"一章中有部分内容与之对应，美国教材在地理基础部分有部分内容与之对应，韩国教材在"地球的构成"一章中有部分内容与之对应，德国教材与之对应的内容更加分散。"岩石圈"的学时平均占"自然地理"模块总学时的 14%，学时最多的是日本教材，最少的是德国教材。

结合学时计算各国教材的内容广度距平值（如图 4-21 所示），可以看到：内容广度最大的是美国教材，其他依次为澳大利亚、英国、韩国、中国、德国、法国、日本教材。我国教材位居第 5，低于平均水平。

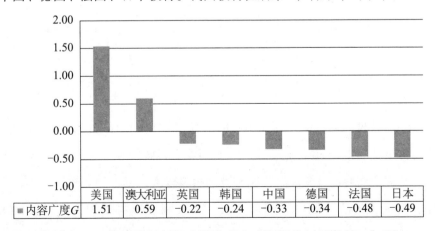

	美国	澳大利亚	英国	韩国	中国	德国	法国	日本
■内容广度G	1.51	0.59	-0.22	-0.24	-0.33	-0.34	-0.48	-0.49

图 4-21 "岩石圈"知识主题内容广度距平值（平均值＝1.49）

（二）内容深度的比较

"岩石圈"知识主题的内容深度基本数据如表4-24所示，计算结果表明，各国教材"岩石圈"知识主题内容深度由大到小依次为澳大利亚、英国、中国、法国、韩国、美国、日本、德国教材。我国教材位居第3，高于平均水平。各国地理教材"岩石圈"部分的内容广度距平值如图4-22所示，可以看到澳大利亚、英国、中国教材的内容深度超过了平均水平，法国和韩国教材的内容深度与平均水平接近，德国教材的内容深度明显低于平均水平。

表4-24　各国高中地理教材"岩石圈"知识主题内容深度及其排序

国别	知道	领会	应用	分析综合评价	课文内容深度 TS	信息分类	信息储存	材料转换	材料评价	习题内容深度 ES	内容深度 S	排序
澳大利亚	52	25	11	3	1.62	4	2	6	5	2.70	4.32	1
英国	134	156	34	19	1.82	38	72	50	42	2.47	4.29	2
中国	13	15	5	1	1.82	8	5	11	4	2.40	4.22	3
法国	91	31	5	1	1.34	20	19	17	4	2.09	3.43	4
韩国	41	8	3	0	1.27	8	32	7	0	1.98	3.25	5
美国	41	8	0	0	1.16	38	15	14	6	1.84	3.00	6
日本	49	4	0	0	1.08	5	3	4	0	1.91	2.99	7
德国	10	5	0	0	1.33	0	0	0	0	0.00	1.33	8

各国教材"岩石圈"知识主题的内容深度主要由课文内容深度和习题内容深度组成，二者的值及累加内容深度值如图4-23所示。可以发现，从课文内容深度来说，中国和英国教材较大，澳大利亚教材次之，日本教材最小；从习题内容深度来说，澳大利亚教材最大，英国教材次之，德国教材该主题没有习题，深度为0.00。总体来说，除德国教材没有

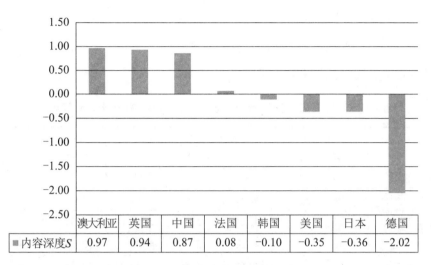

	澳大利亚	英国	中国	法国	韩国	美国	日本	德国
■内容深度S	0.97	0.94	0.87	0.08	-0.10	-0.35	-0.36	-2.02

图4-22　"岩石圈"知识主题内容深度距平值（平均值＝3.35）

习题之外，其他国家教材的习题内容深度在知识主题内容深度中占比较大。

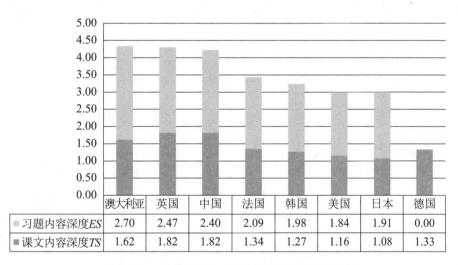

	澳大利亚	英国	中国	法国	韩国	美国	日本	德国
■习题内容深度ES	2.70	2.47	2.40	2.09	1.98	1.84	1.91	0.00
■课文内容深度TS	1.62	1.82	1.82	1.34	1.27	1.16	1.08	1.33

图4-23　"岩石圈"知识主题内容深度分布

（三）　总难度的比较

根据内容广度和内容深度的计算，最终可得出"岩石圈"知识主题的内容总难度（难度均值为0.47，标准差为0.36），具体如表4-25所示。

从距平值来看（如图4-24所示），美国和澳大利亚教材的总难度最大，显著高于平均水平。中国教材的总难度略低于平均水平。德国教材的难度最小，明显低于平均水平。

表4-25　各国高中地理教材"岩石圈"知识主题难度及其排序

国别	内容广度 G		内容深度 S		总难度 N		
	数值	排序	数值	排序	难度值	标准化	排序
美国	3.00	1	3.00	6	9.00	1.00	1
澳大利亚	2.08	2	4.32	1	8.99	1.00	2
英国	1.27	3	4.29	2	5.45	0.52	3
中国	**1.16**	**5**	**4.22**	**3**	**4.90**	**0.45**	**4**
韩国	1.25	4	3.25	5	4.07	0.34	5
法国	1.01	7	3.43	4	3.47	0.26	6
日本	1.00	8	2.99	7	2.99	0.20	7
德国	1.15	6	1.33	8	1.53	0.00	8

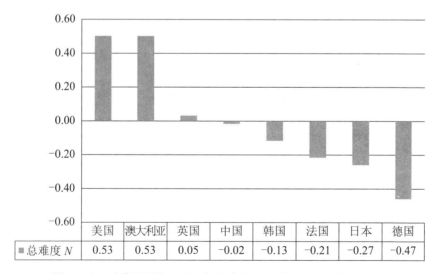

	美国	澳大利亚	英国	中国	韩国	法国	日本	德国
■总难度 N	0.53	0.53	0.05	-0.02	-0.13	-0.21	-0.27	-0.47

图4-24　"岩石圈"知识主题难度距平值（平均值=0.47）

美国教材的难度排名第1。美国教材该主题的知识点较多，包括"地形""地貌""土壤"和"地质作用"4个方面的内容，内容广度较大。

知识点很多都是概念性知识，课文的内容深度较小。本知识主题的习题内容深度较小，大部分习题都是简单的问题，在课文中就能找到问题的答案。也有少部分较难的习题，例如，"利用栏目所给的网站链接进行火山活动方面的研究。关注火山活动的多样性，研究间歇泉、温泉和岛屿是如何形成的"。

澳大利亚教材在本知识主题下共有91个知识点，对岩石知识进行了全面介绍。关注外力塑造的地貌类型，单独选出3种地貌类型进行细致的分析。关注土壤，课文介绍了土壤的特性、鉴别并细化了成土的过程。澳大利亚教材的内容广度较大，内容深度排名第1。课文内容深度和习题内容深度都较大，许多习题都要求学生进行研究和分析，例如，"使用媒体，搜集有关最近地震和火山喷发的报道。撰写搜集到的报道的大纲，再全面展示这些信息"。

英国教材在本部分的内容可以归纳为"河流地貌的发育""地质作用""土壤""斜坡和地块的运动""山地的形成"5个部分。其中"河流地貌的发育"部分的知识点最多，非常全面地讲解了整个流域系统。英国教材的课文内容深度较大，许多专业性的水文知识需要"领会"，例如，水力半径的计算、河道深宽比的计算等内容。英国教材的习题中有大量的数理计算等内容，习题内容深度也相对较大。

法国教材本部分包括2个主题的内容，即"矿物燃料：过去的太阳能""土地：持久的财富？"。其中"矿物燃料"系统地介绍这一岩石层中的太阳能源；"土地"这一章的重点是土壤漫长的形成过程。2个主题的知识数量相近，是对科学前沿知识的应用和本主题所涉及的科学行业的介绍。

日本教材本部分难度较小。课文内容多为"大地形""地幔""地壳结构"等概念性知识，课文内容深度较小。习题较为简单，有多道标注题，例如，"分别用黄色表示耕地、红色表示沉陷地，在上图中标注出来"，习题内容深度较小。

德国教材主要是通过介绍地震和火山爆发讲解相关知识，如地震波、板块构造的基础知识、火山的形成及爆发形式等。德国教材中大部分知识点只需要达到"知道"层级，课文内容深度较小，习题内容深度也不高，总体难度最小。

七、"自然地理环境"知识主题的难度比较

"自然地理环境"是"自然地理"模块中的知识主题内容之一，有6个国家的教材有该主题的内容。从内容广度和内容深度2个角度，对6个国家的教材进行赋值和具体计算，基本数据如表4-26所示。

表4-26　各国高中地理教材"自然地理环境"知识主题难度基础信息

国别	内容广度		课文内容深度				习题内容深度			
	知识点个数	有效学时	知道	领会	应用	分析综合评价	信息分类	信息储存	材料转换	材料评价
中国	18	4.88	8	4	6	0	4	4	2	0
英国	96	11.97	20	73	3	0	3	7	8	10
韩国	2	0.94	1	1	0	0	0	5	1	0
日本	5	2.63	1	0	4	0	0	0	0	0
澳大利亚	15	1.57	12	3	0	0	0	0	0	2
德国	48	9.10	28	20	0	0	12	111	32	1

（一）内容广度的比较

运用内容广度的计算方法，本研究通过对各国教材进行赋值和具体计算，得到各国教材内容广度的数据（如表4-27所示）。内容广度的计算结果表明：在"自然地理环境"主题上，各国教材内容广度由大到小依次为澳大利亚、英国、德国、中国、韩国、日本教材。我国教材位居第4，略低于平均水平。

表4-27 各国高中地理教材"自然地理环境"知识主题内容广度及其排序

国别	知识点个数	有效学时	单位学时知识点个数	内容广度 G	排序
澳大利亚	15	1.57	9.58	3.00	1
英国	96	11.97	8.02	2.59	2
德国	48	9.10	5.28	1.88	3
中国	18	4.88	3.69	1.47	4
韩国	2	0.94	2.12	1.06	5
日本	5	2.63	1.90	1.00	6

从表4-27可以看出"自然地理环境"在各国教材中所占的比重。从知识点个数来看，按照知识点数量由大到小依次为英国、德国、中国、澳大利亚、日本、韩国教材。英国教材知识点数量最多，为96个；韩国教材知识点数量最少，仅为2个，知识点数量相差很大。英国教材有一章"生态系统"对应着该主题的内容。德国教材有一章"生态系统和人类干预"对应着该主题的内容。澳大利亚教材对应该主题的内容较为分散，除了"生物圈"一章之外，还有其他章相关的内容。中国教材有一章"自然环境的整体性和差异性"对应着该主题的内容。日本教材和韩国教材的知识点太少，在此不具体分析。"自然地理环境"的学时平均占"自然地理"模块总学时的9%，学时最多的是英国教材，最少的是韩国教材。

结合学时计算各国教材的内容广度距平值（如图4-25所示），可以看到：内容广度最大的是澳大利亚教材，为3.00。其他依次为英国、德国、中国、韩国、日本教材。内容广度最小的是日本教材。由此可以看出，学时的多少对广度的影响非常大，虽然澳大利亚教材的相关知识点比英国的少，但由于对应的学时更少，总体的内容广度反而比英国教材的大。

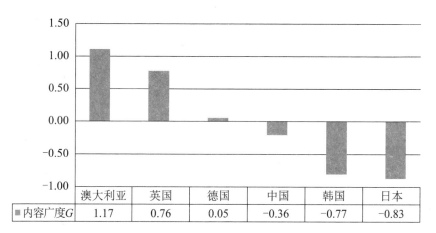

图4-25 "自然地理环境"知识主题内容广度距平值（平均值＝1.83）

（二） 内容深度的比较

"自然地理环境"知识主题的内容深度基本数据如表4-28所示，计算结果表明：各国教材"自然地理环境"知识主题内容深度由大到小依次为澳大利亚、英国、中国、韩国、德国、日本教材。我国教材位居第3，略低于平均水平。各国地理教材"自然地理环境"部分的内容广度距平值如图4-26所示，可以看到，澳大利亚和英国教材的内容深度远远超过了平均水平，其他国家教材的内容深度均在平均水平之下。中国教材的内容深度略低于平均水平，日本教材的内容深度远远低于平均水平。

表4-28 各国高中地理教材"自然地理环境"知识主题内容深度及其排序

国别	知道	领会	应用	分析综合评价	课文内容深度 TS	信息分类	信息储存	材料转换	材料评价	习题内容深度 ES	内容深度 S	排序
澳大利亚	12	3	0	0	1.20	0	0	0	2	4.00	5.20	1
英国	20	73	3	0	1.83	3	7	8	10	2.89	4.72	2
中国	8	4	6	0	1.89	4	4	2	0	1.80	3.69	3
韩国	1	1	0	0	1.50	0	5	1	0	2.17	3.67	4

续表

国别	知道	领会	应用	分析综合评价	课文内容深度 TS	信息分类	信息储存	材料转换	材料评价	习题内容深度 ES	内容深度 S	排序
德国	28	20	0	0	1.42	12	111	32	1	2.14	3.56	5
日本	1	0	4	0	2.60	0	0	0	0	0.00	2.60	6

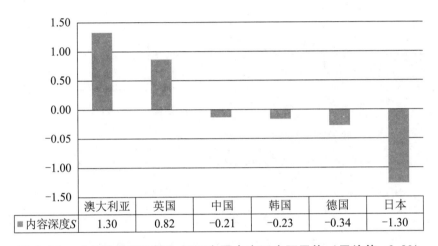

	澳大利亚	英国	中国	韩国	德国	日本
■内容深度S	1.30	0.82	-0.21	-0.23	-0.34	-1.30

图4-26 "自然地理环境"知识主题内容深度距平值（平均值=3.90）

各国教材"自然地理环境"知识主题的内容深度主要由课文内容深度和习题内容深度组成，二者的值及累加内容深度值如图4-27所示。可以发现，从课文内容深度来说，日本教材最大，中国教材次之，英国教材排名第3，澳大利亚教材最小；从习题内容深度来说，澳大利亚教材最大，英国教材次之，韩国教材排名第3，日本教材本部分没有习题。总体来说，澳大利亚教材中习题内容深度所占比例较大，内容深度值较大；英国教材的习题内容深度较大，内容深度值也较大，排名第2。除了日本和中国教材之外，其他国家教材的习题内容深度均比课文内容深度大。

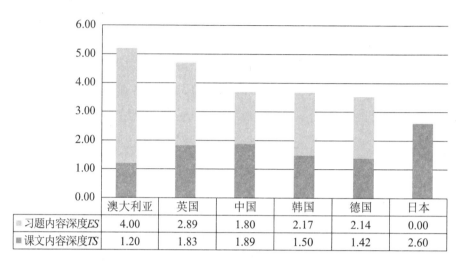

	澳大利亚	英国	中国	韩国	德国	日本
■习题内容深度ES	4.00	2.89	1.80	2.17	2.14	0.00
■课文内容深度TS	1.20	1.83	1.89	1.50	1.42	2.60

图4-27　"自然地理环境"知识主题内容深度分布

（三）　总难度的比较

根据内容广度和内容深度的计算，最终可得出"自然地理环境"知识主题的内容总难度（难度均值为0.39，标准差为0.39），具体如表4-29所示。从距平值来看（如图4-28所示），澳大利亚教材的总难度最大，显著高出平均水平，日本教材的总难度最小。我国教材的总难度排名第4，略低于平均水平。

表4-29　各国高中地理教材"自然地理环境"知识主题难度及其排序

国别	内容广度 G		内容深度 S		总难度 N		
	数值	排序	数值	排序	难度值	标准化	排序
澳大利亚	3.00	1	5.20	1	15.60	1.00	1
英国	2.59	2	4.72	2	12.23	0.74	2
德国	1.88	3	3.56	5	6.69	0.31	3
中国	1.47	4	3.69	3	5.41	0.21	4
韩国	1.06	5	3.67	4	3.87	0.10	5
日本	1.00	6	2.60	6	2.60	0.00	6

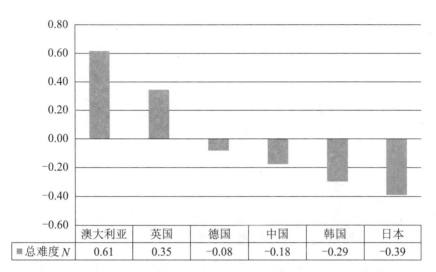

图4-28　"自然地理环境"知识主题难度距平值（平均值=0.39）

澳大利亚教材"自然地理环境"知识主题内容难度排名第1，其中内容广度和内容深度也位列第1，表现出知识内容丰富、课文内容深度较小、习题内容深度较大的特点。该主题是澳大利亚教材的首章，对人地关系进行综述，对自然地理环境进行综合归纳，统领全书的内容。

英国地理教材中"生态系统"一章是教材的主体内容，详细讲了"营养级""演替""岛屿生态学""热带雨林生态系统"等9种不同气候条件下的生态系统，此外还有"城市生态系统"。英国教材内容广度较大，课文内容深度偏小，没有"应用"层级的知识。本章的章末复习题和章中案例探究栏目的习题都较难，达到"材料评价"层级。例如，"运用案例阐明农业生态系统和自然生态系统的区别""描写一个生态系统""游牧民族是怎样适应半干旱生态系统的""对于每种气候类型，讨论其气候、土壤和植被之间的内在联系"等。

德国教材中与"自然地理环境"知识主题相关的内容比较分散，总体来说，教材重视环境污染问题，从探讨解决环境污染难题着手，用现实案例和事实说明环境污染问题，让学生能够更清楚地认识到保护环境的重要性。德国教材该知识主题的内容广度在各国教材中排名第2，但是内容深度一般，课文内容深度多处于第一层级"知道"；习题数目最多，并且习题内容深度较大。

中国教材中与该知识主题对应的内容主要是"自然环境的整体性和差异性"一章，知识点较少且偏重于"知道"层级。习题内容深度较小，排名第5。

韩国教材这部分仅有2个知识点，日本教材只有5个知识点，难度都较小。

八、"自然地理"模块的难度比较

8个国家的地理教材包含了"自然地理"模块，从内容广度和内容深度2个角度，对8个国家的教材进行赋值和具体计算，基本数据如表4-30所示。

表4-30 各国高中地理教材"自然地理"模块难度基础信息

国别	内容广度			课文内容深度				习题内容深度			
	知识点个数	有效学时	单位学时广度	知道	领会	应用	分析综合评价	信息分类	信息储存	材料转换	材料评价
中国	204	36.00	5.67	88	91	23	2	36	42	26	11
韩国	294	68.00	4.32	177	81	34	2	82	256	91	5
澳大利亚	492	54.00	9.11	302	142	31	17	83	99	74	73
英国	801	114.00	7.03	299	401	72	29	71	149	108	76
美国	222	14.87	14.93	179	41	2	0	124	45	31	16
德国	143	22.50	6.36	92	48	3	0	23	168	47	3
日本	104	25.02	4.16	79	21	4	0	5	10	5	0
法国	248	54.00	4.59	181	58	7	2	35	50	33	9

（一）内容广度的比较

从表4-30可以看出，由于各个国家课程设置的原因，教材的有效学时最少有近 15 学时（美国教材），最多达 114 学时（英国教材）。知识点和有效学时经过换算以后，在单位学时内，有效学时最多的是美国教材，每学时学习的知识点最多，为 14.93 个；日本教材每学时学习的知识点最少，为 4.16 个。通过内容广度计算公式，最终可得出，美国地理教材内容广度最大，之后依次为澳大利亚、英国、德国、中国、法国、韩国、日本教材。从 8 个国家的教材内容广度距平值（如图 4-29 所示）可以看出，中国教材排名第 5，略低于平均水平。

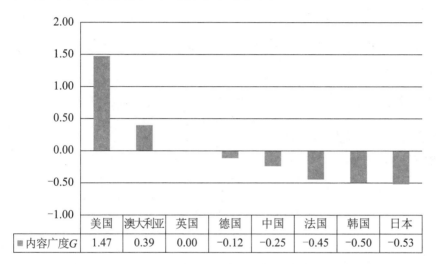

	美国	澳大利亚	英国	德国	中国	法国	韩国	日本
■ 内容广度 G	1.47	0.39	0.00	-0.12	-0.25	-0.45	-0.50	-0.53

图 4-29　"自然地理"模块内容广度距平值（平均值=1.53）

美国教材"自然地理"模块的知识点数目并不多，但其有效学时相对于其他国家的教材是最少的，因而单位学时内容广度是最大的。美国教材"自然地理"模块的知识主题具体分为"行星地球""地球运动""地球圈层结构""大气圈""水圈""岩石圈"，主题覆盖较广泛。每个知识主题涉及的知识点很广泛。例如，"大气圈"的主题包括"季节与天气""影响气候的因素""气候变化""世界气候区""气候的影响"和"常见天气系统"等多个方面的知识点。

澳大利亚教材和英国教材的"自然地理"模块均含有大量知识点，均不包含"行星地球""地球运动"这2个主题，配合的有效学时也比较充裕，内容广度较大。中国教材和德国教材的"自然地理"模块涉及7个主题，内容精练，知识点并不多，配合学时适中，内容广度也适中。

法国教材、韩国教材和日本教材在此模块涉及的知识主题较少，知识点也不多。法国教材仅仅涉及"行星地球"和"岩石圈"2个知识主题；韩国教材是围绕地球展开的，没有涉及"地球运动"；日本教材仅涉及"岩石圈""水圈""自然地理环境"3个知识主题。

因此，虽然各国"自然地理"模块的内容都依照"行星地球""地球运动"等各个主题渐次展开，但是在具体内容的选择与组织方面却存在较大的差异。如美国、澳大利亚、英国、中国的教材更注重系统地理知识的全面讲述，日本、韩国等国的教材则更注重重点问题内容的选取，因此表现出了内容广度上的较大差异。

（二）内容深度的比较

1. 课文内容深度 TS

根据表4-30的基本数据计算各国教材的课文内容深度，按大小排序，依次为英国、中国、韩国、澳大利亚、德国、法国、日本、美国教材。通过对距平值的观察（如图4-30所示），可以看到中国教材的数值显著高于平均值，说明其课文内容深度高于平均水平。

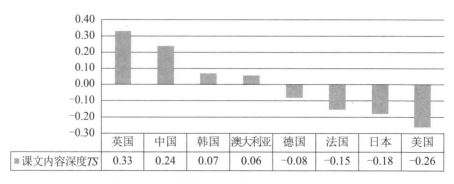

	英国	中国	韩国	澳大利亚	德国	法国	日本	美国
■课文内容深度TS	0.33	0.24	0.07	0.06	-0.08	-0.15	-0.18	-0.26

图4-30 "自然地理"模块课文内容深度距平值（平均值＝1.46）

英国教材的课文内容深度排名第 1。英国教材的知识偏难，主要是由于"大气圈""岩石圈"的内容难度较大。与其他国家的教材相比，英国的高中地理教材更具有大学预科性，包含了较多气象学、水文学、土壤学、地质学的内容。中国教材的课文内容深度排名第 2。中国教材在"自然地理"模块体现了经典系统自然地理的内容，约 100 页的篇幅讲述了自然地理环境各个圈层及宇宙和自身环境的全部内容。单位篇幅的内容容量很大，相对学时却偏少，因而知识点呈现出了难、深、压缩较多等现象，这种现象在"行星地球""大气圈"等内容上表现得更为显著。韩国教材的课文内容深度排名第 3。韩国教材中都是自然地理范畴的内容，有许多程序性的知识点，这些知识点彼此相互联系，需要较多的文字来进行阐释，知识点的难度相对较大。

法国教材的课文内容深度排名第 6。该国教材的知识偏简单，主要是由于在知识深度层级上偏重于"知识"和"领会"，多以事实性材料的形式呈现，如"地球接收到的太阳光总量是 $180×105$ W/年，平均能量为 34 W/m^2"。在"应用"和"评价"等难度相对较大的层级上，知识点的分布明显偏少。日本教材也存在类似的现象，其中"大气圈""岩石圈"部分的知识点层级更低。美国教材也是如此，其内容更加多元化，大多是基本概念和定义的介绍，对内容并未做解释和拓展。

根据表 4-30，可以看到 8 个国家的教材知识点在具体分布中，"知道"层级的知识点最多，其次为"领会"层级，"应用"和"分析综合评价"层级的知识点明显偏少。这 4 个层级的知识点在教材的课文内容深度中所占的比重分别为 54%、35%、9% 和 2%（如图 4-31 所示）；中国教材 4 个层级的知识点所占比重分别为 43%、45%、11% 和 1%（如图 4-32 所示）。可以看到，相对于平均水平，我国地理教材中"知道"层级的知识点偏少，"领会"和"应用"层级的知识点偏多，"分析综合评价"层级的知识点数量与平均水平相差不大。

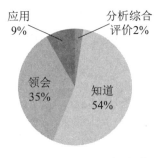

图 4-31　各国教材"自然地理"
模块课文内容深度分布

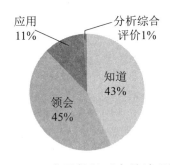

图 4-32　中国教材"自然地理"
模块课文内容深度分布

2. 习题内容深度 ES

根据表 4-30 的基本数据计算各国教材的课文内容深度，按大小排序，依次为澳大利亚、英国、美国、中国、德国、韩国、法国、日本教材。通过对距平值的观察（如图 4-33 所示），可以看到中国教材的数值低于平均值，说明其习题内容深度略小于平均水平。

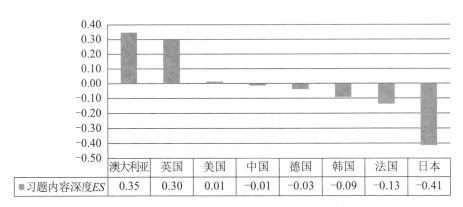

	澳大利亚	英国	美国	中国	德国	韩国	法国	日本
■ 习题内容深度ES	0.35	0.30	0.01	-0.01	-0.03	-0.09	-0.13	-0.41

图 4-33　"自然地理"模块习题内容深度距平值（平均值＝2.13）

澳大利亚教材的习题内容深度排名第 1。澳大利亚教材的习题多设置在每章开头的"考试型问题"和正文中的"地理工作栏"，以"材料分析"层级的习题较多。

英国教材的习题内容深度排名第 2。英国教材习题的特点是：题目多以题组形式出现，由浅入深，层层递进。例如，"飓风及其危害"部分就有 3 道层层递进的问题。①飓风的形成需要什么条件？②为什么飓风带来的灾害在不断增大？③简要描述容易受到飓风威胁的地区和人民，设想可以用于控制飓风灾害的方法。第一问只需要去原文中寻找答案，所以是"信息分类"层级；第二问需要从原文中提取信息，概括地解释说明，所以是"信息储存"层级；第三问需要在第一、二问的基础上进行评价创新，属于"材料评价"层级。这种逐层深入的习题设置形式，使得习题的内容深度有所分散，层级分布更加均匀，而更高层级习题数量的相对比重也在明显增大，从而加大了英国教材习题的整体内容深度。

美国教材的习题量很大，但是主要属于"信息分类"等级，在正文中都能找到答案。

法国教材的习题内容深度排名第 7。法国教材每章 20 页的课文附有 5 页的习题，习题内容大概占据教材内容量的 1/4，数量不少且种类多样，有选择题、分析题、写作题、制图题等。

日本教材的习题内容深度排名第 8，低于平均水平。日本教材的习题较少，大多是"信息储存"层级的题目，缺少材料评价类的题目。

从表 4-30 可以看到 8 个国家教材习题的具体分布，"信息储存"层级的习题最多，其次为"信息分类"层级，"材料转换"和"材料评价"层级的习题相对较少。经计算，各国教材中 4 个层级（层级由低到高）的习题在教材的习题内容深度中所占的比重依次为 25%、43%、22% 和 10%（如图 4-34 所示）。中国教材 4 个层级（层级由低到高）的习题在教材的习题内容深度中所占的比重依次为 31%、36%、23% 和 10%（如图 4-35 所示）。由此可见，相对而言，我国地理教材中"信息分类"层级的习题数量偏少，"材料评价"层级的习题数量偏多，而"信息储存"和"材料转化"层级的习题数量与平均水平相近。此外，就习题具体数量而言，我国地理教材中习题的具体数量也明显偏少。通过对各个层级习题进行赋值，可得出 8 个国家的教材习题内容深度，其中澳大利亚教材习题深度值最大，为 2.48；日本教材习题深度值最小，为 1.72。中国地理教材的习题内容深度值略小于平均值。

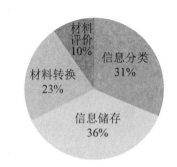

图4-34 各国教材"自然地理"
模块习题内容深度分布　　**图4-35 中国教材"自然地理"**
模块习题内容深度分布

（三） 总难度的比较

根据内容广度和内容深度的计算，地理教材"自然地理"模块的内容总难度如表4-31所示（难度均值为0.47，标准差为0.39）。从距平值来看（如图4-36所示），澳大利亚、英国、美国教材的总难度较大，显著高于平均水平。中国、德国教材的难度适中。韩国、法国、日本教材的总难度最小。中国教材的总难度略低于平均水平。

表4-31 各国高中地理教材"自然地理"模块难度及其排序

国别	内容广度 G		内容深度 S		总难度 N		
	数值	排序	数值	排序	难度值	标准化	排序
澳大利亚	1.92	2	3.68	2	7.06	1.00	1
英国	1.53	3	4.42	1	6.76	0.93	2
美国	3.00	1	2.06	8	6.19	0.81	3
中国	1.28	5	3.57	3	4.57	0.45	4
德国	1.41	4	2.93	5	4.13	0.35	5
韩国	1.03	7	3.12	4	3.21	0.14	6
法国	1.08	6	2.79	6	3.01	0.10	7
日本	1.00	8	2.56	7	2.56	0.00	8

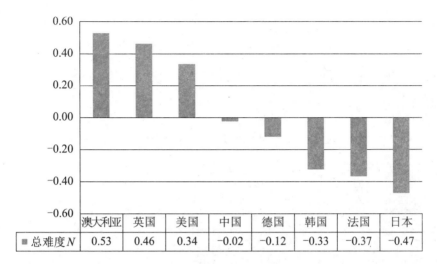

图4-36 "自然地理"模块难度距平值（平均值＝0.47）

澳大利亚、英国、美国教材的难度较大，所包含的知识主题较多，知识点较多。澳大利亚和英国教材的内容广度和内容深度都名列前茅，因此教材总难度较大。澳大利亚教材偏重于"生物圈""海洋环境""流域与河流治理"等主题，其中"岩石圈""自然地理环境"主题较难。英国教材课文内容深度较大，偏重于"冰川海洋"等内容，"自然地理环境"主题较难。美国教材虽然内容深度较小，但是内容广度极大，综合而言内容难度也较大，"行星地球""地球圈层结构""地理学基础"主题较难。

韩国、法国、日本教材的难度较小。韩国教材的知识点数量只有澳大利亚教材的1/4，"水圈"主题较简单。法国教材偏重于"行星地球""岩石圈"和独有的"太阳能量的来源"等内容。日本教材只有3个知识主题，难度相对最小。

第二节 高中地理教材"人文地理"模块的难度比较

虽然各国的地理教材存在内容差异，但10个国家中有6个国家安排了"人文地理"模块的课程内容，内容选取上也存在相同点。例如，有 4 个国家的教材选择了"人口"知识主题，有 2 个国家的教材选择了"城市"知识主题，有 3 个国家的教材选择了"产业"知识主题，如表 4-32 所示。

表 4-32 "人文地理"模块教材知识主题选取特点

国别	人口	城市	产业	人地关系	能源资源	政治地理	文化地理	发展地理
中国	√	√	√	√				
澳大利亚	√				√	√	√	√
新加坡			√					√
德国								√
俄罗斯	√			√	√	√		
日本	√	√	√	√		√	√	
总计	4	2	3	3	3	3	2	3

"人文地理"模块共有 8 个共同的知识主题。各国地理教材在内容安排上的差异非常大，超过半数国家选择的知识主题只有"人口"。中国教材"人文地理"的内容包括人口、城市、农业、工业、交通、人地关系等 6 大传统主题，呈现了人文地理的经典内容。其他国家教材在"人文地理"的内容安排上差异很大，例如，澳大利亚教材突出了资源、文化、政治和发展；日本教材强调了文化、民族、资源；新加坡教材强调了旅游业、发展和食品；俄罗斯教材则关注资源和世界经济等内容。在具体叙述中，各国教材的具体形式差别相当大。

一、"人口"知识主题的难度比较

"人口"是"人文地理"模块中的知识主题之一，有 4 个国家的教材有该主题的内容。从内容广度和内容深度 2 个角度，对 4 个国家的教材进行赋值和具体计算，基本数据如表 4-33 所示。

表4-33　各国高中地理教材"人口"知识主题难度基础信息

国别	内容广度		课文内容深度				习题内容深度			
	知识点个数	有效学时	知道	领会	应用	分析综合评价	信息分类	信息储存	材料转换	材料评价
中国	44	5.43	21	23	0	0	3	15	2	2
澳大利亚	251	9.78	126	52	73	0	43	43	15	1
日本	14	10.69	9	5	0	0	0	1	0	0
俄罗斯	115	9.48	80	35	0	0	6	17	19	5

（一）内容广度的比较

运用内容广度的计算方法，本研究通过对各国教材进行赋值和具体计算，得到各国教材内容广度的数据（如表4-34所示）。内容广度的计算结果表明：在"人口"主题上，各国教材内容广度由大到小依次为澳大利亚、俄罗斯、中国、日本教材。我国教材位居第3，低于平均水平。

表4-34　各国高中地理教材"人口"知识主题内容广度及其排序

国别	知识点个数	有效学时	单位学时知识点个数	内容广度 G	排序
澳大利亚	251	9.78	25.67	3.00	1
俄罗斯	115	9.48	12.14	1.89	2
中国	44	5.43	8.10	1.56	3
日本	14	10.69	1.31	1.00	4

从表4-34可以看出"人口"在各国教材中所占的比重。从知识点个数来看，按照知识点数量由多到少依次为澳大利亚、俄罗斯、中国、日本教材。澳大利亚教材的知识点最多，为251个。日本教材的知识点仅有14个。各国教材的知识点数量相差很大。

结合学时计算各国教材的内容广度距平值（如图4-37所示），内容广度最大的是澳大利亚教材，为3.00。其他依次为俄罗斯、中国和日本教材。澳大利亚教材的知识点较多，单位学时知识点个数也最多。

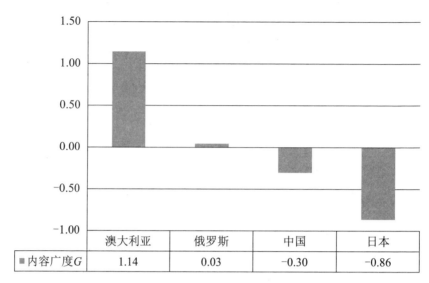

图4-37 "人口"知识主题内容广度距平值（平均值＝1.86）

	澳大利亚	俄罗斯	中国	日本
■内容广度G	1.14	0.03	-0.30	-0.86

（二） 内容深度的比较

"人口"知识主题的内容深度基本数据如表4-35所示，计算结果表明：各国教材"人口"知识主题内容深度由大到小依次为俄罗斯、中国、澳大利亚、日本教材。我国教材位居第2，高于平均水平。各国地理教材"人口"部分的内容深度距平值如图4-38所示，可以看到俄罗斯教材的内容深度远远超过了平均水平；中国教材次之，也超过了平均水平；澳大利亚和日本教材均低于平均水平，日本教材的内容深度最小。

表4-35 各国高中地理教材"人口"知识主题内容深度及其排序

国别	知道	领会	应用	分析综合评价	课文内容深度 TS	信息分类	信息储存	材料转换	材料评价	习题内容深度 ES	内容深度 S	排序
俄罗斯	80	35	0	0	1.30	6	17	19	5	2.49	3.79	1
中国	21	23	0	0	1.52	3	15	2	2	2.14	3.66	2

续表

国别	知道	领会	应用	分析综合评价	课文内容深度 TS	信息分类	信息储存	材料转换	材料评价	习题内容深度 ES	内容深度 S	排序
澳大利亚	126	52	73	0	1.79	43	43	15	1	1.74	3.53	3
日本	9	5	0	0	1.36	0	1	0	0	2.00	3.36	4

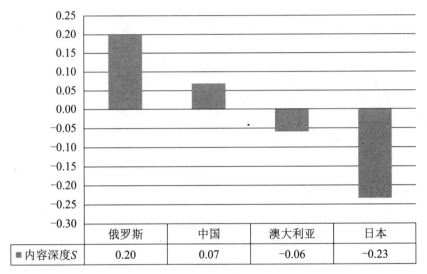

	俄罗斯	中国	澳大利亚	日本
■ 内容深度S	0.20	0.07	-0.06	-0.23

图4-38　"人口"知识主题内容深度距平值（平均值=3.59）

　　各国教材"人口"知识主题的内容深度主要由课文内容深度和习题内容深度组成，二者的值及累加内容深度值如图4-39所示。可以发现，从课文内容深度来说，澳大利亚教材最大，中国教材次之，俄罗斯和日本教材相差不大；从习题内容深度来说，俄罗斯教材最大，中国教材次之，日本教材排名第3，澳大利亚教材最小。总体来说，俄罗斯教材中习题内容深度所占比例较大，内容深度值较大；中国和日本教材的习题内容深度均比课文内容深度大；只有澳大利亚教材的课文内容深度比习题内容深度大。

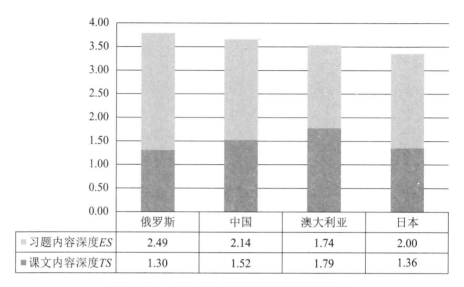

	俄罗斯	中国	澳大利亚	日本
■ 习题内容深度ES	2.49	2.14	1.74	2.00
■ 课文内容深度TS	1.30	1.52	1.79	1.36

图 4-39　"人口"知识主题内容深度分布

（三）　总难度的比较

　　根据内容广度和内容深度的计算，最终可得出"人口"知识主题的内容总难度（难度均值为 0.46，标准差为 0.42），具体如表 4-36 所示。通过观察距平值（如图 4-40 所示），可以看到澳大利亚教材的总难度最大，俄罗斯教材次之，均高于平均水平。中国教材排名第 3，日本教材排名最后，总难度均小于平均水平。4 个国家的教材难度差距比较大，澳大利亚教材难度非常大，日本教材难度非常小，俄罗斯和中国教材的难度居中。

表 4-36　各国高中地理教材"人口"知识主题难度及其排序

国别	内容广度 G		内容深度 S		总难度 N		
	数值	排序	数值	排序	难度值	标准化	排序
澳大利亚	3.00	1	3.53	3	10.60	1.00	1
俄罗斯	1.89	2	3.79	1	7.17	0.53	2
中国	1.56	3	3.66	2	5.70	0.32	3
日本	1.00	4	3.36	4	3.36	0.00	4

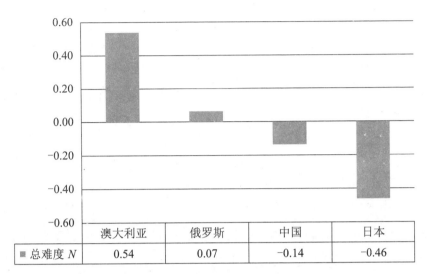

	澳大利亚	俄罗斯	中国	日本
■ 总难度 N	0.54	0.07	-0.14	-0.46

图 4-40 "人口"知识主题难度距平值（平均值＝0.46）

通过比较可以看到，中国教材的内容广度排名第3，内容深度排名第2，总难度排名第3，从排名来看相对稳定。中国高中地理教材在本主题主要有"人口的数量变化""人口的空间变化""人口的合理容量"3个主题，课文内容相对较少，课文内容深度较小，习题内容深度较大，总难度偏小。相对而言，澳大利亚教材本主题的内容更多，课文内容深度也较大。例如，列举丰富案例详细讲述影响生育率和死亡率的因素，深入分析人口规模和分布变化引发的问题。日本教材在本主题聚焦于人口和粮食问题，以日本的人口问题为研究案例，课文内容短小精练，仅有 1 道习题，因而难度最小。

二、"城市"知识主题的难度比较

"城市"是"人文地理"模块中的知识主题内容之一，有 2 个国家的教材有该主题的内容。中国高中地理教材对应本主题的内容为"城市和城市化"，日本高中地理教材对应本主题的内容为"城市居住"。从内容广度和内容深度 2 个角度，对 2 个国家的教材进行赋值和具体计算，基本数据如表 4-37 所示。

表 4-37　各国高中地理教材"城市"知识主题难度基础信息

国别	内容广度		课文内容深度				习题内容深度			
	知识点个数	有效学时	知道	领会	应用	分析综合评价	信息分类	信息储存	材料转换	材料评价
中国	56	6.87	44	11	0	1	10	17	6	2
日本	20	1.47	13	7	0	0	1	0	0	0

（一）内容广度的比较

运用内容广度的计算方法，本研究通过对各国教材进行赋值和具体计算，得到各国教材内容广度的数据（如表 4-38 所示）。内容广度的计算结果表明：在"城市"主题上，中国教材比日本教材的内容广度大。

表 4-38　各国高中地理教材"城市"知识主题内容广度及其排序

国别	知识点个数	有效学时	单位学时知识点个数	内容广度 G	排序
中国	56	6.87	8.15	3.00	1
日本	20	1.47	13.61	1.00	2

中国教材"城市"主题的内容有：城市内部空间结构、不同等级城市的服务功能和城市化。日本教材"城市"主题的内容有：世界的城市、居住问题，城市、居住问题林林总总，日本城市、居住问题，都市、居住问题的解决之道。中国教材的内容虽然只有 3 节，但知识点较多；日本教材的内容有 4 节，课文以类比、举例说明为主，知识点较少。

（二）内容深度的比较

"城市"知识主题的内容深度基本数据如表 4-39 所示，计算结果表明：中国教材"城市"主题的内容深度大于日本教材。从内容深度的构成上来看，日本教材的知识点数量虽然较少，但处于"领会"层级的知识点比例较高，因此课文内容深度要大于中国。日本教材本部分仅有 1 道习题，而中国教材有 35 道习题，因此中国教材的习题内容深度较大。

表4-39　各国高中地理教材"城市"知识主题内容深度及其排序

国别	知道	领会	应用	分析综合评价	课文内容深度 *TS*	信息分类	信息储存	材料转换	材料评价	习题内容深度 *ES*	内容深度 *S*	排序
中国	44	11	0	1	1.25	10	17	6	2	2.00	3.25	1
日本	13	7	0	0	1.35	1	0	0	0	1.00	2.35	2

（三）　总难度的比较

根据内容广度和内容深度的计算，最终可得出"城市"知识主题的内容总难度（难度均值为0.50，标准差为0.58），具体如表4-40所示。可以看到，中国教材在内容广度和内容深度上均大于日本教材，总难度也大于日本教材。

表4-40　各国高中地理教材"城市"知识主题难度及其排序

国别	内容广度 *G*		内容深度 *S*		总难度 *N*		
	数值	排序	数值	排序	难度值	标准化	排序
中国	3.00	1	3.25	1	9.75	1.00	1
日本	1.00	2	2.35	2	2.35	0.00	2

三、"产业"知识主题的难度比较

"产业"是"人文地理"模块中的知识主题内容之一，有3个国家的教材有该主题的内容。从内容广度和内容深度2个角度，对3个国家的教材进行赋值和具体计算，基本数据如表4-41所示。

表 4-41　各国高中地理教材"产业"知识主题难度基础信息

国别	内容广度		课文内容深度				习题内容深度			
	知识点个数	有效学时	知道	领会	应用	分析综合评价	信息分类	信息储存	材料转换	材料评价
中国	67	8.83	37	29	0	1	3	26	23	5
新加坡	155	23.46	104	48	0	3	8	23	20	1
日本	67	42.78	41	23	2	1	2	8	3	0

（一）　内容广度的比较

运用内容广度的计算方法，本研究通过对各国教材进行赋值和具体计算，得到各国教材内容广度的数据（如表 4-42 所示）。内容广度的计算结果表明：在"产业"主题上，各国教材内容广度由大到小依次为中国、新加坡、日本教材。

表 4-42　各国高中地理教材"产业"知识主题内容广度及其排序

国别	知识点个数	有效学时	单位学时知识点个数	内容广度 G	排序
中国	67	8.83	7.59	3.00	1
新加坡	155	23.46	6.61	2.67	2
日本	67	42.78	1.57	1.00	3

从表 4-42 可以看出"产业"在各国教材中所占的比例。从知识点个数来看，在 3 个国家的教材中，新加坡教材的知识点个数最多，为 155 个；中国和日本教材的知识点只有 67 个，不到新加坡教材的一半。中国教材单位学时知识点个数最多，新加坡教材略少于中国教材，而日本教材远小于中国和新加坡教材。结合图 4-41 来看，中国和新加坡教材的内容广度较为接近，日本教材的内容广度较小。

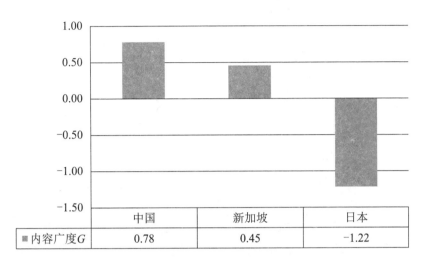

	中国	新加坡	日本
■内容广度G	0.78	0.45	-1.22

图4-41 "产业"知识主题内容广度距平值（平均值＝2.22）

（二）内容深度的比较

"产业"知识主题的内容深度基本数据如表4-43所示，计算结果表明：各国"产业"知识主题内容深度由大到小依次为：中国、新加坡、日本教材。各国地理教材"产业"部分的内容深度距平值如图4-42所示，可以看到中国教材的内容深度远远高于平均水平，新加坡和日本教材的内容深度均低于平均水平，日本教材的内容深度最小。

表4-43 各国高中地理教材"产业"知识主题内容深度及其排序

国别	知道	领会	应用	分析综合评价	课文内容深度 TS	信息分类	信息储存	材料转换	材料评价	习题内容深度 ES	内容深度 S	排序
中国	37	29	0	1	1.48	3	26	23	5	2.53	4.01	1
新加坡	104	48	0	3	1.37	8	23	20	1	2.27	3.64	2
日本	41	23	2	1	1.45	2	8	3	0	2.08	3.53	3

各国教材"产业"知识主题的内容深度主要由课文内容深度和习题内容深度组成，二者的值及累加内容深度值如图4-43所示。可以发现3个

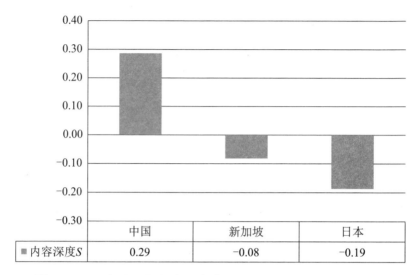

图 4-42　"产业"知识主题内容深度距平值（平均值=3.72）

国家的教材课文内容深度相差不大，习题内容深度都比课文内容深度大。

中国教材的习题内容深度和课文内容深度略大。

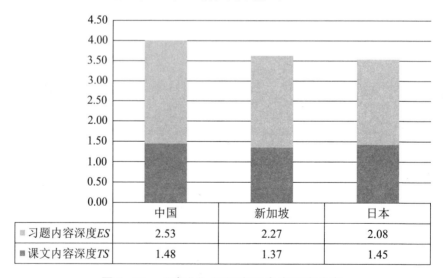

	中国	新加坡	日本
■习题内容深度ES	2.53	2.27	2.08
■课文内容深度TS	1.48	1.37	1.45

图 4-43　"产业"知识主题内容深度分布

（三） 总难度的比较

根据内容广度和内容深度的计算，最终可得出"产业"知识主题的内容总难度（难度均值为 0.58，标准差为 0.51），具体如表 4-44 所示。通过观察距平值（如图 4-44 所示），可以看到中国教材的总难度最大，新加坡教材次之，均高于平均水平，日本教材的总难度最小。中国和日本教材之间的难度相差较大。

表 4-44　各国高中地理教材"产业"知识主题难度及其排序

国别	内容广度 G		内容深度 S		总难度 N		
	数值	排序	数值	排序	难度值	标准化	排序
中国	3.00	1	4.01	1	12.01	1.00	1
新加坡	2.67	2	3.64	2	9.72	0.73	2
日本	1.00	3	3.53	3	3.53	0.00	3

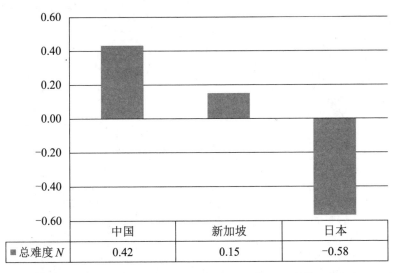

	中国	新加坡	日本
■总难度 N	0.42	0.15	-0.58

图 4-44　"产业"知识主题难度距平值（平均值＝0.58）

中国教材"产业"主题包含的内容有"农业地域的形成与发展"和"工业地域的形成与发展"。"农业地域的形成与发展"又包括农业的区位选择、以种植业为主的农业地域类型、以畜牧业为主的农业地域类型。
"工业地域的形成与发展"包括工业的区位选择、工业地域的形成、传统
工业区与新工业区。中国教材的内容广度和深度都排名第1，难度较大。
新加坡教材的"产业"主题包含以下几章内容："产业类型""产业区位"
"全球产业格局的变化""新兴工业经济体的研究"。每章又包括2—4个
小节，例如，"产业"一章就包括什么是产业、产业类型、国家的工业化、
对产业的可持续研究。日本教材的"产业"主题的内容集中在"资源和
产业"一章，共6个小节的内容。

四、"人地关系"知识主题的难度比较

"人地关系"是"人文地理"模块中的知识主题内容之一，有3个国
家的教材有该主题的内容。从内容广度和内容深度2个角度，对3个国家
的教材进行赋值和具体计算，基本数据如表4-45所示。

表4-45 各国高中地理教材"人地关系"知识主题难度基础信息

国别	内容广度		课文内容深度				习题内容深度			
	知识点个数	有效学时	知道	领会	应用	分析综合评价	信息分类	信息储存	材料转换	材料评价
中国	50	6.11	28	19	0	3	3	11	7	0
俄罗斯	60	6.69	41	19	0	0	0	1	10	4
日本	35	13.61	22	12	1	0	3	2	0	0

（一）内容广度的比较

运用内容广度的计算方法，本研究通过对各国教材进行赋值和具体计
算，得到各国教材内容广度的数据（如表4-46所示）。内容广度的计算结果
表明：在"人地关系"主题上，各国教材内容广度由大到小依次为俄罗斯、
中国、日本教材。

表 4-46　各国高中地理教材"人地关系"知识主题内容广度及其排序

国别	知识点个数	有效学时	单位学时知识点个数	内容广度 G	排序
俄罗斯	60	6.69	8.97	3.00	1
中国	50	6.11	8.18	2.75	2
日本	35	13.61	2.57	1.00	3

从表 4-46 可以看出"人地关系"在各国教材中所占的比例。从知识点个数来看，在 3 个国家的教材中，俄罗斯教材这部分的知识点最多，达到 60 个；其次是中国教材，为 50 个；日本教材只有 35 个知识点。单位学时知识点个数最多的是俄罗斯教材，内容广度最大的也是俄罗斯教材（如图 4-45 所示）。

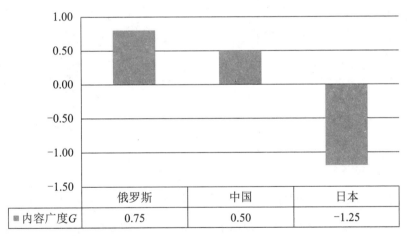

图 4-45　"人地关系"知识主题内容广度距平值（平均值 = 2.25）

（二）内容深度的比较

"人地关系"知识主题的内容深度基本数据如表 4-47 所示，计算结果表明：各国教材"人地关系"知识主题的内容深度由大到小依次为俄罗斯、中国、日本教材。各国地理教材"人地关系"部分的内容深度距平值如图 4-46 所示，可以看到俄罗斯和日本教材的内容深度相差非常大，相对而言，中国教材的内容深度更接近平均水平。

表 4-47　各国高中地理教材"人地关系"知识主题内容深度及其排序

国别	知道	领会	应用	分析综合评价	课文内容深度 TS	信息分类	信息储存	材料转换	材料评价	习题内容深度 ES	内容深度 S	排序
俄罗斯	41	19	0	0	1.32	0	1	10	4	3.20	4.52	1
中国	28	19	0	3	1.56	3	11	7	0	2.19	3.75	2
日本	22	12	1	0	1.40	3	2	0	0	1.40	2.80	3

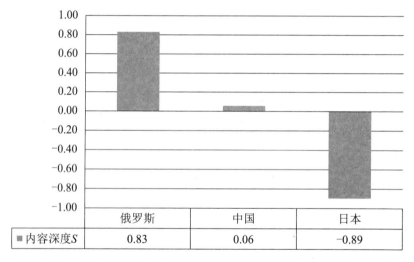

	俄罗斯	中国	日本
■内容深度S	0.83	0.06	-0.89

图 4-46　"人地关系"知识主题内容深度距平值（平均值=3.69）

各国教材"人地关系"知识主题的内容深度主要由课文内容深度和习题内容深度组成，二者的值及累加内容深度值如图 4-47 所示。可以发现，从课文内容深度来说，中国教材最大，日本教材次之，俄罗斯教材最小；从习题内容深度来说，俄罗斯教材最大，中国教材次之，日本教材最小。总体来说，俄罗斯和中国教材的习题内容深度所占比例较大，日本教材的习题内容深度和课文内容深度占比相当。

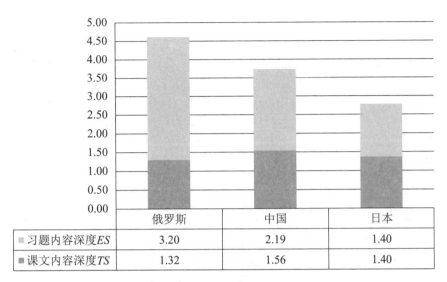

	俄罗斯	中国	日本
■ 习题内容深度ES	3.20	2.19	1.40
■ 课文内容深度TS	1.32	1.56	1.40

图4-47 "人地关系"知识主题内容深度分布

（三） 总难度的比较

根据内容广度和内容深度的计算，最终可得出"人地关系"知识主题的内容总难度（难度均值为0.57，标准差为0.51），具体如表4-48所示。通过观察距平值（如图4-48所示），可以看到俄罗斯教材的总难度最大，中国教材次之，日本教材最小。中国和日本教材的难度相差较大。

表4-48 各国高中地理教材"人地关系"知识主题难度及其排序

国别	内容广度 G		内容深度 S		总难度 N		
	数值	排序	数值	排序	难度值	标准化	排序
俄罗斯	3.00	1	4.52	1	13.55	1.00	1
中国	2.75	2	3.75	2	10.32	0.70	2
日本	1.00	3	2.80	3	2.80	0.00	3

相比较而言，中国教材的总难度更接近各国教材的平均水平。在"人地关系"主题下，俄罗斯教材对应有"人类面临的全球性问题"一章，共3节内容；中国教材对应有"人类与地理环境的协调发展"一

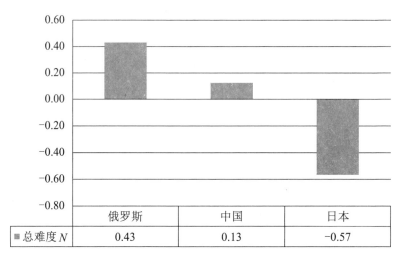

图 4-48 "人地关系"知识主题难度距平值（平均值＝0.57）

章，共 2 节内容；日本教材有"联系紧密的当代全球课题"一章，共 3 节内容。俄罗斯教材关注全球性问题，全球预测、假设和项目，以及可持续发展战略，知识点数量多且内容的认知要求较高，因此总难度也是最大的。

五、"能源资源"知识主题的难度比较

"能源资源"是"人文地理"模块中的知识主题内容之一，有 3 个国家的教材有该主题的内容。从内容广度和内容深度 2 个角度，对 3 个国家的教材进行赋值和具体计算，基本数据如表 4-49 所示。

表 4-49 各国高中地理教材"能源资源"知识主题难度基础信息

国别	内容广度		课文内容深度				习题内容深度			
	知识点个数	有效学时	知道	领会	应用	分析综合评价	信息分类	信息储存	材料转换	材料评价
澳大利亚	226	10.67	114	39	72	1	17	45	27	8
俄罗斯	88	8.92	60	28	0	0	10	5	7	11
日本	17	13.61	11	6	0	0	2	0	0	0

（一） 内容广度的比较

运用内容广度的计算方法，本研究通过对各国教材进行赋值和具体计算，得到各国教材内容广度的数据（如表4-50所示）。内容广度的计算结果表明：在"能源资源"主题上，各国教材内容广度由大到小依次为澳大利亚、俄罗斯、日本教材。

表4-50　各国高中地理教材"能源资源"知识主题内容广度及其排序

国别	知识点个数	有效学时	单位学时知识点个数	内容广度 G	排序
澳大利亚	226	10.67	21.19	3.00	1
俄罗斯	88	8.92	9.87	1.86	2
日本	17	13.61	1.25	1.00	3

从图4-49中可以看出，各国教材"能源资源"知识主题的知识点差异很大，澳大利亚教材有226个知识点，而日本教材仅有17个。澳大利亚教材的内容广度是最大的，远远大于日本教材的内容广度。

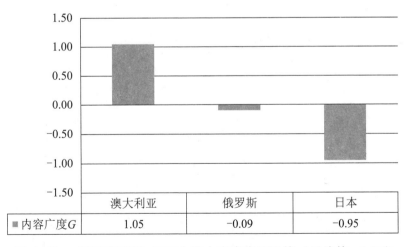

	澳大利亚	俄罗斯	日本
■内容广度 G	1.05	-0.09	-0.95

图4-49　"能源资源"知识主题内容广度距平值（平均值=1.95）

（二） 内容深度的比较

"能源资源"知识主题的内容深度基本数据如表 4-51 所示，计算结果表明：各国教材"能源资源"知识主题内容深度由大到小依次为澳大利亚、俄罗斯、日本教材。各国地理教材"能源资源"部分的内容深度距平值如图 4-50 所示，可以看到澳大利亚和俄罗斯教材的内容深度都远远超过了平均值，日本教材的内容深度最小。

表 4-51　各国高中地理教材"能源资源"知识主题内容深度及其排序

国别	知道	领会	应用	分析综合评价	课文内容深度 TS	信息分类	信息储存	材料转换	材料评价	习题内容深度 ES	内容深度 S	排序
澳大利亚	114	39	72	1	1.82	17	45	27	8	2.27	4.09	1
俄罗斯	60	28	0	0	1.32	10	5	7	11	2.57	3.89	2
日本	11	6	0	0	1.35	2	0	0	0	1.00	2.35	3

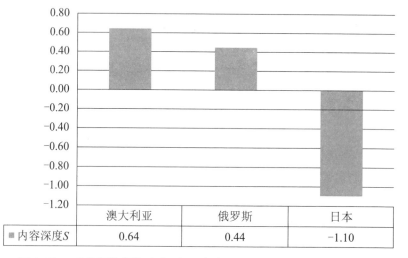

	澳大利亚	俄罗斯	日本
■内容深度 S	0.64	0.44	-1.10

图 4-50　"能源资源"知识主题内容深度距平值（平均值＝3.45）

各国教材在"能源资源"知识主题的内容深度主要由课文内容深度和习题内容深度组成，二者的值及累加内容深度值如图4-51所示。从课文内容深度来说，澳大利亚教材最大，日本教材次之，俄罗斯教材最小；从习题内容深度来说，俄罗斯教材最大，澳大利亚教材次之，日本教材最小。总体来说，澳大利亚教材难度最大，俄罗斯教材的习题内容深度所占比例较大，日本教材的课文内容深度所占比例较大。

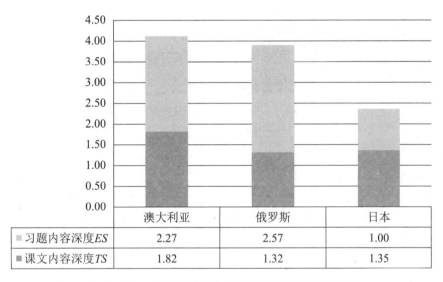

	澳大利亚	俄罗斯	日本
■习题内容深度ES	2.27	2.57	1.00
■课文内容深度TS	1.82	1.32	1.35

图4-51　"能源资源"知识主题内容深度分布

（三）　总难度的比较

根据内容广度和内容深度的计算，最终可得出"能源资源"知识主题的内容总难度（难度均值为0.50，标准差为0.48），具体如表4-52所示。通过观察距平值（如图4-52所示），可以看到，澳大利亚教材的总难度最大，俄罗斯教材次之，日本教材排名最后。澳大利亚和日本教材之间的差距较大，俄罗斯教材相对而言最接近平均水平。

表4-52　各国高中地理教材"能源资源"知识主题难度及其排序

国别	内容广度 G		内容深度 S		总难度 N		
	数值	排序	数值	排序	难度值	标准化	排序
澳大利亚	3.00	1	4.09	1	12.27	1.00	1
俄罗斯	1.86	2	3.89	2	7.26	0.50	2
日本	1.00	3	2.35	3	2.35	0.00	3

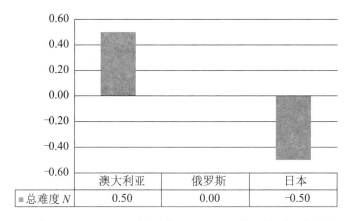

	澳大利亚	俄罗斯	日本
■总难度 N	0.50	0.00	−0.50

图4-52　"能源资源"知识主题难度距平值（平均值＝0.50）

在"能源资源"主题下，澳大利亚教材对应有"自然资源的利用"一章，共8节内容；俄罗斯教材对应有"世界资源地理：周围环境的污染与保护"一章，共4节内容；日本教材有"资源和产业"一章，共6节内容。澳大利亚教材本部分知识点较多，对内容的认知要求较高，关注与自然资源相关的经济和政治问题、自然资源所有权、有关自然资源的社会和环境问题、资源管理策略评估等较难的问题。

六、"政治地理"知识主题的难度比较

"政治地理"是"人文地理"模块中的知识主题内容之一，有3个国家的教材有该主题的内容。从内容广度和内容深度2个角度，对3个国家的教材进行赋值和具体计算，基本数据如表4-53所示。

表 4-53 各国高中地理教材"政治地理"知识主题难度基础信息

国别	内容广度		课文内容深度				习题内容深度			
	知识点个数	有效学时	知道	领会	应用	分析综合评价	信息分类	信息储存	材料转换	材料评价
澳大利亚	632	11.56	316	108	208	0	3	19	25	3
俄罗斯	50	4.46	25	25	0	0	9	6	2	1
日本	19	15.56	13	6	0	0	0	0	0	0

（一） 内容广度的比较

运用内容广度的计算方法，本研究通过对各国教材进行赋值和具体计算，得到各国教材内容广度的数据（如表 4-54 所示）。内容广度的计算结果表明：在"政治地理"主题上，各国教材内容广度由大到小依次为澳大利亚、俄罗斯、日本教材。

表 4-54 各国高中地理教材"政治地理"知识主题内容广度及其排序

国别	知识点个数	有效学时	单位学时知识点个数	内容广度 G	排序
澳大利亚	632	11.56	54.69	3.00	1
俄罗斯	50	4.46	11.21	1.37	2
日本	19	15.56	1.22	1.00	3

从表 4-54 可以看出"政治地理"在各国教材中所占的比例。从知识点个数来看，澳大利亚教材这部分的知识点个数最多，多达 632 个；俄罗斯教材有 50 个，日本教材仅有 19 个。从图 4-53 可以看到，不同国家的地理教材在本部分知识点数量相差很大，内容广度最大的是澳大利亚教材。

（二） 内容深度的比较

"政治地理"知识主题的内容深度基本数据如表 4-55 所示，计算结果表明：各国教材"政治地理"知识主题内容深度由大到小依次为澳大利亚、俄罗斯、日本教材。各国地理教材"政治地理"部分的内容深度距平

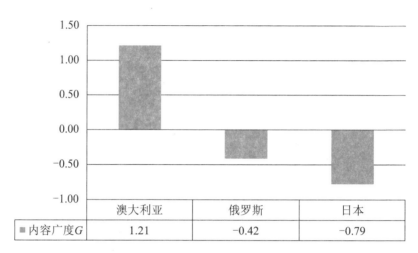

图 4-53　"政治地理"知识主题内容广度距平值（平均值 = 1.79）

值如图 4-54 所示，可以看到澳大利亚和日本教材之间的差距较大，俄罗斯教材比较接近平均水平。

表 4-55　各国高中地理教材"政治地理"知识主题内容深度及其排序

国别	知道	领会	应用	分析综合评价	课文内容深度 TS	信息分类	信息储存	材料转换	材料评价	习题内容深度 ES	内容深度 S	排序
澳大利亚	316	108	208	0	1.83	3	19	25	3	2.56	4.39	1
俄罗斯	25	25	0	0	1.50	9	6	2.	1	1.72	3.22	2
日本	13	6	0	0	1.32	0	0	0	0	0.00	1.32	3

各国教材"政治地理"知识主题的内容深度主要由课文内容深度和习题内容深度组成，二者的值及累加内容深度值如图 4-55 所示。无论是课文内容深度，还是习题内容深度，澳大利亚教材都是最大的，俄罗斯教材次之。日本教材本主题下没有习题，内容深度最小。

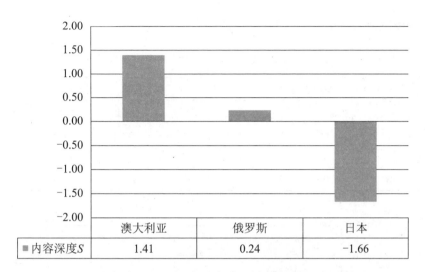

	澳大利亚	俄罗斯	日本
■内容深度S	1.41	0.24	-1.66

图4-54 "政治地理"知识主题内容深度距平值（平均值=2.98）

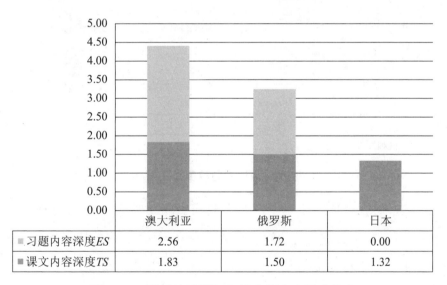

	澳大利亚	俄罗斯	日本
■习题内容深度ES	2.56	1.72	0.00
■课文内容深度TS	1.83	1.50	1.32

图4-55 "政治地理"知识主题内容深度分布

（三） 总难度的比较

根据内容广度和内容深度的计算，最终可得出"政治地理"知识主题的内容总难度（难度均值为0.47，标准差为0.47），具体如表4-56所示。通过观察距平值（如图4-56所示），可以看到澳大利亚教材的总难度最大，俄罗斯教材次之，日本教材最小。

表 4-56　各国高中地理教材"政治地理"知识主题难度及其排序

国别	内容广度 G		内容深度 S		总难度 N		
	数值	排序	数值	排序	难度值	标准化	排序
澳大利亚	3.00	1	4.39	1	13.17	1.00	1
俄罗斯	1.37	2	3.22	2	6.01	0.40	2
日本	1.00	3	1.32	3	1.32	0.00	3

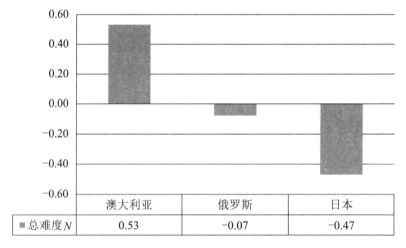

	澳大利亚	俄罗斯	日本
■总难度 N	0.53	-0.07	-0.47

图 4-56　"政治地理"知识主题难度距平值（平均值＝0.47）

在"政治地理"主题下，澳大利亚教材对应有"政治地理"一章，含 7 节内容：政治地理学和地缘政治学，民族国家的特点及角色变换，对国家主权的挑战，引起政治紧张和冲突的原因，政治紧张和冲突的地理结果，政治紧张和冲突的社会政治结果，解决问题和应对挑战的路径。俄罗斯教材对应有"现代世界政区图"这一主题，共有 4 节内容。日本教材对应有"民族、领土问题"一章，共有 4 节内容。

七、"文化地理"知识主题的难度比较

"文化地理"是"人文地理"模块中的知识主题内容之一，有 2 个国

家的教材有该主题的内容。澳大利亚高中地理教材对应本主题的内容为
"文化融合"，日本高中地理教材对应本主题的内容为"生活和文化"。从
内容广度和内容深度 2 个角度，对 2 个国家的教材进行赋值和具体计
算，基本数据如表 4-57 所示。

表 4-57　各国高中地理教材"文化地理"知识主题难度基础信息

国别	内容广度		课文内容深度				习题内容深度			
	知识点个数	有效学时	知道	领会	应用	分析综合评价	信息分类	信息储存	材料转换	材料评价
澳大利亚	362	10.67	181	74	107	0	3	42	40	1
日本	40	30.14	25	14	1	0	4	6	3	1

（一）内容广度的比较

运用内容广度的计算方法，本研究通过对各国教材进行赋值和具体计
算，得到各国教材内容广度的数据（如表 4-58 所示）。内容广度的计算
结果表明：在"文化地理"主题上，澳大利亚教材的知识点个数比日本教
材的多，而有效学时短，内容广度大。

表 4-58　各国高中地理教材"文化地理"知识主题内容广度及其排序

国别	知识点个数	有效学时	单位学时知识点个数	内容广度 G	排序
澳大利亚	362	10.67	33.94	3.00	1
日本	40	30.14	1.33	1.00	2

澳大利亚教材"文化地理"主题下包括：文化融合的定义，什么是文
化，大众消费文化的传播、采纳和适应，影响文化融合的因素，文化融合
的影响。日本教材"文化地理"主题下包括：衣食住，消费和休闲活
动，村落和城市。

（二）内容深度的比较

"文化地理"知识主题的内容深度基本数据如表 4-59 所示，计算结

果表明：澳大利亚教材的课文内容深度比日本教材的大，习题内容深度也较大，总体的内容深度也较大。从内容深度的构成上来看，澳大利亚教材的知识点数量多，处于"分析综合评价"层级的知识比例较大，因此课文内容深度较大。澳大利亚教材的习题更多，大部分属于"信息储存"和"材料转换"层级。

表 4-59　各国高中地理教材"文化地理"知识主题内容深度及其排序

国别	知道	领会	应用	分析综合评价	课文内容深度 TS	信息分类	信息储存	材料转换	材料评价	习题内容深度 ES	内容深度 S	排序
澳大利亚	181	74	107	0	1.80	3	42	40	1	2.45	4.25	1
日本	25	14	1	0	1.40	4	6	3	1	2.07	3.47	2

（三）总难度的比较

根据内容广度和内容深度的计算，最终可得出"文化地理"知识主题的内容总难度（难度均值为 0.50，标准差为 0.58），具体如表 4-60 所示。澳大利亚教材的难度大于日本教材。

表 4-60　各国高中地理教材"文化地理"知识主题难度及其排序

国别	内容广度 G		内容深度 S		总难度 N		
	数值	排序	数值	排序	难度值	标准化	排序
澳大利亚	3.00	1	4.25	1	12.75	1.00	1
日本	1.00	2	3.47	2	3.47	0.00	2

八、"发展地理"知识主题的难度比较

"发展地理"是"人文地理"模块中的知识主题内容之一，有 3 个国家的教材有该主题的内容。

澳大利亚高中地理教材对应本主题的内容为"发展地理学：朝向全球

公平"，新加坡高中地理教材对应本主题的内容为"发展"，德国高中地理教材对应本主题的内容为"可持续发展：针对全球环境问题的一个回答"。从内容广度和内容深度 2 个角度，对 3 个国家的教材进行赋值和具体计算，基本数据如表 4-61 所示。

表 4-61　各国高中地理教材"发展地理"知识主题难度基础信息

国别	内容广度		课文内容深度				习题内容深度			
	知识点个数	有效学时	知道	领会	应用	分析综合评价	信息分类	信息储存	材料转换	材料评价
澳大利亚	290	11.74	145	37	107	1	8	51	45	3
新加坡	150	24.17	108	38	1	3	6	25	15	1
德国	32	11.80	17	15	0	0	5	54	19	0

（一）内容广度的比较

运用内容广度的计算方法，本研究通过对各国教材进行赋值和具体计算，得到各国教材内容广度的数据（如表 4-62、图 4-57 所示）。内容广度的计算结果表明：在"发展地理"主题上，澳大利亚教材的知识点个数比新加坡和德国教材的多，有效学时则较少，内容广度较大。

表 4-62　各国高中地理教材"发展地理"知识主题内容广度及其排序

国别	知识点个数	有效学时	单位学时知识点个数	内容广度 G	排序
澳大利亚	290	11.74	24.70	3.00	1
新加坡	150	24.17	5.57	1.26	2
德国	32	11.80	2.71	1.00	3

澳大利亚教材"发展地理学：朝向全球公平"主题下包括：理解发展，发展和空间差异，发展问题，影响发展速率的因素，公平问题和发展。新加坡教材"发展地理"主题下包括：世界发展的不平衡，世界发展不平衡的原因，减缓不平衡现象的策略。德国教材"可持续发展：针对全

球环境问题的一个回答"主题下包括：可持续的生产方式，综合征的概念，全球问题领域：淡水，全球问题领域：土壤退化。

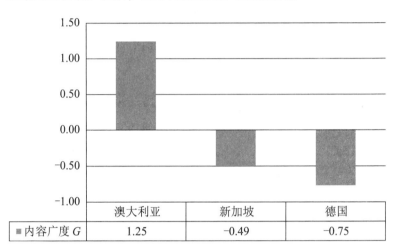

图 4-57　"发展地理"知识主题内容广度距平值（平均值 = 1.75）

（二）　内容深度的比较

"发展地理"知识主题的内容深度基本数据如表 4-63 所示，内容深度距平值如图 4-58 所示。澳大利亚教材的课文内容深度和习题内容深度都是最大的，德国教材的课文内容深度略大于新加坡教材，然而习题内容深度略低于新加坡教材。从内容深度的构成上来看，澳大利亚教材中处于"分析综合评价"层级的知识点比例较高，因此课文内容深度较大。澳大利亚教材中处于"材料转换"层级的习题比例较高，因此习题内容深度也较大。

表 4-63　各国高中地理教材"发展地理"知识主题内容深度及其排序

国别	知道	领会	应用	分析综合评价	课文内容深度 TS	信息分类	信息储存	材料转换	材料评价	习题内容深度 ES	内容深度 S	排序
澳大利亚	145	37	107	1	1.88	8	51	45	3	2.40	4.28	1
德国	17	15	0	0	1.47	5	54	19	0	2.18	3.65	2
新加坡	108	38	1	3	1.33	6	25	15	1	2.23	3.56	3

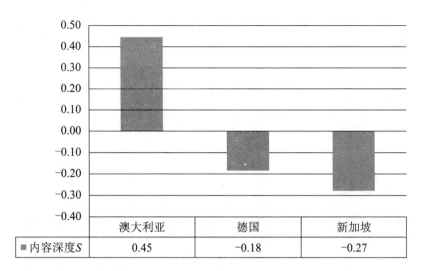

	澳大利亚	德国	新加坡
■内容深度S	0.45	-0.18	-0.27

图 4-58   "发展地理"知识主题内容深度距平值（平均值＝3.83）

各国教材在"发展地理"知识主题的内容深度主要由课文内容深度和习题内容深度组成（如图 4-59 所示）。3 个国家地理教材的内容深度均表现出习题内容深度大于课文内容深度。无论是课文内容深度还是习题内容深度，澳大利亚教材都是最大的。德国教材的课文内容深度略大于新加坡教材，而习题内容深度略小于新加坡教材。

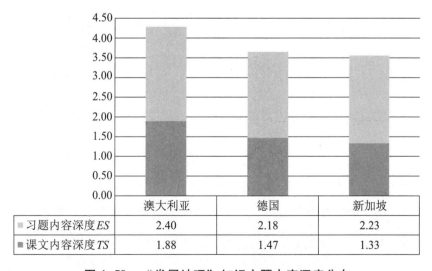

	澳大利亚	德国	新加坡
■习题内容深度ES	2.40	2.18	2.23
■课文内容深度TS	1.88	1.47	1.33

图 4-59   "发展地理"知识主题内容深度分布

（三）总难度的比较

根据内容广度和内容深度的计算，最终可得出"发展地理"知识主题的内容总难度（难度均值为 0.36，标准差为 0.55），具体如表 4-64 所示。通过观察距平值（如图 4-60 所示），可以看到澳大利亚教材的总难度最大，新加坡教材次之，德国教材最小。

表 4-64　各国高中地理教材"发展地理"知识主题难度及其排序

国别	内容广度 G		内容深度 S		总难度 N		
	数值	排序	数值	排序	难度值	标准化	排序
澳大利亚	3.00	1	4.28	1	12.84	1.00	1
新加坡	1.26	2	3.56	3	4.49	0.09	2
德国	1.00	3	3.65	2	3.65	0.00	3

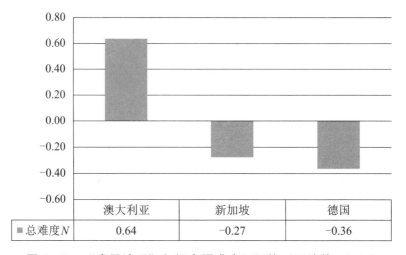

	澳大利亚	新加坡	德国
■总难度 N	0.64	-0.27	-0.36

图 4-60　"发展地理"知识主题难度距平值（平均值＝0.36）

九、"人文地理"模块的难度比较

6 个国家的地理教材包含了"人文地理"模块，从内容广度和内容深度 2 个角度，对 6 个国家的教材进行赋值和具体计算，基本数据如表 4-65 所示。

表 4-65　各国高中地理教材"人文地理"模块难度基础信息

国别	内容广度			课文内容深度				习题内容深度			
	知识点个数	有效学时	单位学时广度	知道	领会	应用	分析综合评价	信息分类	信息储存	材料转换	材料评价
澳大利亚	1761	54.00	32.61	882	310	567	2	74	200	152	16
俄罗斯	571	61.18	9.33	392	179	0	0	41	57	63	29
中国	251	36.00	6.97	142	103	0	6	23	77	44	9
新加坡	685	106.00	6.46	535	139	2	9	25	99	63	7
德国	32	7.50	4.27	17	15	0	0	5	54	19	0
日本	212	63.19	3.35	134	73	4	1	12	17	6	1

（一）内容广度的比较

从表 4-65 可以看到，所研究教材由于各个国家课程设置的原因，有效学时最高的是新加坡教材，最低的是德国教材，不同国家教材的学时相差很大。澳大利亚教材平均每学时学习的知识点最多，为 32.61 个；日本教材平均每学时学习的知识点最少，为 3.35 个。通过内容广度计算公式，最终可以看到，澳大利亚地理教材内容广度最大，然后依次为俄罗斯、

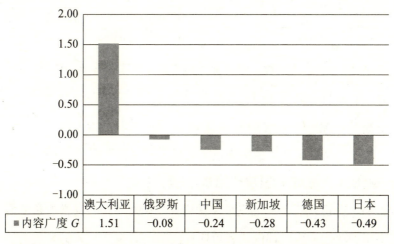

	澳大利亚	俄罗斯	中国	新加坡	德国	日本
■ 内容广度 G	1.51	-0.08	-0.24	-0.28	-0.43	-0.49

图 4-61　"人文地理"模块内容广度距平值（平均值＝1.49）

中国、新加坡、德国、日本教材。从6个国家教材内容广度距平值（如图4-61所示）可以看到，中国教材排名第3，略低于平均水平。

（二） 内容深度的比较

1. 课文内容深度 TS

根据表4-65的基本数据计算各国教材的课文内容深度，按大小排序，依次为澳大利亚、中国、德国、日本、俄罗斯、新加坡教材。通过观察距平值（如图4-62所示），可以看到中国教材的数值显著高于平均值，排名第2，说明中国教材的课文内容深度要高于平均水平。

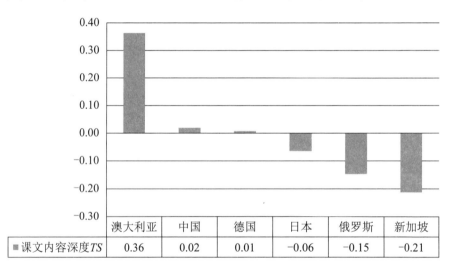

	澳大利亚	中国	德国	日本	俄罗斯	新加坡
■课文内容深度TS	0.36	0.02	0.01	-0.06	-0.15	-0.21

图4-62　"人文地理"模块课文内容深度距平值（平均值=1.46）

澳大利亚教材的课文内容深度排名第1。澳大利亚教材处于"分析"和"分析综合评价"层级的知识点较少，大部分知识点都处于"知道"层级。其他几个国家教材的知识点主要处于"知道"层级。澳大利亚教材中有一些属于"分析综合评价"的知识点，例如，"人口增长能够以多种方式影响生物物理环境"，"发展中国家处于两难境地，通常有价值的资源相对于市场变化来说，都仅代表短期利益"，"发展中国家的环境污染和退化问题，主要是在殖民时期产生的。这些问题并不影响发达国家，这是不公平的"。

2. 习题内容深度 ES

根据表 4-65 的基本数据计算各国教材的习题内容深度，按大小排序，依次为俄罗斯、新加坡、中国、澳大利亚、德国、日本教材。通过观察距平值（如图 4-63 所示），可以看到中国教材的数值大于平均值，排名第 3，仅次于新加坡教材。

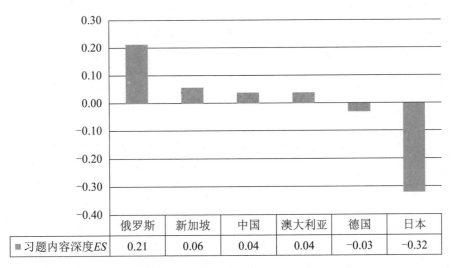

	俄罗斯	新加坡	中国	澳大利亚	德国	日本
■习题内容深度 ES	0.21	0.06	0.04	0.04	−0.03	−0.32

图 4-63　"人文地理"模块习题内容深度距平值（平均值 = 2.21）

俄罗斯教材的习题内容深度排名第 1，在其题目类型中，"材料转换"层级的题目最多。例如，"读图，从 ABCD 四点中选择伐木厂、家具厂、商业资讯公司的最佳区位"，"在政权形式和行政领土区划方面，世界国家有何差异"等。习题多为综合性较强的题目。

新加坡教材的习题内容深度排名第 2。新加坡教材习题的特点是"信息储存"和"材料转换"层级的题目较多。例如，要求学生读关于生产活动的图，图中生产活动和运用资源的方式各不相同，要求学生说出它们之间的关系。再例如，"描述第一产业自 20 世纪 70 年代以来在新加坡的发展历程"，"讨论科技对于伐木厂、家具厂、商业咨讯公司的影响程度"等。

中国教材的习题内容深度排名第3，澳大利亚教材排名第4，其特点和新加坡教材相似。德国教材和日本教材的习题几乎都处于前3个层级中，"材料评价"层级的题目非常少甚至没有。

（三）总难度的比较

根据内容广度和内容深度的计算，地理教材"人文地理"模块的内容总难度如表4-66所示（难度均值为0.26，标准差为0.37）。通过观察距平值（如图4-64所示），可以看到澳大利亚教材的总难度最大，显著高于平均水平。俄罗斯、中国、新加坡的教材难度较为接近平均水平。德国教材的难度较小，日本教材的难度最小。中国教材的总难度排名第3，略低于平均水平。

表4-66　各国高中地理教材"人文地理"模块难度及其排序

国别	内容广度 G		内容深度 S		总难度 N		
	数值	排序	数值	排序	难度值	标准化	排序
澳大利亚	3.00	1	4.07	1	12.22	1.00	1
俄罗斯	1.41	2	3.73	3	5.26	0.22	2
中国	1.25	3	3.74	2	4.66	0.15	3
新加坡	1.21	4	3.52	5	4.26	0.11	4
德国	1.06	5	3.65	4	3.88	0.07	5
日本	1.00	6	3.29	6	3.29	0.00	6

澳大利亚教材的难度最大。澳大利亚教材共包括5个知识主题："政治地理""文化地理""发展地理""人口""能源资源"。这5个知识主题的教材难度在和各国教材的比较中都排名第1。在澳大利亚教材内部，"政治地理"所占篇幅最大，知识点和习题数也最多，是最难的知识主题。

俄罗斯教材的难度居中。俄罗斯教材难度排名第2，略高于各国教材

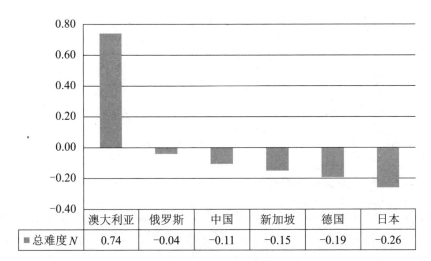

	澳大利亚	俄罗斯	中国	新加坡	德国	日本
■ 总难度 N	0.74	-0.04	-0.11	-0.15	-0.19	-0.26

图 4-64 "人文地理"模块难度距平值（平均值＝0.26）

的平均水平。俄罗斯教材包括 6 个知识主题，其中，"人地关系"知识主题的难度在各国中排名第 1，"人口"排名第 2，"政治地理"排名第 2，"能源资源"排名第 2。俄罗斯教材独有的知识主题包括"科技革命与世界经济"和"世界经济地理学"。俄罗斯教材中最难的知识主题是"人口"。

中国教材难度排名第 3，略低于平均水平。在各国教材比较中，中国教材的"人口"知识主题的难度排名第 3，"城市"排名第 1，"产业"排名第 1，"人地关系"排名第 2。中国教材独有的知识主题是"交通运输布局及其影响"。中国教材中最难的知识主题是"人口"。

新加坡教材难度排名第 4，略低于平均水平。新加坡教材中"产业"知识主题的难度在各国教材比较中排名第 2，"发展地理"排名第 2。新加坡教材独有的知识主题是"食品地理""旅游业""人文地理概述"，其中，"食品地理"是新加坡教材中最难的主题。

德国和日本教材的难度较小。德国教材在"人文地理"模块的主要内容都集中在"发展地理"知识主题上。日本教材所包含的知识主题较多，与各国共有的知识主题包括："人口""城市""产业""人地关系""能源资源""政治地理""文化地理"。在这 7 个知识主题的比较中，日本教材的难度均最小。

第三节　高中地理教材"区域地理"模块的难度比较

在 10 个国家的教材中只有 3 个国家的教材安排了"区域地理"模块的内容。其他国家虽然在教材行文中涉及了"区域地理"的内容，但并没有系统地将"区域地理"作为教材组成模块之一。日本教材、俄罗斯教材、美国教材虽然都有"区域地理"模块，但各有特点。日本教材以"区域地理"研究方法为主线安排内容。俄罗斯教材以 5 个大洲级区域为主线安排内容。美国教材以 9 个区域为主线安排内容，这 9 个区域中既有大洲也有国家。3 个国家在此模块的内容安排差异性太大，无法提取共同知识主题进行比较分析。因此，本节分别分析 3 个国家的教材，最后进行"区域地理"模块总难度的比较。

一、日本教材"区域地理"模块难度分析

从表 4-67 可以看到，日本教材共包括了"地域调查方法""大规模的地域调查""国家尺度""用地图了解当代世界""地域划分当今世界及可看出的世界问题"等 5 个知识主题。"国家尺度"的内容广度最大，"用地图了解当代世界"的内容广度相对最小；内容深度最大的是"用地图了解当代世界"，最小的是"国家尺度"，与内容广度恰好相反。

表 4-67　日本教材"区域地理"模块难度基础信息

知识主题	内容广度 G		内容深度 S		总难度 N		
	数值	排序	数值	排序	难度值	标准化	排序
国家尺度	3.00	1	2.63	5	7.91	1.00	1

续表

知识主题	内容广度 G		内容深度 S		总难度 N		
	数值	排序	数值	排序	难度值	标准化	排序
大规模的地域调查	2.21	2	2.89	2	6.38	0.69	2
地域划分当今世界及可看出的世界问题	1.85	3	2.69	3	4.97	0.40	3
地域调查方法	1.66	4	2.69	4	4.47	0.30	4
用地图了解当代世界	1.00	5	3.00	1	3.00	0.00	5

图 4-65 显示了日本教材中"区域地理"模块知识主题难度的分布情况（难度均值为 0.48，标准差为 0.38）。可以看到"国家尺度"部分的内容难度最大，其次为"大规模的地域调查""地域划分当今世界及可看出的世界问题""地域调查方法""用地图了解当代世界"。通过距平值可以看到，"地域划分当今世界及可看出的世界问题"的内容总难度更加接近该教材的平均水平。

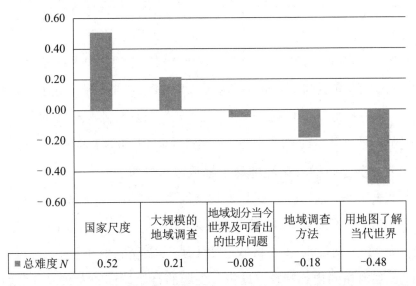

图 4-65　日本教材"区域地理"模块各知识主题难度距平值（平均值=0.48）

二、俄罗斯教材"区域地理"模块难度分析

从表4-68可以看到，俄罗斯教材共包括了"欧洲""亚洲和澳大利亚""非洲""北美洲""拉丁美洲"等5个知识主题，即主要通过大洲来划分教材的内容。其中"北美洲"部分的内容广度最大，其次为"拉丁美洲""非洲""亚洲和澳大利亚""欧洲"。从内容深度来看，"拉丁美洲"部分的内容深度最大，"欧洲""亚洲和澳大利亚"并列第2，"非洲"部分的内容深度最小。

表4-68　俄罗斯教材"区域地理"模块难度基础信息

知识主题	内容广度 G		内容深度 S		总难度 N		
	数值	排序	数值	排序	难度值	标准化	排序
北美洲	3.00	1	3.36	4	6.42	1.00	1
拉丁美洲	2.32	2	3.55	1	5.15	0.70	2
非洲	1.96	3	3.25	5	4.01	0.44	3
亚洲和澳大利亚	1.82	4	3.44	2	3.98	0.43	4
欧洲	1.00	5	3.44	2	2.12	0.00	5

图4-66显示了俄罗斯教材中"区域地理"模块知识主题难度的分布情况（难度均值为0.52，标准差为0.37）。其中"北美洲"主题的总体难度最大，其次为"拉丁美洲""非洲""亚洲和澳大利亚""欧洲"。通过距平值可以看到，"非洲"主题的内容难度更加接近该教材的平均水平。

三、美国教材"区域地理"模块难度分析

从表4-69可以看到，美国教材共包括了"美国和加拿大""拉丁美洲""欧洲""俄罗斯共和国""非洲""西北亚""南亚""东亚""东南亚、大洋洲和南极洲"9个区域。但因为该主题下自然和人文具有截然不同的叙述风格和内容特征，遂将各主题的自然部分和人文部分分别分析，所以美国"区域地理"虽然只有9个区域，但有12个主题。

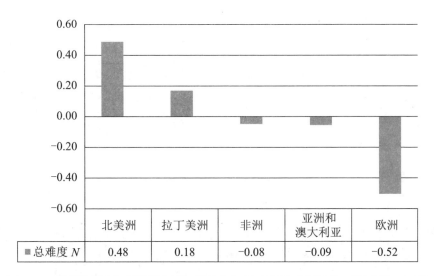

	北美洲	拉丁美洲	非洲	亚洲和澳大利亚	欧洲
■总难度 N	0.48	0.18	-0.08	-0.09	-0.52

图4-66　俄罗斯教材"区域地理"模块各知识主题难度距平值（平均值=0.52）

　　综合来看，美国教材中"西北亚"部分的内容广度相对较大，内容深度最大，内容难度也最大。此外，"欧洲自然""拉丁美洲"的广度相对较大，而"美国和加拿大人文"的广度最小。内容的深度以"西北亚"最大，其次为"南亚"，"非洲人文"的内容深度最小。

表4-69　美国教材"区域地理"模块难度基础信息

知识主题	内容广度 G		内容深度 S		总难度 N		
	数值	排序	数值	排序	难度值	标准化	排序
西北亚	3.00	1	5.00	1	15.00	1.00	1
非洲自然	1.39	4	3.24	5	4.52	0.12	2
欧洲自然	1.51	2	2.93	8	4.41	0.11	3
东亚	1.33	5	3.32	4	4.40	0.11	4
拉丁美洲	1.46	3	2.74	11	3.99	0.08	5
南亚	1.10	11	3.37	2	3.72	0.06	6
东南亚、大洋洲和南极洲	1.17	9	3.18	6	3.71	0.06	7
美国和加拿大自然	1.27	7	2.91	9	3.69	0.05	8
俄罗斯共和国	1.30	6	2.77	10	3.59	0.05	9

续表

知识主题	内容广度 G		内容深度 S		总难度 N		
	数值	排序	数值	排序	难度值	标准化	排序
欧洲人文	1.13	10	3.06	7	3.45	0.03	10
美国和加拿大人文	1.00	12	3.33	3	3.33	0.02	11
非洲人文	1.17	8	2.60	12	3.05	0.00	12

图 4-67 显示的是美国教材中"区域地理"模块知识主题难度的分布情况（难度均值为 0.14，标准差为 0.27）。"西北亚"排名第 1，"非洲自然""欧洲自然"排名第 2、第 3。通过观察距平值发现，"非洲自然""欧洲自然""东亚"等主题的内容难度更接近于该教材的平均难度。同时，综合对比来看，美国教材中自然部分的内容难度明显大于人文部分的内容难度。

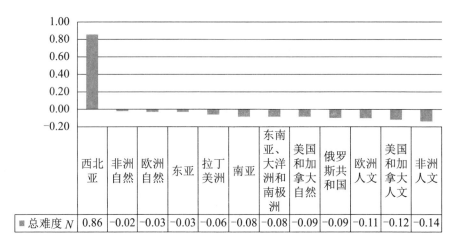

图 4-67　美国教材"区域地理"模块各知识主题难度距平值（平均值＝0.14）

四、"区域地理"模块的难度比较

3 个国家的地理教材包含了"区域地理"模块，从内容广度和内容深度 2 个角度，对 3 个国家的教材进行赋值和具体计算，基本数据如表 4-70 所示。

表4-70　各国高中地理教材"区域地理"模块难度基础信息

知识主题	内容广度			课文内容深度				习题内容深度			
	知识点个数	有效学时	单位学时广度	知道	领会	应用	分析综合评价	信息分类	信息储存	材料转换	材料评价
俄罗斯	381	65.79	5.79	287	88	6	0	82	77	58	30
美国	448	58.30	7.68	272	136	21	19	520	390	112	73
日本	170	37.73	4.51	170	0	0	0	19	10	2	0

（一）　内容广度的比较

从表4-70可以看到，所研究教材由于各个国家课程设置的原因，有效学时最多的是俄罗斯教材，最少的是日本教材。美国教材平均每学时学习的知识点最多，为7.68个；日本教材平均每学时学习的知识点最少，为4.51个。从内容广度距平值来看（如图4-68所示），美国教材内容广度最大，其次为俄罗斯和日本的教材。

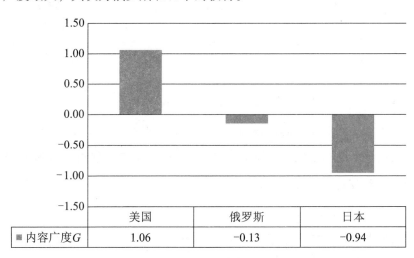

	美国	俄罗斯	日本
■ 内容广度G	1.06	-0.13	-0.94

图4-68　"区域地理"模块内容广度距平值（平均值=1.94）

（二） 内容深度的比较

1. 课文内容深度 TS

根据表4-70的基本数据计算各国教材的课文内容深度，按大小排序依次为美国、俄罗斯、日本教材。通过观察距平值（如图 4 – 69 所示），可以看到美国教材和俄罗斯教材之间的难度差距与俄罗斯教材和日本教材之间的难度差距相等。

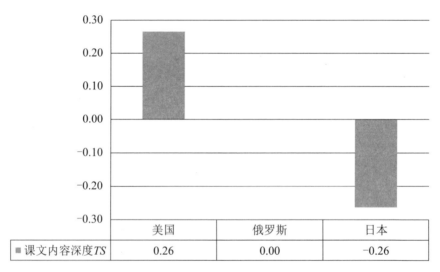

	美国	俄罗斯	日本
■课文内容深度TS	0.26	0.00	-0.26

图 4-69 "区域地理"模块课文内容深度距平值（平均值＝1.46）

美国教材的课文内容深度排名第 1，知识点在 4 个层级上均有分布；俄罗斯教材的知识点大多分布在"知道"和"领会"层级；日本教材的知识点全部分布在"知道"层级。

2. 习题内容深度 ES

根据表4-70的基本数据计算各国教材的习题内容深度，按大小排序依次为俄罗斯、美国、日本教材。通过观察距平值（如图4-70所示），可以看到俄罗斯教材的习题内容深度非常大，美国教材的习题内容深度适中，日本教材的习题内容深度非常小。

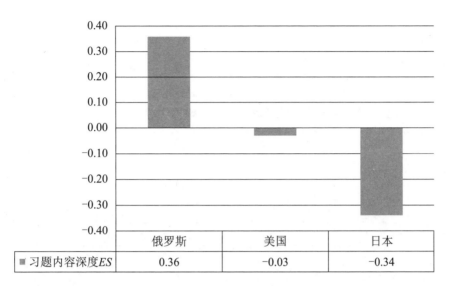

	俄罗斯	美国	日本
■ 习题内容深度ES	0.36	-0.03	-0.34

图4-70　"区域地理"模块习题内容深度距平值（平均值=1.79）

美国教材的习题数量虽然是最多的，但俄罗斯教材的习题内容深度是最大的。俄罗斯教材和美国教材的习题的共同特点是：习题数量多，且习题在4个层级上均有分布；日本教材的习题数量偏少，而且多集中于"信息分类""信息储存"2个层级中。俄罗斯教材中有较多题目达到"材料转换"层级，例如，"根据欧洲民族地图，推测印欧语系和乌拉尔语系在民族中的传播，并确定由单民族、双民族和多民族人口构成的国家"，"根据图48，在练习本上制作一个'欧洲百万人口城市'表格，并比较欧洲各国家此类城市的数目。你是否认为欧洲极其明显地显现出了城市化过程的3个主要共同特点"。俄罗斯教材中也有不少题目达到"材料评价"层级，例如，"制订一个欧洲两周游计划，此行的目的是要认识世界文化遗产，请提出1—2个路线方案"，"浏览第1章和第6章的所有材料，将有关德国的信息和数字资料全部写下来，充分地描述德国的经济与社会地理学特点"。

（三）总难度的比较

根据内容广度和内容深度的计算，"区域地理"模块的内容总难度如

表4-71所示（难度均值为0.50，标准差为0.50）。通过观察距平值（如图4-71所示），可以看到3国教材的难度相差很大，美国教材难度最大，日本教材难度最小。

表 4-71　各国高中地理教材"区域地理"模块难度及其排序

国别	内容广度 G		内容深度 S		总难度 N		
	数值	排序	数值	排序	难度值	标准化	排序
美国	3.00	1	3.29	2	9.86	1.00	1
俄罗斯	1.81	2	3.41	1	6.16	0.50	2
日本	1.00	3	2.45	3	2.44	0.00	3

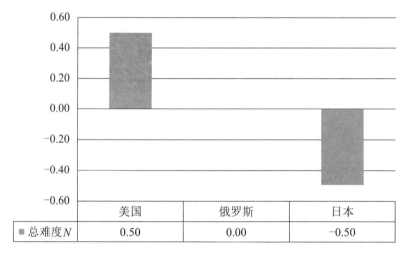

	美国	俄罗斯	日本
■总难度 N	0.50	0.00	−0.50

图 4-71　"区域地理"模块难度距平值（平均值＝0.50）

表4-72展示的是3国教材"区域地理"的主题划分，可以看到，俄罗斯和美国教材均以大洲作为基本的划分单元，关注了大洲的自然和人文部分内容。而日本教材"区域地理"则是将认识地理事物的方法作为引导划分的主线，采用一定的视野贯串相应的区域问题研究。我国地理课程中的"区域地理"内容集中在初中地理部分，主题划分基本与俄罗斯、美国教材相似，但在具体区域地理研究过程中，也开始融合日本教材的这种以

方法为主线的引导方式。

表 4-72　日本、俄罗斯、美国教材"区域地理"模块的具体知识主题

日本	俄罗斯	美国
地域调查方法 大规模的地域调查 国家尺度 用地图了解当代世界 地域划分当今世界及可看出的世界问题	欧洲 亚洲和澳大利亚 非洲 北美洲 拉丁美洲	美国和加拿大 拉丁美洲 欧洲 俄罗斯共和国 非洲 西北亚 南亚 东亚 东南亚、大洋洲和南极洲

GEOGRAPHY

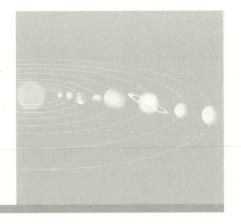

第五章

各国高中地理教材的
特点分析

第一节　澳大利亚高中地理教材特点分析

一、澳大利亚高中地理教材的选取

澳大利亚较普遍的学制为：小学 6 年、初中 4 年、高中 2 年。为了便于考核，各州又划定了学习阶段，例如，新南威尔士州将大学前的教育划分为 6 个学段：幼儿园到 2 年级为学习阶段 1，3—4 年级为学习阶段 2，5—6 年级为学习阶段 3，7—8 年级为学习阶段 4，9—10 年级为学习阶段 5，11—12 年级为学习阶段 6（如表 5-1 所示）。各州的学制在中学阶段略有差异，选用的地理教材各有不同，本研究以新南威尔士州为代表进行研究。

表 5-1　澳大利亚新南威尔士州的学制

教育阶段		年级	年份（年）
学前	阶段 1	幼儿园学前教育	2
小学教育		1—2 年级	2
	阶段 2	3—4 年级	2
	阶段 3	5—6 年级	2
初中	阶段 4	7—8 年级	2
	阶段 5	9—10 年级	2
高中	阶段 6	11—12 年级	2

新南威尔士州位于澳大利亚东南部，是澳大利亚人口最多、工业化和城市化水平最高的州。新南威尔士州的学习阶段 6，即 11—12 年级（相当于我国的高中阶段）的地理课程包括预备科目和高中证书科目。其中预备科目相当于高中阶段的基础课程，而高中证书科目则是针对高中证书考试而开设的课程。参加高中证书考试的学生要在 2 年内学完预备科目和高中证书科目的 6 个专题（自然生态交互作用、全球挑战、高级地理项目、危机中的生态系统、城市、人口和经济），这些专题的学习顺序原则上不是

指令性的，而是依学生需求、兴趣和资源而定。一般高中1年级学习预备科目，高中2年级学习高中证书科目。本次研究旨在比较研究与中国高中10年级相似的学段，于是选择了新南威尔州预备科目地理教材《全球交互作用》作为研究对象。

二、澳大利亚高中地理教材的概况

本研究中的澳大利亚教材是由新南威尔士州经验丰富的地理教育学者编写的在该州使用的地理教材。教材的编写目的是培养学生在人地关系方面的知识、理解、技能、态度和价值观。全书共460页，分为2章："自然生态的交互作用"和"全球性挑战"。前者占212页，后者占248页。在组织形式上，教材由正文系统和11个栏目组成，在每个部分和每个单元的开头设有引言。引言总述此章节涉及的主要内容、对学生应取得成果的要求及本部分的章节目录。每个单元开头的引言对本单元的内容做出总述。

（一）澳大利亚教材的章节结构

澳大利亚教材共12个单元，可以分为"自然生态的交互作用"和"全球性挑战"2章。"自然生态的交互作用"共包括7节，分别以绪论、大气圈、水圈、岩石圈、生物圈、海岸、河流为主题。"全球性挑战"共包括5节，分别以人口地理、自然资源的利用、文化融合、政治地理、发展地理学为主题（详见表5-2）。

表5-2　澳大利亚教材的章节结构

章名	节名
1. 自然生态的交互作用	1.1　自然生态的交互作用：绪论
	1.2　大气圈
	1.3　水圈
	1.4　岩石圈
	1.5　生物圈
	1.6　海岸环境和海岸沉积物的处理
	1.7　流域与河流治理

章名	节名
2. 全球性挑战	2.1　人口地理
	2.2　自然资源的利用
	2.3　文化融合
	2.4　政治地理
	2.5　发展地理学：朝向全球公平

（二）　澳大利亚教材的内容体系

1. **"自然生态的交互作用"一章的内容体系**

本章共有 7 个单元的内容。绪论作为第 1 单元，从总体上对自然地理以及人地关系做出总述。接下来的 4 个单元分别对大气圈、水圈、岩石圈、生物圈进行了介绍。最后陈述了 2 个典型的自然环境子系统：海岸环境和河流流域。整体呈现出"总—分—典型系统"的设计特点。以圈层为核心的教材组织方式与我国人教版的地理教材有相似之处。

"绪论"单元有 3 个一级标题内容：自然生态环境的四大要素，人类影响、全球维度，什么是可持续发展。这是自然地理部分知识的总述和说明，着重提出教材关注的内容，即自然要素及要素间的关系、人类对自然环境的影响、人类发展的道路——可持续发展。

"大气圈"单元共有 5 个一级标题，分别对大气的结构和组成、大气过程、全球气候类型、小气候的形成、人类与大气的相互作用进行了介绍。大气过程先介绍了大气层的能量来源，再从气温直减率、大气运动原因、地面风、气压系统、气团 5 个角度阐释了全球热量收支平衡。全球气候类型的介绍中有 2 个二级标题，分别是影响全球气候类型的因素（太阳辐射变化、地球的自转和公转、大气组成、海陆分布、地形）和地方性气候差异（海陆风、山谷风）。小气候的形成中介绍了城市小气候及其影响因素（太阳光、湿度、云层形成和降水、风)、坡向小气候和不同下垫面导致的小气候。人类与大气的相互作用从超越国界的议题、大气污染、城市大气质量、气候变化影响、应对气候变化措施、臭氧空洞等几个方面进行了陈述。

"水圈"单元主要介绍了水循环、人类与水圈的交互作用。水循环介绍了全球水量的收支和大陆水量收支的变化，后者又包括水带来的灾害——洪水和干旱。

"岩石圈"单元主要介绍了7部分内容，即塑造地球表面的力量、大陆漂移和原始大陆、水塑造的地貌、风成地貌、冰造就的地貌、土壤、人类和岩石圈的相互作用。塑造地球表面的力量阐述了内力和渐变力的作用（外力）。大陆漂移和原始大陆部分包括板块构造理论和渐变过程2个二级标题，构造理论又分为板块运动原因、3种板块运动（偏离板块、汇聚板块、水平运动）、造山运动、地震、火山活动5个方面；渐变过程主要介绍了风化、块体运动、侵蚀和沉积这3种外力作用。接下来的3个一级标题可归为一类，介绍的是渐变过程塑造的地貌，包括水塑造地貌、风塑造地貌和冰塑造地貌。其中，水塑造地貌被重点陈述，包括河流溪流形成的地貌（河流的形成、地貌演变）、海浪形成地貌等。土壤则包括土壤鉴别、土壤特点、土壤形成3个方面的内容，细致地分析了影响土壤形成的各种因素（母质、气候、地形、生物、时间）及土壤形成过程的主要状态（水对土壤剖面影响、土壤排水、风化和新物质生成、土壤溶解沉淀与沉积、干湿变化、生物活动）。

"生物圈"单元包括地球上的生命、生态系统、全球植被类型的影响因素、生物多样性、当地植被的发展等5个一级标题。地球上的生命部分只做了简单的陈述，说明地球生物繁多并依赖生态环境存活。生态系统这部分内容先对生态系统做了概述，然后在下设的二级标题重点介绍了陆生生态系统的状况。接下来的一级标题是全球植被类型的影响因素，是对陆生生态系统分布的解释，具体分析了气候因素（降水、温度、光照、风）、地形因素（高度、坡度、朝向）、土壤因素、生物因素（植物竞争、植物与动物、人类活动）。生物多样性首先介绍了生物多样性的概念和重要性，然后阐述了生物多样性面临的威胁，最后是关于生物多样性保护的内容，重点介绍了保护栖息地、保护单个物种和种群。教材最后介绍了地方的植被演变，具体包括植物的原生演替和次生演替。

"海岸环境和海岸沉积物的处理"单元有8个一级标题，分别为：沿海环境、波浪、潮汐和水流、海岸的侵蚀和堆积、海岸沉积物收支、堆积地貌、人类对海岸演变过程的影响、可持续发展和海岸管理。波浪具体介绍了海浪的类型、海浪的破碎原因、波浪折射、堆积和破坏性波浪、近海岸区的波浪类型。海岸的侵蚀和堆积分2个部分，侵蚀部分陈述了人类的影响和几种侵蚀地貌类型（岬角和海湾、浪蚀台、风浪穴、海蚀拱桥和海蚀柱），堆积部分介绍了沉积的机制（波浪使沉积物移动、海滩上沉积物进退移动）和现象（海滩漂移、沿岸漂移）。堆积地貌重点介绍了海滩（海滩成分、沙丘、沙嘴、连岛坝、拦湾坝），也介绍了入海口和盐碱地。人类活动对海岸演变过程的影响涉及气候变化、沉积物移动影响、阻碍沉积物、海防工事的影响等内容。可持续发展和海岸管理介绍了蜂窝海堤、利用植物坚守波能、消音器、沙丘保护等4种管理策略。

"流域与河流治理"单元包括7个一级标题：河流流域、河流的功能、决定河流自然属性的是什么、河流地貌、河流是一个系统、河流生态系统和河流治理。河流的功能分别介绍了河流的水功能、地貌功能、生态科学功能、社会价值功能。决定河流自然属性的是什么具体陈述了气候因素、地质因素、流域形态、流域土壤和植被、河道等因素的影响。河流地貌介绍了6种地貌：辫状河、河曲、牛轭湖、曲流沙坝、河漫滩和天然堤。河流系统介绍了流域和径流、泥沙产量、影响流域泥沙产量的因素（植物、人类活动、地下水）、土地利用和河边环境。河流生态系统介绍了湿地、死水洼地、河流系统中的生物（浮游植物、浮游动物、大型无脊椎动物、水生植物）。

2. "全球性挑战"一章的内容体系

本章共有5个单元的内容。前4个单元的主题分别关注人口、自然资源、文化和政治，最后一个单元则从整体上探讨了全球发展不平衡的问题。全球化和全球性问题串起了 5 个单元的全部内容。

"人口地理"单元主要研究了世界人口增长的性质、速率和分布，影响生育率和死亡率的因素，人口迁移和人口变化产生的问题。"世界人口：不断变化的性质、速率和分布"一节首先介绍了世界人口的增长，包括人口增长的全球模式、人口数量迅速增长的原因、生育率和死亡率的空间分布和人口预测的相关内容，接着又介绍了世界人口分布及人口密度的内容。"影响生育率和死亡率的因素"一节，首先分别介绍了发达国家和发展中国家的生育率情况，接下来分别介绍了影响生育率和死亡率的因素，之后又分别介绍了人口政策、人口结构，最后介绍了世界人口老龄化的现实。"人口迁移"一节，首先介绍了与迁移相关的一些基本概念，以及当代人口迁移的特征，接下来分别介绍了国际迁移和国内迁移。国际迁移部分介绍了中美和南美、非洲、亚洲、中东、欧洲的人口迁移，以及国际人口迁移的 6 种类型；国内迁移部分介绍了农村—城市迁移、与工作模式变化相关的人口移动、城市内的迁移和季节性移动。"人口规模和分布变化产生的问题"一节，主要介绍了人口变化导致的全球不平等、世界食物供应、对环境的影响、失去土地和就业问题。

"自然资源的利用"单元强调了对自然资源的特性、分布和管理的理解，其中一个重要的概念是对资源构成评价的变化。"自然资源的特性"一节，主要介绍了什么是自然资源，并分别介绍了影响自然资源性质的经济、技术、文化、环境和健康，以及政策因素。"自然资源：可再生、可回收和枯竭"一节，主要介绍了 4 类自然资源，即可再生资源、不可再生资源、可回收资源和永久资源。"自然资源的分布"一节，主要关注自然资源全球分布的不均性，分别探讨了土地资源、水资源、矿物和能源的不均匀分布。"资源的产量和消耗的不一致"一节，主要关注资源产量和消耗不一致的现象，以及对资源开采的依赖现象，并以澳大利亚为例进行了分析。"与自然资源相关的经济和政治问题"一节，主要关注利用速度、发展中国家的两难境地、国际贸易壁垒、主权问题、贸易协定、公会行动和绿色政治问题。"自然资源所有权"一节，首先介绍了4类自然资源所有权，即国家所有权、私人所有权、集体所有权和跨国公司所有权；接着分别介绍了原住民的资源管理、发展中国家的资源管理、发达国家的资源管理和全球资源管理。"有关自然资源的社会和环境问题"一节，对环境问题和社会问题进行了介绍。环境问题主要涉及不同时期与自然资源相关的环境问题及人类的反应，以及解决环境恶化的相关问题。最后一节是"资源管理策略评估"。

"文化融合"单元讲述了文化一体化的进程，以及对全球文化影响最深远的方面。"文化融合的定义"和"什么是文化"分别简单讨论了对文化和文化融合下定义的困难，以及与文化和文化融合的定义相关的一些内容。"大众消费文化的传播、采纳和适应"一节，分别介绍了快餐风靡全球、品牌对时尚产业的影响、全球消费的推动者、体育、音乐、宗教等内容。用关于食物、时尚、广告、体育、音乐和宗教信仰的例子说明了文化融合的性质和程度。在前文的基础上，"影响文化融合的因素"一节，分别介绍了全球经济、跨国公司、国际媒体网络、文化帝国主义和政府的行动对文化融合的影响。"文化融合的影响"一节，则分别介绍了均一化的城市景观、经济主导与经济依赖、土地所有权、文化多元性和自主性面临的威胁、时空压缩和以社区为基础的反全球化运动（包括右翼政治激进主义、人权激进分子、贸易保护主义者和环保主义者）。

"政治地理"单元由7节组成。"政治地理学和地缘政治学"一节，首先概述了政治地理学的研究内容，接着介绍及区分了权力和冲突、政府和社团、政府、国家和国家主义。"民族国家的特点及角色变换"一节，介绍了民族国家的起源，具体内容包括帝国主义、民主主义和民族主义，民族国家的特点，国家或国家主权，地区、超级地区及超级国家，以及民族国家的压力。其中，民族国家的压力又分为内部压力，以及全球化、跨国公司和全球公司、非政府组织、关于全球治理的国际组织和条约、地区冲突和边界纠纷这些外部压力。教材对此分别进行了阐述。第三节主要介绍了国际组织、跨国公司和非政府组织对国家主权的挑战。在上文的基础上，本单元的后 4 个小节分别阐述了引起政治紧张和冲突的原因，政治紧张和冲突的地理结果和社会政治结果，以及如何解决问题。"引起政治紧张和冲突的原因"一节，分别阐述了物质和人力资源、土地利用和自然资源的控制、意识形态、原教旨主义宗教、民族主义冲突、种族划分、社会阶级、文化、宗教、土著人民的权力、经济不稳定等原因。"政治紧张和冲突的地理结果"一节，主要关注人口的迁移和流动，包括饥荒、种族灭绝、被迫迁移、主动迁移，以及难民营的不满。"政治紧张和冲突的社会政治结果"一节，介绍了政治紧张和冲突在政治、宪法、领土、土地利用、资源分配、环境改造、社会结构和文化重组等方面产生的结果。第七节是"解决问题和应对挑战的路径"，包括面向全球管理，通过征服、通知和战斗及国际协商和联盟解决紧张局势和冲突，分割和分区，国际机构的军事干预和安保，政治、宪法和司法干预，权力转移，以社区为基础的主动权，投票和选举。

"发展地理学：朝向全球公平"单元关注全球不平等，主要研究了理解发展、发展和空间差异、发展问题、影响发展速率的因素、公平问题和发展 5 个方面。"理解发展"一节，简单介绍了发展的不同含义及定义时的必要元素。"发展和空间差异"一节，探讨了如何描述发展中国家和发展可否被衡量两个问题。"发展问题"一节，主要关注发展中国家的特征，包括健康状况较差、医疗卫生服务的可获得性低、新生儿预期寿命低、婴儿死亡率高、人均收入低、贫困和负债、文盲程度高、人口增长率高、科技水平低、重视初级生产、缺食性营养不良、基础设施水平低、能源消费水平低等问题。"影响发展速率的因素"一节，探讨了影响发展的内部和外部因素。其中，内部因素包括资源基础、政治不稳定、人口增长、环境退化等。外部因素包括历史遗存问题、债务负担、贸易不平衡、跨国公司、军事、依赖发展援助的影响。最后一节探讨了全球为促进贫穷国家的发展所做的努力，以及这些变化对人和地方的一些影响，主要关注了经济的发展和变化。其中具体包括现代化、土地所有权和无土地、城市化和城市贫困、性别问题和发展、童工及土著民族和改变的影响。

（三） 澳大利亚教材的各章结构

澳大利亚教材每一章的结构都很类似，每章正文开始前有 3 页的导论部分。第 1 页包括"前言"，具体为本单元主要学习内容的概括和总结；3—5 条名人名言；章首图。第 2 页包括考试型问题和一则图文并茂的时事新闻型阅读材料。第 3 页列出了本章的术语表。

澳大利亚教材的每一章由多个小节构成，正文最多设有四级标题。但不同级别标题的知识内容有详有略。以"岩石圈"为例，风成地貌和水塑造的地貌等一级标题并没展开描述，也没下层标题；而"土壤"就展开了非常详细的描述，包括土壤鉴别、土壤特点、土壤形成 3 个二级标题。"土壤形成"又包括土壤形成因素和土壤形成过程 2 个三级标题。"土壤形成因素"包括母质、气候、地形等 5 个四级标题。"土壤形成过程"包括水从土壤剖面流过、土壤排水等 6 个四级标题。

澳大利亚教材的每一节末尾都有习题，习题一般通过"理解课文"和"地理作业"栏目呈现出来，习题以问答为主。另外，"地理技能"和"地理关注栏"中也包括习题，这些习题包括大量材料和图片，题目以分析评价为主。

三、澳大利亚高中地理教材的栏目设置及特点

澳大利亚教材中除了正文，还有 11 个穿插在正文中的栏目，包括：考试型问题、术语表、名人名言、你知道吗、地理关注栏、地理技能与地理有关的工作、理解课文、地理作业、地理链接、材料。这些栏目对正文系统起到了很大的辅助作用，每种栏目的特点和举例如表 5-3 所示。

表 5-3　澳大利亚教材栏目特点及举例

栏目名称	特点	举例
考试型问题	此栏目位于每一单元的最前面，是一些拓展的问题；这些问题能够引导学生了解本单元要学习的知识和待解决的问题	说明当地气候差异的原因。 解释大城市在小范围内的气候影响。 解释人与大气相互影响的因果关系。 回答下面有关全球变暖的拓展题：概括全球变暖的原因；推测全球变暖可能带来的影响。
术语表	术语表位于每单元的正文开始之前，列出了本单元涉及的术语，便于学生查找	酸雨：由化石燃料燃烧产生的二氧化硫、氮氧化物等酸性气体，经过复杂的大气化学反应而形成的酸沉降。 大气圈：环绕地球的透明、无味的气体。
名人名言	名人名言有的出现在每一节的开始，有的穿插于正文当中	"在过去的 200 年里，我们地球人口数量以每年 1.9% 的增长率迅猛增加。如果持续这样的增长速度，每 40 年人口翻一番，到 2600 年，我们所有人会挨个肩并肩站着。" ——史蒂芬·霍金（英国科学家）
你知道吗	这个栏目是穿插于正文边缘、辅助正文的小材料；这个栏目并没有统一的内容标准，有的是学法指导，某部分知识对老师和学生的启示，有的是与正文相关的小知识和小常识，有的是一些有警示作用的事实陈述	不像其他发达国家，美国人口会持续增长，主要是因为人口迁移。 在 1950 年，印度人口为 3.5 亿，50 年后增加到 10 亿。 非洲是所有大洲中出生率最高的。这个大洲的人口从 1980 年的 4.7 亿人增加到 2007 年的 9.44 亿。预计 2050 年会增加到 19.5 亿。撒哈拉以南国家的妇女平均生 5.5 个孩子。
地理关注栏	这个栏目是除了正文之外，占教材篇幅最多的部分；此栏目旨在发展学生对于本阶段地理学习的核心的概念、过程的进一步理解	地理关注栏：拉里台风（包括三段文字介绍和四幅图片）。目的是展示台风灾害的破坏力。 地理关注栏：指数增长（没有图片，仅为大段文字介绍）。通过数字的列举和人口数据的展示，说明人口增长是符合指数增长的特性和规律的。

续表

栏目名称	特点	举例
地理技能	此栏目帮助学生交流地理知识；为了加强他们对于该学科探究方法的鉴别，文中包括了与教学大纲中的能力成果目标有关的材料	地理技能：在当地社区学习小气候。参照可操作性的活动指示，学生可以通过自己动手实践操作，掌握地理技能。
与地理有关的工作	此栏目提供了就业与发展信息，学生们对于地理学家从事什么样的职业有了清楚的认识	气象学家： 气象学家研究大气圈并能预测天气，气象学家的研究可以增加我们对天气和气候的了解。他们用自己的知识和技能来： 为公众和特殊工作者（如农民）提供天气预报； 发出台风、暴雨、洪水和霜等极端天气的警告； 分析卫星图片和其他遥感数据以了解大气。 （注：悉尼的麦考里大学设有大气科学专业）
理解课文	此栏目旨在指导学生理解大纲指定的内容；此栏目出现在每段正文的后面，针对前面一段课文的内容，明确指出需要理解的知识，以及理解的"程度"（程度分为：定义/解释/概述/讨论，等等）	指出：在20世纪期间世界人口增长了多少。 定义：用自己的语言给大气下个定义。 列出：影响死亡率的因素。 解释：大气是怎么形成的。 概括：世界人口老龄化的影响因素。 讨论：影响特定地区辐射吸收量的因素。
地理作业	这个栏目一般出现在"理解课文"之后；栏目涉及各种各样的学习活动，促进学生地理学能力的发展；每个活动或问题都明显附有指示条目和活动类型，以辅助学习和评估	解释图表：通过分析教材中的图或表格来解决一些问题，或者解释这些图表所表达的内容。 写作任务：写一段话或者写一个报告来解释某部分知识。 野外实习：到野外观察实践，将知识运用到实践当中。 统计数据：分析图表中的数据。 解释课文：通过文本理解某些知识。 网络调查：需要上网查资料。 班级讨论：班级组织讨论或辩论，讨论问题，分享观点。

续表

栏目名称	特点	举例
地理链接	教材提供了网络、杂志等信息材料的来源，学生们可以应用"地理链接"找到更多、更新的材料和资源，拓展自己获得信息的途径	以下列出的是关于人口的最新信息来源，请使用网络获取数据：人口资料局、美国人口调查局、澳大利亚统计局、联合国人口基金杂志。
材料	这个栏目提供的材料一般是报刊上的文章或者新闻	来源于《悉尼先驱晨报》的报道《干旱给雪山水电站带来的巨大影响》。

四、澳大利亚高中地理教材的特点与启示

澳大利亚教材表现出 3 个特点：第一，重视本土地理，兼顾全球视野；第二，栏目设置多样，满足学生各方面的需求；第三，材料具体、内容丰富、具有时代性。这些特点也给我国地理教材编写提供了启示。

澳大利亚教材对本土地理的重视表现在 2 个方面。其一，从整个自然地理的单元设置上来看，将海岸环境和流域系统作为子系统单独介绍，体现了对澳大利亚独特的地理环境的关注（国家四面环海，是最干旱的大陆，河流治理对国家有重要意义）。其二，教材中的各种案例和材料都以澳大利亚本土情况的分析和介绍为主，例如，"流域"单元的"地理关注"选择墨累—达令流域。此外，澳大利亚教材在典型材料的选取上具有全球视野。

澳大利亚教材除了正文系外，还有 11 个栏目，形式颇为丰富。有的栏目从不同的层面考查学生对地理知识和材料的分析、理解及应用（拓展题目、课文理解、地理作业）；有的栏目提供地理信息查询（地理链接、术语表）；有的栏目介绍地理技能；有的栏目提供就业指导；有的栏目介绍辅助性知识或者引发学生思考（"名人名言""你知道吗"）。这些栏目从多维度、多层次满足学生学习的需要。

澳大利亚教材共 460 页，文字较多的页面字数可达 1300 多字，从一个侧面反映了澳大利亚教材的内容量。教材中有一系列吸引人的材料，包

括照片、图表、地图、报纸上的文章和统计信息。基于这些材料的活动能够培养学生的视觉素养和作为地理学习者的技能。

第二节　德国高中地理教材特点分析

一、德国高中地理教材的选取

德国的基础学校是 6 岁入学，1—4 年级属于初等教育阶段，学生在基础学校接受小学教育。5—6 年级为过渡阶段，6 年级结束时学生要选择中等教育阶段的学校类型。7—10 年级为中等教育阶段的初级阶段，这一阶段的中学分为主体中学、实科中学、文理中学、综合学校 4 个类型。11—13 年级为中等教育阶段的高级阶段，包括文理中学的高年级及职业教育（如表 5-4 所示）。

表 5-4　德国的学制

年龄	学校类型			年级	教育阶段
19—25	学术性高等学校	高等专科学校	继续教育学校	14—20	高等教育阶段
16—18	完全中学高级阶段	全时制职业学校	双重制、部分时间制职业学校	11—13	中等教育高级阶段
12—15	文理中学	综合学校	实科中学	主体中学	7—10	中等教育初级阶段
10—11	基础—定向学校			5—6	过渡阶段
6—9	基础学校			1—4	初等教育阶段
3—5	学前教育机构				初级教育阶段

2007 年德国推出了全国统一的地理课程标准，各州都可以据此制订自己的教学大纲和教学计划。各州所开设的地理课程也不尽相同，有的州开设"地理"课程，有的州开设"地球概况""世界概况""人和空间""我们的行星"等课程。一般而言，中等教育初级阶段（7—10 年级）设

置必修课，课时较多；中等教育高级阶段（11—13 年级）设置地理选修课，课时较少。

　　本研究选择了德国中等教育高级阶段的 11 年级作为中国 10 年级的对应年级，选择文理中学的地理教材作为研究对象。德国 11 年级的教材包括 2 本，分别对应起步阶段和资格阶段。本文选用的是偏向于自然地理内容的起步阶段教材《实践地理·起步阶段》。

二、德国高中地理教材的概况

　　《实践地理·起步阶段》是为北莱茵-威斯特法伦州 8 年制学校的 2010—2011 学年的起步阶段编写的。本书的全名是《实践地理·起步阶段·学生用书·适用于北莱茵-威斯特法伦州》（Praxis Geographie. Schülerband. Ausgabe für die Einführungsphase in Nordrhein-Westfalen），由韦斯特曼出版社出版，全书共 224 页，印刷精美，适用于北莱茵-威斯特法伦州的文理中学和综合学校的 11 年级学生。

（一）德国教材的章节结构

　　德国教材共 5 章，各个章节之间的关系与中国高中地理教材有所不同。德国教材比中国教材更注重培养学生的实践能力。第一章讲解基础知识，中间三章结合自然地理知识与人类行为阐述当今世界上存在的相关地理问题，最后一章谈到可持续发展以应对全球环境问题，关注世界环境问题，探寻预防和解决方法（如表 5-5 所示）。

表 5-5　德国教材的章节结构

章名	节名
1. 蓝色星球和地理区	1.1 有关大气的基础知识
	1.2 重要的循环：水和碳
	1.3 有关大气环流的基础知识
	1.4 有关洋流的基础知识
	1.5 中纬度地区的天气现象
	1.6 气候与植被区简介

续表

章名	节名
2. 生态系统和人类干预	2.1 热带
	2.2 寒带
3. 资源：利用、危害和保护	3.1 人类赖以生存的水
	3.2 矿藏及其利用
	3.3 原材料的替代
4. 自然灾害致灾因子和人类行为	4.1 自然灾害风险：问题的阐述
	4.2 板块构造造成的灾害风险
	4.3 气候变化
5. 可持续发展：针对全球环境问题的一个回答	5.1 可持续的生产方式
	5.2 综合征的概念
	5.3 全球性问题领域：淡水
	5.4 全球性问题领域：土壤退化

（二）德国教材的内容体系

第一章"蓝色星球和地理区"分为 6 个小节，分别讲解大气的基础知识、水碳循环、大气环流、洋流、天气现象及气候与植被区。第一节介绍大气的基础知识，主要讲解大气的结构和组成、地球的辐射和热平衡、能量输入和全球光照，以及气温和能量输送。能量输入分为气压和风、大气中水的能量输送，其中海陆系统作为重点内容单独进行讲解。第二节分别介绍全球水循环和自然界碳循环 2 大循环过程。第三节到第五节主要从大气循环运动和海洋运动 2 个方面，介绍各种天气现象及风带、气压带的形成过程，以及全球洋流形成过程和特殊天气现象。在第五节中插入栏目"读天气图"，讲解了正确解读天气图的步骤，可以在一定程度上培养学生应用知识的能力。本节末尾处更是详细地介绍了中欧大尺度天气系统及中欧天气的特殊现象和规律，并插入栏目"读天气卫星图"，在阅读天气图的基础上详细介绍了怎样仔细解读天气卫星图。第一章最后一节是气候与植被区，从气候区的分类方法及成因 2 个角度介绍气候分区。本节末尾是栏目"解读气候直方图"，探讨气候直方图的解读和分类，以培养学生的读图能力。

第二章"生态系统和人为干预"以热带和寒带为例阐述不同的空间利用，并描述不同空间利用系统的世界分布状况，理解自然空间因素之间的相互作用。第一节从内热带系统和外热带系统 2 个方面介绍热带空间的因素，主要以亚马孙河流域为案例，讲解人类对热带系统的使用和破坏情况。第二节讲解寒带的相关内容，以极地空间如何开放利用为主来介绍寒带空间情况。

第三章"资源：利用、危害和保护"分为 3 个小节，探讨水资源、矿藏及其利用及原材料替代。第一节名为"人类赖以生存的水"，从淡水的分布、水资源的管理等方面介绍当前世界淡水情况，分析大型水坝建设相关问题，最后讲解变化中的河流景观。第二节"矿藏及其利用"首先介绍的是世界矿藏原料情况；然后主要就石油的储备、开采及利用情况进行全面的分析，并对石油面临的使用难题进行讨论；接着，以案例的方式对铀、褐煤、油砂等矿藏的开采给德国、加拿大等国家带来的影响进行分析介绍；最后讨论了世界石油储备和使用情况。第三节从回收、可再生原材料及可再生能源 3 个方面阐释了原材料的替代。教材从纸的回收、新生能源、生物能源等方面讲解替代原材料的重要性，表明通过对原材料的替代来维持可持续发展的观点。

第四章"自然灾害致灾因子和人类行为"，讲解了自然致灾因子的分类情况，以及全世界自然致灾因子的地理分布情况。本章还讨论了板块构造学说，并主要讲解了地震、火山爆发、海啸等灾害风险，就世界灾害频发国家的预灾、防灾情况及存在的问题进行了详细分析。教材最后谈到了气候变化这一当今世界的主要环境问题，就人与自然的相关问题进行了详细分析，从自然环境变化带来的气候变化等问题入手，分析在气候变化过程中导致气候变化的人类行为，并讨论了气候变化可能产生的一些未来影响。

第五章"可持续发展：针对全球环境问题的一个回答"分为 4 个小节。第一节直接介绍可持续的生产方式，提出全球面临的增长挑战，即人类发展已经达到极限，只有通过可持续发展才可以改善现状，不断发展。正如本章标题所说，这一章是针对全球环境问题的一个回答，全球环境问题日益凸显，包括不可再生能源的过度开采、淡水的减少、土壤退化及荒漠化等严重影响人类生存的环境问题，已经不可忽视。如何采取有效措施来减少这些环境问题所带来的影响，成为当前人类面临的最主要的挑战。

（三） 德国教材的各章结构

德国教材每一章的结构都很类似，课前导论占 2 页，图片占 1.5 页，文字介绍占 0.5 页。"在地理课中掌握的技能"部分占文字介绍的 30%左右，其余部分则是对本章内容的简介，提出与内容相关的问题，以及需要掌握的一些知识和需要提升的能力。每个小节的相关内容、习题、栏目（方法）也是一章内容的组成部分（如表 5-6 所示）。

表 5-6　德国教材各章结构举例

课前导论举例	＊在地理课中掌握的技能 在本学科里能够学到的专业技能有：A. 空间方位的辨识能力。它能使您尽可能充分地认识自己在地球上的位置。此外，在地理学的基础上也要培养您的：B. 专业能力，C. 分析能力（分析方法），D. 判断能力，E. 处理问题的能力。这本书的每一章都会对其起到一定作用。 ＊第一章 （A）气候现象的描述，并将其纳入全球的背景。 　　　自然地理特征区域分布模式的原因。 （B）描述和解释的天气和气候现象。 　　　解释全球循环系统的基础。 （C）读天气图和天气卫星图。 　　　解读气候图。 （D）掌握有关气候变化的基础知识，在有关气候变化的讨论中有自己的立场。 （E）建立自然地理过程和地球上生命与生活之间的联系，并且能够评价自己行为所产生的生态影响。

续表

习题举例	1. 请阐述垂直方向上等压线的距离越来越稀疏的原因。 2. 请描述在地表天气图（图1，略）中风速和等压线间距之间的关系。 3. 请解释图5中的蜡烛实验，并用相同的原理解释自然界中的过程。 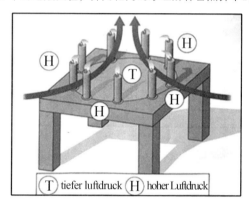 注：该插图出自德国教材第12页。 4. 请解释，为什么圣诞金字塔会转？ 5. 请解释，为什么在夜晚会吹陆风？ 6. 请解释，为什么大陆性气候会有较大的气温日较差和气温年较差？

　　就每章的课前导论来看，出现了描述、解释、解读、掌握、评价等动词，理解难度逐渐增大。每章的题目都以问答的形式出现，读图题基本上是根据正文中的图回答相关问题。总体来看，问答题难度中等，其中读图题占比较大，强调结合日常生活的现象回答问题，注重培养学生应用知识的能力。

　　德国教材中的每一章由多个小节构成，每一节又分为几个小标题。教材中的图示较多，几乎每页都有彩图，且每页中的图占据篇幅较大。每小节中的各小标题由正文内容及作业构成，每部分正文内容后面都配有习题。习题以问答的方式出现，有的直接提出问题，也有的设置情境并根据正文内容提出问题，此外还有与正文中出现图示相关的问题。整体来说，每个小标题的内容难度不同，习题的难度也有所差异。

　　德国教材全书的最后是能力训练，提出了3项能力培养方法，即"建立公文包：一种资料汇集方法""考试：经过训练提高准确和可靠性"
"如何做报告"。这对于提升学生的资料收集能力、报告能力及考试技能等
有一定意义，能够加强学生的学习能力、实践能力及考试技能，提高高中
生的综合素质。

三、德国高中地理教材的栏目设置及特点

德国教材的正文中穿插的栏目只有一种，即"方法"，第一章出现 3
次，第二章出现 2 次，第三章没有，第四章和第五两章分别出现 2 次，最
后在全书末尾的"能力训练"部分出现 3 次。就总体栏目的情况来看，主
要是针对学生能力的培养，从内容上来说，可以分为地理知识栏目和普适
性知识栏目。例如，"读天气图""绘制和读取因果剖面图""等值线"等
栏目讲解与地理相关的内容，意在培养学生与地理相关的实践能力。而
"项目方法""情景脚本分析技术""建立公文包：一种资料汇集方法"
"如何做报告"等栏目则是在普适性学习的层面上，培养学生的整体学习
能力，并没有学科之分，并且还专门设置栏目详细讲解如何考试。中国教
材并不会有类似的内容，特别是在教材正文中，除了地理知识相关内容
外，并不会出现类似的资料收集方法和考试方式等栏目。德国教材中的每
个栏目几乎都设有习题，也有极少的栏目只有知识讲解、没有习题。栏目
一般由正文、图、习题构成，具体形式如表 5-7 所示。

表 5-7　德国教材栏目"方法"举例

读天气图 天气预报的一种重要辅助工具就是天气图。在天气图中，天气状况和天气变化，比如温度、云、气压、降水和风可以通过一些独特的标志来表示。天气图描述了某一特定时间、特定地点的大气状况，相当于利用观测区域的多个观测站观测了众多的天气因素，进而提取一个瞬间的天气状态。 气象学家不仅仅需要自己国家的气象观测结果。这也是全世界一万多个陆地台站和众多的商船及客船在一定时间会进行气象观测的原因。另外，许多气象卫星也会传送大量数据。

这些信息经过汇总会通过天气图上不同的符号表示出来。从地面天气图，也就是在媒体里能看到的那种天气图中可以读出锋区的进程及主要的天气状况。而从高空天气图中可以读出某个特定的气压面，比如 500 百帕的气压，在多高的高空出现。由其导致的具体的天气现象可以在地面天气图中找到。天气图都会标明日期（比如 04.01.2000，也就是 2000 年 1 月 4 日）和时间（世界标准时间的零点，即 00.00 UTC，也就是格林威治时间）。大尺度天气状况的卫星图、高空天气图及其所属的地面天气图可以通过访问 www.dwd.de 得到。

正确解读天气图需要如下的步骤：

1. 通过气压的空间分布和等压线的走向可以预测接下来的天气发展情况，以及预测中欧即将处于高压区还是低压区。

即将支配中欧天气的是斯堪迪纳维亚上空的低压区（970 百帕），接下来是冰岛上空的低压区（975 百帕）。伊比利亚半岛和北非被 1030 百帕的高压所控制。中欧处在气压剧烈变化的范围中。

2. 观测区内锋的位置，气压场内锋的到来顺序为气团的类型、运动及气温变化、云、降水和风向与风速的变化预测提供了条件。

中欧处于气旋的锋面系统影响中。基辅处于暖锋到来前，温度是零下 5 摄氏度。德累斯顿已经经历了暖锋过境，正处于锋后暖气团控制中，温度为 5 摄氏度。气旋中的冷锋在北海和波罗的海的海岸处，并将为中欧再次带来冷空气（普利茅斯温度为 4 摄氏度）。

3. 单个气象站的空气温度、云、降水类型、风向和风速会通过符号来表示。

华沙气象站：空气温度 2 摄氏度，阴天，无降水，西南风，风速为 10 km/h。

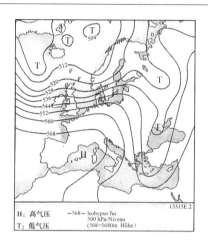

H：高气压
T：低气压
—568— Isohypso fur
500 hPa-Niveau
(568=5680m Höhe)

13315E.2

高空天气图（500 百帕高度），
2000 年 1 月 4 日

T：低气压
H：高气压
Isohypse für 500 hPa-Niveau（568 = 5680m Höhe）：等高线为 500 百帕（568 是指 5680 米的高度）

注：该插图出自德国教材第 32 页。

作业

1. 请确定决定东欧天气的气压场。

2. 请读取云、降水、风向和风速的信息，并对其进行预测。

3. 请读取普利茅斯站、汉诺威站、巴黎站和基辅站的数据。

4. 根据给定的步骤读取一张最新的天气图。

四、德国高中地理教材的特点与启示

德国教材《地理实践》中的部分内容与我国教材有对应之处，特别是第一章"蓝色星球和地理区"，主要讲解基础地理知识，与我国高中地理教材类似。但是德国教材的习题设置及栏目开设情况与我国大不相同，有其独特之处。从德国教材整个内容设置情况来看，其特点可以归纳为：第一，教材内容编排与案例结合；第二，栏目设置有助于提高学生的学习能力。

从以上对德国教材的介绍可以看出，德国高中地理教材的编排与我国有较大差异。德国教材较少涉及地图册的使用，习题部分中的读图题基本上都是根据正文部分的插图进行提问，这就要求学生在学习时要认真理解正文内容，要学会如何解读地形图、气候图。教材讲到自然地理部分时，通常会与人类活动联系起来，并通过案例进行讲解、联系正文，通过案例反映现存的社会环境问题。大致来看，案例中涉及的区域或国家问题都是当今的热点，例如，在讲到热带雨林时，就以亚马孙河流域为例；在谈到石油问题时，阿拉伯联合酋长国的石油开采状况及存在的问题就成了主要内容；咸海现在面临着逐渐消退的问题，保护咸海已经势在必行。在全球环境日益恶劣的情况下，如何保护人类赖以生存的环境已经成为现在的讨论热点。鉴于此，我国地理教材在讲解基础地理知识时，也可以加入一些时事热点作为案例，这样可以帮助学生理解地理知识及目前存在的地理问题。

德国教材栏目旨在提高学生的多方面能力，有地理基础知识的普及，如指导学生解读天气图和天气卫星图，也有对基础学习能力的培养，如教授资料汇集方法、进行旨在提高考试准确和可靠性的训练等。中国教材也可以借鉴这种栏目设置方式，而不局限于让学生解读地形图、辨认天气情况等，从而更大程度地提高学生的创新能力及实践能力。只有提高了学生的自主学习能力，才能够真正增加他们的地理知识，提升他们的地理素养和地理学习的能力。

第三节　俄罗斯高中地理教材特点分析

一、俄罗斯高中地理教材的选取

俄罗斯的基础教育有 3 个等级：初等普通教育相当于我国的小学阶段，大多数学校为 4 年制；基础普通教育相当于我国的初中阶段，从 5 年级到 9 年级；中等（完全）普通教育相当于我国的高中阶段，为 2—3 年。

俄罗斯全国使用统一的基础教育教学计划——《俄罗斯联邦普通教育学校基础教学计划》。根据教学计划，全国学校统一开设的教学科目有 8 类：俄语、语言和文学、艺术、社会学科、自然科学、数学、体育、工艺。其中，每一类课程又包括若干具体的科目，"社会学科"和"自然科学"课程中均包括地理科目。俄罗斯的《普通基础教育国家教育标准（草案）》对学生的培养提出了基本要求。地理必修课开设在中学阶段的 5 个年级，如表 5-8 所示。

表 5-8　俄罗斯的地理课程设置

年级	6 年级	7 年级	8 年级	9 年级	10 年级
课程	地理学基础	大洲大洋地理	俄罗斯地理（自然）	俄罗斯地理（人口和经济）	世界经济和社会地理
每周课时	2	3	2	2	2

根据 10 年级和 11 年级（高中阶段）每学年基础水平要求的地理课总学时为 70 小时；专业水平要求的地理总学时为 210 小时。俄罗斯通常每年有 34 个教学周，意味着在 2 年的高中学习中，基础水平的地理需要每周学习 1 小时，高级水平的地理需要每周学习 3 小时。我们所研究的俄罗斯教材应当为 10 年级或 11 年级基础水平的地理，因此，最终所选俄罗斯地理教材为 10 年级的普通教育教材《地理 10 年级》，副标题为"世界经

济地理与社会地理"。

二、俄罗斯高中地理教材的概况

俄罗斯 10 年级地理教材《地理 10 年级》，副标题为"世界经济地理与社会地理"。全书共 397 页，由莫斯科教育出版社出版，适用于 10 年级学生。

（一）俄罗斯教材的章节结构

俄罗斯教材的内容体系简洁明了，便于掌握。全书共 3 章，11 个主题，先讲人文地理，再讲区域地理，最后回到人文地理，总—分—总的结构有助于学生总结回顾所学的知识，并在回顾的过程中，对所学知识产生新的理解与看法，即孔子所讲的"温故而知新"。

全书先讲世界的总体特征，让学生对世界有初步认识，再讲世界区域特征，加深学生对世界不同区域的了解，最后综合运用前面所学的所有知识，探索人类面临的全球性问题，由易到难，由简单到复杂，由单一角度到宏观，以此逐步锻炼学生探索问题的能力（如表 5-9 所示）。

表 5-9　俄罗斯教材的章节结构

章名	主题名
第一章　世界的总体特征	主题 1：现代世界政区图
	主题 2：世界资源地理
	主题 3：世界人口地理学
	主题 4：科技革命与世界经济
	主题 5：世界经济地理学
第二章　世界的区域特征	主题 6：欧洲
	主题 7：亚洲和澳大利亚
	主题 8：非洲
	主题 9：北美洲
	主题 10：拉丁美洲
第三章　人类面临的全球性问题	主题 11：人类面临的全球性问题

（二） 俄罗斯教材的内容体系

第一章讲述世界的总体特征，包含 5 个主题。主题 1 为"现代世界政区图"，包括 4 节内容，分别为：现代世界国家的多样性，国际关系对世界政区图的影响，世界国家体制，政治地理。主题 2 为"世界资源地理"，副标题为"周围环境的污染与保护"，包括 4 节内容，分别为：社会与自然间的相互关系，世界自然资源评价，环境的污染与保护，地理资源学与地理生态学。主题 3 为"世界人口地理学"，包括 4 节内容，分别为：人口数量与人口再生产，人口构成，人口分布与人口迁徙，比较城市人口和农村人口。主题 4 为"科技革命与世界经济"，包括 4 节内容，分别为：科技革命概念，世界经济，世界经济的部门结构和区域结构，区位因素。主题 5 为"世界经济地理学"，包括 4 节内容，分别为：工业地理学，农业地理学和捕鱼业，运输业地理学，全球经济关系。

第二章讲述世界的区域特征，包含 5 个主题。主题 6 为"欧洲"，包括 3 节内容，分别为：欧洲特征总述，居民和经济，欧洲次区域和国家。主题 7 为"亚洲和澳大利亚"，包括 5 节内容，分别为：亚洲总体特征，中国，日本，印度，澳大利亚。主题 8 为"非洲"，包括 2 节内容，分别为：非洲总体特征，北部非洲和热带非洲区域，南非共和国。主题 9 为"北美洲"，包括 3 节内容，分别为：美利坚合众国，美国经济大区，加拿大。主题 10 为"拉丁美洲"，包括 2 节内容，分别为：拉丁美洲概况和巴西。

第三章讲述人类面临的全球性问题，只包含 1 个主题。该主题包括 3 节内容，分别为：全球性问题，全球预测、假设和项目，可持续发展战略。本主题主要探讨全球性问题及其解决办法。

（三） 俄罗斯教材的各章结构

俄罗斯教材每一章的开始，都是本章的纲要图，没有设计其他章首语，直接进入主题内容。每一主题的开始通过纲要图梳理知识结构。例如，主题纲要图梳理了本主题的内容（如图5-1所示）。

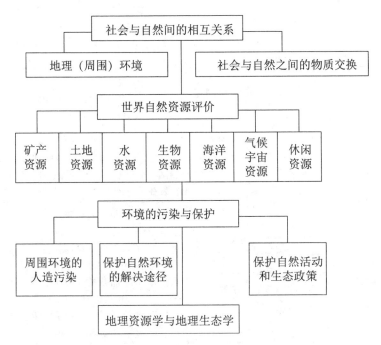

图5-1 俄罗斯教材"主题2：世界资源地理"纲要图

教材的正文结束后，会出现补充课文及参考书目。每一节的末尾，安排"知识与技能补充板块"和"自我检测板块和互测板块"，呈现习题。习题的末尾，重现本主题的重要知识点，罗列需要回忆的内容、需要掌握的内容、需要学会的内容，并在需要掌握的内容中列出本主题的主要思想和主要科学知识，还会附上自学指南。

三、俄罗斯高中地理教材的栏目设置及特点

俄罗斯教材包括注释、例子、主要结论、补充课文（有趣的实例）、参考书目、知识与技能补充板块、自我检测板块和互测板块、重要知识点、自学指南9种栏目。每种栏目的特点及举例如表5-10所示。

表 5-10　俄罗斯教材栏目特点及举例

栏目名称	特点	举例
注释	对正文中出现的术语进行解释说明	主权国——政治独立国，获得对内对外事务的自主权。
例子	对正文内容进行举例说明，便于学生理解	例 1：领土面积超过 300 万平方千米的共 7 个国家，它们的总面积占整个人口居住大陆面积的 1/2。
主要结论	对每个主题的内容进行简要概括的总结，让学生对所学知识有一个总体性认识	世界政治版图——彰显时代特色的镜子。它处于不断的发展中，但是它永远追随时代历史，不会再像 20 世纪期间那样发生巨大变化了。
补充课文（有趣的实例）	在每个主题的正文后，都附有补充课文，对正文内容进一步举例说明，增加正文的趣味性，提高学生的学习兴趣	第一次世界大战后，殖民地和半殖民地占据整个人类土地的 72%，在这些殖民地中居住了 70% 的地球居民。英国在世界各地有 70 个殖民地，其土地面积超过宗主国土地面积的 170 倍，而人口则近乎 9 倍。20 世纪初，据联合国资料统计，在世界居民中，所有无自主领地管辖权的份额大约为 0.1%。
参考书目	针对每个主题的内容，给出推荐学生阅读的参考书目，对于有兴趣深入探索研究的学生来说很有必要	《世界地理图景》（Максаковский В.П.），莫斯科教育出版社 2008 年版，第一课第一部分。
知识与技能补充板块	这是习题的重要组成部分，包含常规习题、娱乐性习题、创新题、难度题和总结性习题；多样化、难度不同的习题可以检验学生学习的成果，并促使学生对所学知识进行巩固	常规习题：利用教材课文和地图册中的世界政区图，在练习本中写出几个子类中世界发达国家和发展中国家的例子。娱乐性习题：编成纵横字谜"世界国家"。创新题：利用不同渠道获得的信息，举例说明 20 世纪末、21 世纪初主要的世界边缘政治问题。难度题：分析附录中的表 2，运用所学的历史知识解释，为什么君主制政体多分布在欧洲和亚洲，而北美洲却几乎没有分布？总结性习题：分析主题 1 的基础课文。仔细研究分栏的内容和节段、项，说明为什么在课文中采用了种类法、斜体字、提炼的词句等。

续表

栏目名称	特点	举例
自我检测板块和互测板块	这也是习题的组成部分，但难度明显较知识与技能补充板块的习题难度低，适用于学生在学习正文后的自我检测，或与同学间的测试；包含选择题、判断题、填空题、填图题及问答题	选择题：属于联邦制的国家有：英国、美国、德意志、法国、印度、埃及、巴西。 判断题：判断下列说法是否正确，如果可能，请给出正确答案：世界上大约有9/10的水稻产自亚洲。 填空题：世界上有_____重要的机器制造业地区。 填图题：根据记忆，画出下面课文中或课文地图中国家的大致轮廓：俄罗斯、法国、中国、日本、沙特阿拉伯、尼日利亚、美国、加拿大、巴西利亚、澳大利亚。 问答题：在政体基本形式和国家结构形式方面，世界国家有何差异？
重要知识点	每个主题后面都附有重要知识点，提醒学生需要回忆的、需要掌握的、需要学会的知识内容	主题1的主要思想： 第二次世界大战后世界秩序的变更，两个超级大国斗争的特征；全球气候变暖——现阶段面临的最主要问题。
自学指南	按照自学指南学习每个主题的知识，可以提高学生自学的效率	世界经济区域特点。 活动大纲： 世界经济区域的意义、区域组成、科学技术革命对其发展的影响。

　　俄罗斯教材的特色栏目是"补充课文（有趣的实例）""参考书目"。"补充课文（有趣的实例）"运用多样化的具有趣味性的实例，提高学生的学习兴趣，并缓解学生学习产生的疲乏心理，从而提高学生的学习效率，加深学生对正文的理解，扩展学生的视野。每个主题后所附的"参考书目"可以对想要深入学习地理的学生起到指导作用，使其在课外学习地理时有章可循。

　　俄罗斯教材的习题设置很有新意。娱乐性习题，如让学生制作纵横字谜，可以调动学生的积极性，在游戏中将新的地理术语牢记在心里。创新题可以锻炼学生获取信息、选择信息、运用信息的能力，并锻炼学生的发散性思维，为学生的想象力提供了可以驰骋的空间。填图题可以锻炼学生读图、绘图的能力，使学生的地图技能掌握得更加牢靠、稳固，且能培养学生的全球观念。学生可以通过熟记各个国家的地理位置来掌握各种地理要素在全球范围内的流动与变化。

俄罗斯教材还设置了"自学指南"栏目，在学生预习和复习时，此栏目能起到非常好的指导作用。学生通过自我检测板块和互测板块检验自学的成果，学练结合，在预习时能够通过反复回想加深对新知识的记忆与掌握。

四、俄罗斯高中地理教材的特点与启示

俄罗斯教材在教材内容结构、内容安排和栏目设置等方面都颇具特色，主要表现为：第一，教材内容结构清晰，易于学生掌握；第二，教材内容富有趣味性，可以调动学生学习的积极性；第三，教材习题设置新颖，培养学生的创新能力。俄罗斯教材的编排特点能给我们一些启示和反思。

俄罗斯教材内容结构清晰明了，正文内容与补充课文有明确的划分，习题的设置也难易分明，对于初次使用此书的人来说很容易掌握。此书为总—分—总结构，先讲世界的总体特征，再讲世界的区域特征，最后回顾全书，探讨人类面临的全球性问题，由易到难，由简单到复杂，由单一到综合，可以逐步提高学生的思考能力，让学生能够从最初的了解基础知识发展到最后的纵观全球，探讨人类面临的全球性问题并尝试给出解决方案，使学生考虑问题更全面、更宏观。

俄罗斯教材中的实例随处可见，更有"补充课文（有趣的实例）"栏目，可以让学生随时翻看到富有趣味性的生活实例，缓解学生因高强度学习产生的疲乏心理，加深学生对于正文内容的理解，丰富学生的见闻，让学生不再是死读书、读死书。丰富多样、鲜明活泼的实例可以吸引

学生的注意力，调动学生学习的积极性，改变为了读书而读书的状况，让学生主动学习、积极思考，从而高效率、深记忆地完成新知识的学习。

俄罗斯教材的习题设置新颖丰富，既有常规性习题，又有创新性习题；既有预习后的自我检测性简单习题，又有总结性的复杂性习题；既有娱乐性的字谜类习题，又有填图绘图类的动手性习题，更有为学生提供想象力驰骋空间的假设性习题。如此丰富多样的习题，可以多方面、多层次地锻炼学生的各种能力，让学生在学习中插上想象的翅膀，调动创新思维，全方面、多角度地夯实所学的知识。

第四节　法国高中地理教材特点分析

一、法国高中地理教材的选取

法国现行教育体系包括 5 个阶段：学前教育、小学教育（6—11 岁，学制 5 年）、初级中学教育（11—15 岁，学制 4 年）、高级中学教育（15—18 岁，学制 3 年）及高等教育。

按法国教育称谓习惯，法国初中 4 年依次称作 6 年级、5 年级、4 年级、3 年级，相当于我国的初中 1 年级至 4 年级。初中按全国统一的计划和大纲组织教学，教学阶段分为适应阶段（6 年级）、中心阶段（5 年级、4 年级）和专业定向（3 年级）。

法国普通高中的年级相当于我国高中 3 个年级，分别称为第二级、第一级和结业班，依次相当于我国的高一、高二和高三。第二级结束后要选定某一"科目"下的某一"专业方向"。法国现行的高中教学大纲是 1999—2003 年修订的。按照大纲规定，地理课程是法国高中阶段的必修课之一。法国的地理课程如表 5-11 所示。

表 5-11　法国的地理课程设置

年级	周课时	教学内容
初中第一年	1.5	世界地理概况
初中第二年	1.5	非洲、亚洲和美洲地理
初中第三年	1.5	欧洲和法国地理
初中第四年	1.5	人文、政治、经济地理，世界主要强国、法国
高中第一年（文理专业）	2.0	地球：人类的行星、人类社会与地球资源、人类社会组织、治理土地
高中第二年（文理专业）	2.0	法国概况、法国领土及组成、欧洲的国家与地区
高中第三年（文理专业）	2.0	世界地理、世界三大经济力量、体现在洲级的个别世界地理问题

　　法国的社会科学和科学的课程体系均包含地理课程的内容。在科学课程体系中，地理当中的地球科学与生命科学合为一体，组成生命与地球科学（SVT）课程。在高一阶段，此课程是公共必修课程，在高二、高三为理科课程的专业课程。《生命与地球科学 2 年级》是高级中学高一学生所使用的教材，该教材与中国高中地理教材在内容安排上有较多的相似之处，具有可比性，所以选择此教材进行比较。

二、法国高中地理教材的概况

　　本研究选用的法国教材名称为 Sciences de la vie de la Terre 2de（《生命与地球科学 2 年级》），由法国纳登出版公司在 2010 年 8 月出版，共288 页。本书的授课对象是高级中学高一学生（2 年级），地球科学部分为106 页，大约占全书的 36.8%，本教材学习时间为 1 年，全年 54 学时。

（一）　法国教材的章节结构

　　法国"生命与地球科学"的地理课程标准共有 3 个主题，"地球科学"的内容集中体现在"主题 1：宇宙中的地球、生命和生物进化"和

"主题2：地球当前所面临的挑战"之中。法国教材的内容基本是按照法国地理课程标准编写的，与地理相关的章节结构（节选）见表5-12。

表5-12　法国教材的章节结构

主题	章	节
主题1：地球：可居住的行星	章节1：地球：可居住的行星	太阳系
		地球：太阳系的一颗行星
		地球大气层的独特性
		被太阳照耀的地表
		宇宙中的水
主题2：当代行星的筹码：能量与地球	章节5：太阳：能量的来源	地球接收的太阳能
		光与光合作用
		地球上的光合作用
		太阳能和大气运动
		太阳能和水运动
		利用源于太阳的能量
	章节6：矿物燃料：过去的太阳能	矿物燃料：一种地下资源
		矿物燃料的生物根源
		从生物量到矿物燃料
		矿物燃料的矿物层
		发现开采新的矿物层
		矿物燃料的利用与碳循环
	章节7：土地：持久的财富？	非洲的土地和水
		土地和水：哺育人类的必需品
		什么是土地
		土地：形成缓慢
		土地：迅速衰退
		保护土地：可持续农业
		土地管理：行星的筹码

（二） 法国教材的内容体系

教材涉及"地球科学"知识的主题共有 2 个："地球：可居住的行星"和"当代行星的筹码：能量与地球"，回答了 2 个主要的问题：为什么我们的行星是可以居住生物的，我们赖以生存的能量和物质基础是什么。从总体上看，虽然法国教材依然包含与地理要素有关的知识内容（水循环、大气运动），但并不像中国教材那样以地理圈层要素为主线展开知识结构，而是将内容穿插于自己的 2 个主题中，如"水的存在与状态"在第一章第一节中，"水运动"在第五章第五节出现，"水是生存的必需品和现状"在第七节中陈述。

法国教材中的"宇宙中的地球、生命和生物进化"总共包括 4 部分内容，分别为："地球：可居住的行星""生物的本质：化学及结构的统一性""新陈代谢：遗传信息及生命环境"和"多样化：进化的阶段与结果"。其中只有一章和地理相关，即"地球：可居住的行星"。

"地球：可居住的行星"一章共包括 5 节内容，分别为：太阳系，地球：太阳系的一颗行星，地球大气层的独特性，被太阳照耀的地表，宇宙中的水。从"地球：可居住的行星"这一名称可以看出，法国教材与我国教材的第一章第一节"宇宙中的地球"所涉及的知识内容相近，都介绍了地球所在的环境——太阳系的概况、地球作为太阳系一颗普通行星及其他行星的特点、地球可居住的独特性（有大气、水、温度）。不同之处包括：第一，了解性的知识侧重不同，如法国教材对彗星的介绍包含了组成、数量、存在区域、距离太阳的天文单位、彗星存在彗尾的原因等，介绍得更多些；第二，法国教材把知识的推导分析资料也纳入正文体系中，例如，在介绍地球大气层的独特性时，并不单单陈述地球大气层的特点，而是首先陈述了大气的分层、逃逸速度与行星质量的关系，并与其他行星的大气层进行了比较。

"当代行星的筹码：能量与地球"主题共包括 3 章内容，分别为：太阳：能量的来源，矿物燃料：过去的太阳能，土地：持久的财富。从 3 个方面介绍了生物得以生存的能量基础和一项重要的物质基础——土地。

"太阳：能量的来源"一章包括 6 节内容，分别为：地球接收的太阳能，光与光合作用，地球上的光合作用，太阳能和大气运动，太阳能和水运动，利用源于太阳的能量。教材首先介绍地球太阳能的分布特点，然后阐释了地球生态系统由光合作用产生的生物量的分布，接下来介绍了太阳能对于水和大气运动的影响，最后介绍人类对太阳能的利用。

"矿物燃料：过去的太阳能"一章包括 6 节内容，分别为：矿物燃料：一种地下资源，矿物燃料的生物根源，从生物量到矿物燃料，矿物燃料的矿物层，发现并开采新的矿物层，矿物燃料的利用与碳循环。本章主要从矿物燃料的定义和现状、起源、形成、发现、新矿层开采和矿物燃料利用 6 个方面介绍矿物燃料。一是从矿物燃料定义、世界储备、能源消耗现状的资料出发进行学习。二是呈现煤中的化石、石油中的化石分子和有机物的转变等资料，分析矿物燃料中碳的来源，进而确定矿物燃料的生物来源。三是学习有机物质的生产和保存、有机物的转变，以了解生物是如何变成矿物燃料的。四是呈现"确定世界上化石矿层的位置"和"从储集岩到矿层"等材料，学习矿物燃料的发现和开采。五是学习新矿物燃料矿的位置，了解开矿的经济和环境后果。六是介绍大气中二氧化碳的浓度、碳的自然循环与当前循环、二氧化碳的获取和储存。

"土地：持久的财富？"一章中包括 7 节内容，分别为：非洲的土地和水，土地和水：哺育人类的必需品，什么是土地，土地：形成缓慢，土地：迅速衰退，保护土地：可持续农业，土地的管理：行星的筹码。本章并没有从土地的地理属性讲起，而是在第一节先以非洲为例引出养活人类的土地和水（第一个"活动"），从非洲的选择中我们可以体会到保护资源的用意。第二个"活动"关注的是一种重要的土地类型——农业用地，学习世界农业用地的现状。第三个"活动"介绍土地的形成和构成。

第四个"活动"和第五个"活动"其实是对应出现的，前者让学生学习和了解了土地漫长的形成过程，后者陈述土地被急剧破坏和破坏土地的各种因素。最后一个"活动"与人类有关，主要讲我们应该如何对土地进行保护，使其得到可持续性的发展。

（三） 法国教材的各章结构

法国教材在每一个主题结构内部均包含主题介绍（2 页）、初中基础知识回顾（2 页）、章节内容和主题总结（2 页）4 部分。每个主题开篇会有主题介绍，前 2 页陈述现主题的主体内容、提供图片，并提出思考题；然后是初中基础知识回顾，包含知识点和一些初中知识的判断正误检测题；接下来是具体的章节正文；本主题的末尾有主题的总结。

法国教材每一章的开始是带有图像的引入页。章节开启与主题介绍有相似之处，是对于本章内容的一个引入，有丰富的资料，同时提出思考问题。每一章的主要内容由 6—7 节组成。每一节就是一个相对独立的活动，通过一个双开页展示。具体内容包括小节中待解决的问题、探索指南、为了解决问题设计的具有渐进性的小组任务、词汇和 3—4 个资料。这些资料是解决问题的信息基础，形式有文本、图片、表格，还可能是一个实验。

每一章正文结束后是各活动（节）的总结，梳理每个活动中学生要掌握的核心概念知识。章末总结后是"记忆"部分，不仅列举了需要学生记忆的文本内容，还通过关键词提示，安排"自我训练"帮助学生列举、提取并组织信息，并且通过"图片记忆互动"的图片和文字内容帮助学生记忆。"记忆"部分之后是"科学求知欲""练习"和"主题概括"等部分。每一章节的具体结构如图 5-2 所示。

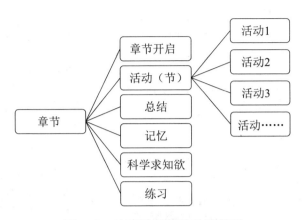

图 5-2　法国教材章节结构简图

三、法国高中地理教材的栏目设置及特点

法国教材的栏目主要包括：教材指南、课程官方公告（节选）、初中基础知识回顾、总结、记忆、科学求知欲、练习和教材附录等。

根据在教材中出现的位置不同，这些栏目可以分为前言指导、主题和教材尾注 3 类（如表 5-13 所示）。法国教材的前言指导共 7 页，包括教材指南、目录、课程官方公告 3 项内容。教材指南简要介绍了教材的基本结构和主要特点，帮助读者更快地了解教材特点，方便读者使用。

表 5-13　法国教材栏目特点及举例

分类	栏目名称	特点	举例
前言指导	教材指南	通过图示的方式展示每个栏目的名称及主要用途	每一部分都有 4 页介绍，用图呈现栏目概况。每一章节都有双页总结，重申实践中形成的基础知识。
	课程官方公告（节选）	地理课程内容标准，陈述本教材所涉及的主要知识点、目标与关键词，并附加了公告完整版所在的网站	2010 年 4 月 29 日第 4 号官方特别公告节选。并附上网址，以供查询《生命与地球科学 2 年级》完整版。

续表

分类	栏目名称	特点	举例
主题	主题介绍	出现在主题首页，图文并茂，一般2页	图为留尼汪岛的树蕨和蕨类植物叶片的化石遗迹。问题：哪些科学资料可以发掘生命的历史？
	初中基础知识回顾	图文并茂，一般2页，主要是对地理核心概念的陈述，并包含"测试互动环节"的题目	太阳系由多种多样的物质、行星及其卫星、小行星、彗星组成，这些物质围绕太阳转动。测试主要是判断正误题。
	待解决问题	出现在每个活动的第一页，提出研究问题	太阳系不同物质的特点有哪些？
	探索指南	出现在每个活动的第一页，提供具体策略	通过资料1了解太阳系的星体，说明太阳的特点。通过资料1和资料2统计行星与小行星之间的相似点和不同点。
	词汇	出现在每个活动的第一页，提供专业术语的名词解释	硅酸盐：形成岩石重要部分的矿物化合物。
	资料	以文本框的形式出现，图文并茂	资料：地球上的水。实验研究已经阐明气压与温度对不同水分子状态的影响，并用气压温度图表示出来（图略）。
	总结	"总结"是针对"活动"中的问题和探究任务的，重申了实践中形成的知识基础	活动1：太阳系的物体。太阳是以光和热释放能量的恒星；太阳系中的其他物体都围绕太阳运动。

续表

分类	栏目名称	特点	举例
主题	记忆	"记忆"栏目包括关键词、文本记忆、自我训练和图片记忆互动，从文本诵记、知识回馈、图片记忆 3 个不同的角度对本章的重点知识进行概括	文本记忆例子：地球和水星、金星、火星是岩石行星，这些行星离太阳最近，其他行星离太阳较远，是气态行星。关键词例子：小行星是在火星及木星之间轨道运行的太阳系物体，其组成与岩石行星相近但形状不规则，直径在 1000 千米以内。自我训练例子：由地球特殊性联系地球质量及地球与太阳的距离，定义恒星周围的可居住区域。
	科学求知欲	以趣味材料为主，包括对一些有吸引力的主题和社会辩论的介绍、科学行业的介绍	例如，"外太空的冻土液态水层""科学行业：卫星集成技术员"。
	能力评估	说明能力评估的方法、所需要的材料、预期的结论和成功的标准	从"欧罗巴"卫星地表图表来看，对于卫星上是否存在水的问题，怎样才能做出回答？怎样能最终确定水可能以什么形态存在？
	练习	包括知识评估、知识回顾、指导性练习	利用短文和图表，介绍地球之所以成为适宜生命居住星球的原始特点。
	不一样的科学	给出较多的图表、物理公式等，从另一角度进行解读	从物理学理解太空。
	公民视野	结合新闻、时事进行解读	"太空无污染"原则。
教材尾注	方法专页	列举主要的研究方法	如分析归纳。
	词汇	给出专业词汇的检索	如太阳辐射。

四、法国高中地理教材的特点与启示

法国教材的地球科学内容在知识点上和我国教材有对应之处，在教材形式和栏目的设置上有自己独特的风格。对比我国高中地理教材，法国教材对我国的启示主要有：第一，教材设计以问题和实践为导向，注重知识归纳；第二，作业系统的内容和形式十分丰富；第三，教材充满实用性、趣味性和综合性。

"不陈述知识，而是总结、发现知识"是法国教材的最大特点。教材每一章的"活动"都是教材的正文主体内容。顾名思义，并不像其他地理教材的正文系统那样陈述基本事实和知识，法国教材在每个"活动主题"中提出问题、给出探索指南或渐进性小组任务，通过对资料的分析总结出知识点，在"总结"栏目中体现。这些材料也是丰富多样的，有景观图片、示意图、表格、书籍文章摘要等，甚至还有实验。相比逻辑化的理论推导的陈述，法国教材更偏重"摆事实、讲知识"，如果说前者是演绎法，那么法国教材代表的则是归纳法。例如，在介绍不同纬度地球表面接收到太阳能的变化情况时，法国教材是通过分析一幅图片（地球表面接收到的平均太阳能分布图）、做一个实验（利用激光和模拟地球仪分析入射光线）来总结知识的。

法国教材的作业系统分布于3个地方：每个主题开始的"初中知识回顾"配有的测试题、"记忆"栏目的"自我训练"、每章章末的"练习"栏目。作业系统占教材比重较大，仅每章的"练习"栏目就占到每章总页数的25%左右。教材注重"能力与知识"并重（分为能力评估和知识评估2个部分），并且涉及不同形式（选择题、分析题、写作题、制图题）、难度、维度、角度的练习，全方位考查学生的学习状况。能力评估包括材料、评估项目、预期的结论和成功的标准。知识评估的题目类型和特点如表5-14所示。

表5-14　法国教材知识评估题目特点及举例

评估题目类型	特点	举例
快速测验	关键概念的诵记	定义：太阳、彗星。
	基础知识的记忆	岩石行星：A. 位于太阳较远的行星；B. 都有大气层；C. 太阳系密度最小；D. 是火星、水星和月球。
	通过材料选择正确答案	根据图表数据，地球大气层： A. 45 亿年至今稳定 B. 目前主要由氮组成 C. 没有二氧化碳
知识回顾	基础知识的理解记忆	组织有论据的回答。撰写几十行篇幅的文章，说明一个太阳系天体的可居住条件。
指导性练习	有问题、同时有解答指南	分析石油资源的地质形成图。 问题：1. 有条理地分析各时期煤和石油资源。2. 建立煤和石油分布与海平面之间的关系。3. 解释为什么海平面升高或者降低有利于含碳岩的形成。 解答指导：1. 确定地质时期煤的分布状况，考虑矿层的数量。2. 根据海平面确定石油资源。3. 思考矿物燃料的各种来源。
应用知识	材料分析，解决问题	母岩中的油母质形成后，不断挤压造成了碳氢化合物，这些化合物被岩石所吸收就是所说的岩层。问题：举出可形成岩层的特点。
不一样的科学	从其他科学的角度理解某些地理现象和应用	从物理角度理解太空、建筑学与太阳。一段在平台上建立游泳池和学校的材料。问题：解释为什么选择在屋顶建造一个学校？利用太阳在天空不同位置的季节变化，建筑师在玻璃窗放挡雨板，借图示解释这个装置的好处。
公民视野	对一些事实的看法和评述，例如，联合国"太空无污染"原则	联合国"太空无污染"原则的材料。问题：1. 文中陈述的实施重新考虑了哪些看法？2. 文中陈述的材料从哪些方面证明了联合国颁布的"太空无污染"原则内容？

　　法国教材的实用性在一些栏目中得到了很好的体现。"课程官方公告（节选）"明确了课标的要求；"初中基础知识回顾"唤醒学生的预备知识；"总结"栏目使"活动"的问题有问有答；"记忆"帮助学生整理重

要知识点。同时，法国教材的有些内容也非常有趣，"科学求知欲"栏目介绍有吸引力的主题和社会问题，以增强科学兴趣、激发科学使命、形成公民精神；"记忆"中的图像记忆部分，利用图像进行记忆增强了趣味性。法国教材的很多地方都融合了多个学科的内容，体现出一种综合性。例如，在介绍地球太阳能产生的光合生物量时结合了生物的内容，在陈述矿物燃料的生物起源时提及了石油的化学分子结构，"不一样的科学"练习结合物理、建筑等学科知识让学生分析相关问题。这种综合性的教材编写方式有利于学生综合思维的培养。

第五节　韩国高中地理教材特点分析

一、韩国高中地理教材的选取

韩国在中小学阶段基本实行六三三学制，即小学 6 年，初中 3 年，高中 3 年。韩国课程中的地理内容从小学 3 年级到高中 12 年级都有。根据韩国 2009 年 12 月颁布的最新《初、中等学校教育课程总论》，韩国初中、高中课程分别包括 8 个学科群：韩语、社会学习、数学、科学、体育、艺术、英语和选修课程，地理课程的内容分散于社会和科学 2 个学科群中。

韩国小学阶段和初中阶段的地理内容分散在科学和社会 2 个学科群中，使用集合本教材，没有独立的地理教材。社会学由地理、历史和公民教育合并而成，其中历史约占总课程的一半，地理仅占 1/4 多。科学内容包括物质（化学）、能与能量（物理）、生命（生物）和地学（地理）4 个部分，其中的地理内容主要是传统意义上的自然地理部分。在高中阶段，10 年级地理内容仍分散在社会和科学中，使用集合本教材，没有独立的地理教材；11 年级开始有独立的地理教材，11、12 年级地理主要为选修课程，相关选修课程包括社会科学领域的韩国地理、世界地理、经济地理及科学领域的地球科学等。

我们选择了《地球科学Ⅰ》作为高中阶段地理教材难度比较的研究对象。该书为 11 年级学生使用，相当于我国的高中 2 年级，学时为 1 年。此外，《地球科学Ⅰ》的内容与中国高中地理教材的自然地理部分有很多相似之处。教材中的宇宙、天气与气候、洋流、圈层结构等部分与中国教材《地理 1（必修）》有较大的重合，具有较高的可比性。

二、韩国高中地理教材的概况

韩国教材全书共 256 页。该书由天才教育出版社在 2012 年出版，供 11 年级学生使用。

（一）韩国教材的章节结构

本教材共 3 章，章节之间的关系与中国高中地理教材有所差别。从每章的章名可以看出，教材从 3 个角度来解读"地球科学"这一主题的内容。例如，"变化中的地球"一章，章名点出地球科学的一个重要特点，让学生在学习这一整章的内容时有一个初步的贯串全章的科学信念。这章的 3 节分别讲了地壳、天气和海洋的变化，在中国的课程标准及教材中，这些内容大多分散在不同的章节，由此可以看出韩国高中地理教材内容并不是简单地按照地球科学子学科进行组合和排列，而是将学生需要明确的核心理念（地球只有一个、地球环境在不断变化等）提出来，然后再组合这个核心理念下的地球科学内容。本教材具体章节结构如表 5-15 所示。

表 5-15　韩国教材的章节结构

章名	节名	标题名
地球只有一个	地球的探索	地球科学的领域和特征是什么 地球科学的探索方法
	地球的构成	地球环境的构成要素 地球环境的物质和能量是怎样循环的
	地球环境的变化	原始地球的环境是什么样的 地质时代的环境是什么样的 地球环境是怎么变化的

续表

章名	节名	标题名
变化中的地球	地壳的变动	火山和地震是怎么发生的 地壳变动和板块运动的关系是什么
	天气的变化	大气中的水蒸气是怎样凝结的 降雨和云是怎样观察和测定的 天气是怎样预测的 天气是怎样变化的
	海洋的变化	海底地形具有什么样的特征 海水具有什么样的特征 世界的洋流是怎么分布的 海洋探查是怎么进行的
神秘的宇宙	天体的观测	天体观测所需要的工具和方法有哪些 太阳的表面是什么样的 月亮的运动和位相有什么关联 行星是怎么运动的 星星的距离和亮度
	探寻太阳系	太阳系探测船 通过太阳系探测船的探测，有哪些新发现 宇宙观是怎么变化的

（二） 韩国教材的内容体系

从韩国教材《地球科学Ⅰ》的章节结构可以看出，韩国地理教材的内容体系与我国教材的一般结构有所不同。章节的设置与章节之间的联系更多地体现了地球科学这一学科的整体架构及课程标准对于能力的要求。从每章章名可以看出，内容设置更重视让学生形成对地球科学这一领域的整体概念，着眼于对学生科学态度和价值观的培养，而不是对这一章知识的总结。

第一章"地球只有一个"共有3节。第一节是地球科学这一领域的概述，介绍什么是地球科学、地球科学研究的领域和特征、地球科学与社会和科学史的关系，以及现代地球科学发展的展望，最后介绍了人类对地球科学的探索过程和探索方法。第二节介绍整体的地球环境，相当于我国课程标准中要求的地理环境的整体性和地理环境中的物质能量循环，首先介绍了构成地理环境的几大圈层，然后以岩石和二氧化碳为例阐述这几大圈层中的物质与能量的循环。第三节介绍地球环境的变化，首先从宇宙的尺度介绍地球的形成，以及原始地球的环境特点，然后介绍地质时代的地球环境的变化。教材在阐述地质时代这一知识点时还介绍了地质年代的划分，以及从前寒武纪到新生代的环境和生物的变迁。对于地球环境的变化，教材首先以地球的气候变化为例说明地球环境的变化，然后介绍了最近几十年以来人口的增加和人类活动的加剧对地球环境造成的巨大影响。

第二章"变化中的地球"从地壳的变动、天气的变化及海洋的变化3个角度介绍时刻发展变化的地球环境。地壳的变动介绍了火山和地震这2种对人类影响较大的地壳活动，介绍火山和地震在全球的分布情况，然后引出板块的边界和板块的运动，介绍地壳运动和板块活动之间的关系。教材中有关天气变化的介绍十分深入、翔实。教材从水蒸气的蒸发与凝结引入，介绍降雨形成的过程，然后介绍降水量的测定方法、云的类型与观察，以及不同类型的云与天气的对应关系。教材对天气的预测主要介绍了使用气象图和气象卫星云图预报天气的方法。对于天气的变化，教材首先引入气团的概念，介绍气团移动引发的天气现象，然后重点阐述了对韩国天气影响比较大的温带低气压和热带低气压，以及在它们的控制下韩国的天气特点和天气变化情况。教材从海洋地形、海水性质和洋流3个方面介绍了海洋的变化。海底地形包括大陆周边地形和深海海底地形，以及海底地形与板块运动的关系。海水性质介绍了海水的温度、盐度和密度，以及这些性质的测定方法、衡量标准和在世界大洋中的分布情况。洋流部分首先介绍了世界洋流的模式和形成，然后重点介绍了韩国周边海域的主要洋流，最后介绍了韩国海洋探测事业的发展，以及韩国周边海洋环境发生的变化。

第三章"神秘的宇宙"包括天体的观测和探寻太阳系。天体的观测首先介绍了天体观测常用的工具和观测的方法。然后分别介绍了太阳、月球和行星的运动特点和观测方法。介绍太阳及其观测方法时阐述了太阳的构造及太阳活动，并介绍了使用望远镜观察太阳黑子的方法。月球及其观测部分首先介绍了月球的运动、月相变化及二者之间的关系，然后介绍用望远镜观察月球表面的方法。行星的观测首先介绍了行星视运动的概念，阐述了"顺行"与"逆行"的定义，然后介绍太阳系除地球以外的其他7大行星的特点及观测的方法。教材最后介绍了夜空中其他恒星的观测，明确星星之间的距离和视差之间的关系，介绍星星的亮度及亮度的分级。探寻太阳系首先介绍了人类使用的太阳系探测船的种类和目的，让学生了解韩国在宇宙探索上取得的进展，以及太阳系探寻逐渐发现的行星及其重要卫星的特征。最后，教材介绍了人类在认识宇宙的过程中宇宙观的变化，解释了"地心说"和"日心说"所不能解释的天文现象，介绍人类对于地球在宇宙中位置的认识的发展过程。

（三） 韩国教材的各章结构

教材每章的内容包括：本单元概述（0.5页）、本单元学习目标（0.5页）、各节内容、本章综合习题（2页）。韩国教材各章结构如表5-16所示。

单元概述介绍全章学习的内容，以及学习的意义。单元学习目标类似于我国课程标准中的细节知识点要求，较为详细地规定了这一单元的学习目标，目标的主语是学生，由动词（理解、了解、掌握、分析、说明等）加内容构成。综合习题以选择、填空和判断为主，每章6—8题，题目综合性强，题目内容简练但对学生综合运用知识的要求较高。另外，每章的习题中都包含一道主观综合题，要求学生就某一主题或任务撰写完整的报告书。

表5-16 韩国教材各章结构举例

单元学习目标举例
*了解地球科学所包含的多个领域和特征。 *通过分析气候变化的相关资料，说明地球环境变化的原因。 *理解云的形成和降雨过程，以及天气的变化。 *通过对气团、低气压、高气压的说明，理解大气的动态特性。 *利用望远镜和观测工具来观测太阳、月亮、行星等太阳系的天体，并能说明它们的特性。 *了解太阳系探测船的种类、探测方法和探测目标等。

本章综合习题举例

*下面对地球科学的特征和探索方法的叙述正确的是哪一项？
① 在实验室可以很容易地再现各种自然现象。
② 自然现象的发生没有地域特征。
③ 很多的自然现象发生的原因和结果之间所经历的时间非常长。
④ 像化学一样，在探索中，实验的次数要比观察和观测更多一些。
⑤ 对自然现象的研究不需要物理学、化学、生物学的知识。
*下图是2月和8月某一海域的海水的深度、水温和盐分的变化图。

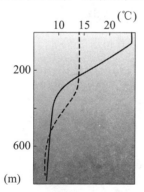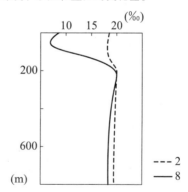

注：该插图出自韩国教材第155页。
对上面的资料，下面叙述正确的是？
① 混合层在冬季比夏季厚。
② 表层海水的盐分在夏季比冬季更高。
③ 海水水深300米处的温度冬季比夏季更高。
④ 蒸发量对海水盐分的影响要大于降水量的影响。
⑤ 海水密度在温跃层急剧降低。
*在太阳、月球、行星、星云、星团、银河中任选一个，使用望远镜对其进行仔细的观测。为通过望远镜可以肉眼观测的情况画出示意图，根据天体的亮度和特性选择正确的胶卷进行拍照观测。在观测过程中要写观测日记。对观测者、观测地点、准备物、观测时刻、观测天体的名字、天气等与观测过程相关的事项尽可能进行仔细记录。

每节内容包括本节内容导入与课前讨论（共 1 页）、各小节正文内容、本节知识概括（包括知识框架与内容总结，共 1 页）、本节综合习题（共 1 页）。

各节内容的导入与单元概述不同，主要采用"介绍事实—引出问题—引出学习内容"的方式导入每节的学习内容。课前讨论包括 2—5 个简答题形式的问题，题目内容与本节内容相关，但提问的方式、题目的设定与实际生活的联系更多，与每章习题和每节习题相比，课前谈论的题目并不是直接指向知识点的，而可以视为实际生活与知识点之间的过渡问题。在本节全部内容结束后，教材以知识框架和内容总结的形式概括一节内容。知识框架采用细目表的形式，直观清晰，内容总结则点明本节中的主要知识，概括性强。每节习题与每章习题形式类似，但没有综合性的主观题。

每节的正文部分包括各个小节的内容，每节中共有三级标题，每个标题下都有正文与活动。在每个二级标题下，教材首先写出本小节的学习目标，形式与"本单元学习目标"一致，但内容更为具体。学习目标之后是本小节学习内容的引入，先以陈述句阐述与本小节内容相关的一些事实，然后引出问题。例如，第一章第一节第一小节"地球科学的领域和特征是什么"先说明地球表面不断发生着变化，地震、火山、台风、陨石都对人类的生活有着深刻的影响，地球科学正为解决这些问题不断开展研究，由此引出本节内容"对于地球科学的探索现在进行到什么程度，具有什么特征"。每个三级标题中也有引入，教材会用一两句话提出问题，导入本小节的内容。引入文字的内容与形式与每节导入类似，但篇幅更小。

三、韩国高中地理教材的栏目设置及特点

韩国教材的正文中穿插着各种活动与补充材料，从形式上来看，栏目共有以下 16 种类型：读图·启发、实验·观测、知识拓展、资料解析、动手做一做、生活中的科学、科学—技术—社会、资料室、实验、观测、

阅读、调查、讨论、观察、课堂思考、知识运用。

依据这些栏目所包含的内容及其性质，可以将教材中的栏目分为 3 种类型：补充材料、无补充材料的独立问题和有补充材料的活动。

（一）补充材料

这是指教材中插入的课外阅读内容，有图片资料和文字资料。文字资料的篇幅各不相同。教材中的图片资料以照片为主，有少量地图、示意图和数据图表。部分图片配有一句文字说明。

补充材料的篇幅通常较小，主要有以下几项内容：正文中涉及的科学家的介绍，例如，开普勒、泰勒斯、亚里士多德、哥白尼、托勒密等；课文正文中所提到的名词的解释，例如，"人造卫星追踪浮标""聚敛型边界""地壳均衡""冰河期""弧形列岛"；课文涉及的知识点的展开陈述，例如，"地质时代的划分""化石的产出地""（洋流）西岸强化的原因""海洋水温的季节变化"；与正文相关的知识拓展，例如，"最深的海沟"。

阅读材料的篇幅多为 1/4 页到 1 页，形式有"课外阅读""知识拓展""生活中的科学""科学—技术—社会"，内容为教材正文衍生的阅读内容。例如，"地球环境的变化和展望"一节中，教材正文介绍了地球环境变化的现状、人类活动在其中所起的作用，以及人类为减少对自然环境的不利影响所做出的共同努力。在此基础上教材添加了课外阅读"各种环境保护协约"，介绍了近几十年来各国为全球环境保护制定的几个重要协约，如《联合国人类环境会议宣言》《蒙特利尔破坏臭氧层物质管制议定书》等。"降雨量的测定"一节中，正文介绍了测定降水量的基本仪器"雨量计"，在课外阅读材料中介绍了常用的 4 种雨量计及各自的优缺点。

与"课外阅读"相比，"知识拓展"知识性更强，通常是教材正文中所讲述的知识点的延伸。这些知识点相对比较独立，作为正文会明显加大教材难度，但是可以帮助学生更好地学习正文所要求的知识，并补充完善课文中的知识点。例如，"地质时代的划分"一节中，课文正文只讲述了地质时代划分的单位和科学家确定地质时代的一般方法。正文后的"知识拓展"则介绍了相对年代和绝对年代的概念和意义，研究相对地质年代的地史研究的法则，以及确定绝对地质年代的测定同位素的方法。"海水具有什么样的特征"一节主要介绍了海水的温度、密度和盐度，以及这些性质在全球范围内的分布，教材中的"知识拓展"又介绍了海水中溶解氧气量的含义和意义，以及溶解氧气量在全球范围内的纬度分布。在"星星的距离和视差"一节中，补充材料介绍了在天文学上使用的3种常用距离单位——天文单位、光年和秒差距。

"生活内的科学"与日常生活的联系更为紧密，例如，"热带低气压和天气"一节的正文介绍了台风的形成与特点，补充材料则介绍了世界上台风命名的规则，以及韩国和朝鲜提供的10个台风名称。在"水蒸气的凝结和云的形成"一节中，正文讲解了水蒸气凝结的过程和相关的科学概念，补充材料则介绍了与水蒸气凝结有关的节日，例如，立秋、处暑、白露、寒露、霜降等。"水蒸气的气压和湿度"一节的补充材料介绍了人在不同湿度情况下的舒适程度。

"科学—技术—社会"篇幅相对较大，涉及科学史和科学观的内容。"星星的亮度与等级"一节介绍了望远镜与天文学的发展历程；"宇宙观的发展"一节介绍了研究宇宙生成的宇宙论，以类比的方式拓展学生对于宇宙的认识，引导学生思考宇宙的起源、宇宙的边界等问题。

（二） 无补充材料的独立问题

教材中不带材料的问题主要包括"课堂思考"和"知识运用"（如表5-17所示）。"课堂思考"共有48个，主要针对课文中涉及的知识点进行提问，题目相对比较简单，只需要从正文中寻找答案，或对正文中的知识进行简单总结。而"知识运用"共有21个，比"课堂思考"题目难度更大，答案不能从课文中直接得出，需要学生查找并归纳课外资料，或者考查对课文所涉及的知识和技能的应用。

表 5-17　韩国教材"课堂思考"和"知识运动"问题举例

"课堂思考"举例
＊观测太阳表面时，折射望远镜和反射望远镜哪个效果更好？
＊内行星和外行星运动到什么位置时，能观测到的时间最长？
＊1 等星比 4 等星亮多少？
＊金星和火星大气中的主要成分一样，但金星表面温度比火星高出很多，为什么？
＊在望远镜的投影板上画黑子的时候，东西方向是怎样确定的？
＊大气成分中生物生存所必需的 2 个要素是什么？
＊温跃层中海水进行垂直混合比较困难的原因是什么？
＊水圈和大气圈之间是以怎样的物质和能量循环来相互作用的？
＊地球形成初期地表温度非常高的原因是什么？

"知识运用"举例
＊天王星和海王星不易直接观测，从网络和杂志上了解这些行星表面的样子。
＊利用年周期视角差来确定一下比较近的星星的距离，请查找一下比这些远的星星的距离应该怎么确定。
＊调查一下没有达到目的地的宇宙飞船有哪些，想一想失败的原因是什么。
＊比较一下"地心说"和"日心说"中对行星的逆向运动是如何解释的。
＊试着推导一下计算凝结高度的公式。
＊叙述由于全球的温室效应导致我国周边海域的盐分逐渐降低的原理。
＊位于平流层的臭氧层的臭氧量正在逐渐减少，思考人类应该采取的对策。
＊在网上查找在火山口周边栖息的海洋生物的种类和生长条件。

（三）有补充材料的活动

《地球科学 I》中有补充材料的活动形式较多，可以总结为"资料+任务"。资料有图像资料和文字资料，任务的内容可以分为知识型与技能型。所有有补充材料的活动中都有"思考"题目，一般为 1—3 个问题；在"思考"题目的基础上，部分活动设有"深入思考"题目，题目内容的综合性更强，难度也更大。有的活动强调动手能力，有"过程"活动，包括绘图制表、动手制作、实验、观测等。此外，部分活动中给出了"注意"，提醒学生在思考问题和动手活动中的注意事项。

"读图·启发"类活动的材料为图像材料，有的活动也配有少量文字说明，但问题的内容都围绕图像设置。图像材料的形式有照片（例如，仙女星、古代测雨器、死海）、示意图（例如，水循环示意图、气象图符号）、漫画（例如，星星和行星），图像材料中包含的信息比较单一，问题也不复杂。

教材中出现频率最高的"资料解析"类活动也有图像和文字资料，但相比于其他活动，要求学生对资料的分析更为深入，图像材料也以地图和示意图为主。例如，"云的观测和天气变化"一节，给出了韩国附近上空4天的气象图和卫星云图，要求学生对比每天卫星云图的差异，判断云层和气压移动的方向，预测韩国的天气变化。

除此之外，一些有补充材料的活动在思考和深入思考的问题之外还有动手和课外的内容。"调查"在教材中共有4个，除了思考题目以外，主要内容是要求学生在已给出的材料的基础上收集一些课外资料，并整理回答问题。"动手做一做"则主要为动手类的活动，例如，"大气圈"一节要求学生依据给出的数据图表绘制气温垂直分布图，根据气温垂直变化的特点标出大气圈的圈层结构，填写4个圈层的名称。"月亮的运动和位相变化"一节要求学生用"地球—月亮—太阳模型"模拟三者之间的运动关系，绘制在不同相对位置关系时的月相。此外，实验、观测、探索调查中也有动手活动。

四、韩国高中地理教材的特点与启示

韩国教材中的许多内容与我国教材有对应之处，教材的形式、栏目的设置也与我国地理教材类似，只是活动类型的划分更为详细。总体来看，韩国教材的特点可以归纳为：第一，教材内容的编排和呈现以地理观念为主；第二，地理知识与地理能力在教材中的结合较好；第三，教材强调对科学史和科学观内容的渗透。

韩国地理教材的章节编排思想与中国教材有较大差异。中国教材的编写依据统一的课程标准，课程标准所要求的教学内容的顺序和呈现依据的是地理学子学科的特点。各个版本教材的章节结构相差不大，例如，中图版高中地理教材的章节结构和顺序与课程标准中所呈现的基本一致，人教版教材则在课程标准知识结构的基础上进行了一些调整，但章节内容的划分仍然采用了地理学子学科的划分方式。总体来说，中国教材先确定"学生应该学习这几方面的地理知识"，然后从这几个方面展开章节内容。而韩国教材则是首先确定"学生应形成这样的地理学观念"，然后依据这些核心观念（地球只有一个、地球环境在不断变化、探索宇宙）组织教学内容。同一个核心观念下的内容可能跨越地理学的几个子学科的内容。

韩国课程标准对学习目标的陈述与我国类似，包含知识目标、技能目标和情感态度价值观目标 3 个方面。但在教材内容中，韩国地理教材对于技能的体现比中国教材更多，而且与地理知识的结合非常紧密。以"天体的观测"一节为例，教材从望远镜开始，详细介绍了望远镜的种类和各种望远镜的特点，然后介绍了天体望远镜的构成、配件与望远镜的设置步骤。有关天体望远镜的使用，不仅在课文正文中有详细的介绍，在课中活动和课后习题中也有多次体现。教材要求学生用天体望远镜观测和记录太阳黑子的活动，观察太阳系其他行星及宇宙中其他恒星的运动特点。

韩国教材多处涉及科学史的内容，让学生了解人类认识地球的过程，树立正确的科学观。教材以正文形式呈现的科学史内容有地球科学与社会及科学史的关系、地球科学的探索过程、探寻太阳系逐渐发现的其他天体的特征等。在"宇宙观是怎么变化的"一节中，教材介绍了"日心说""地心说"的发展历程，以及这两种学说所不能解释的天文现象，并介绍了宇宙观的发展历程。

第六节　美国高中地理教材特点分析

一、美国高中地理教材的选取

1991 年，美国总统乔治·布什签署《美国 2000 年教育纲要》，将地理与其他 4 门学科一起列为学校的 5 门核心课程。1993 年，美国总统克林顿签署《2000 年目标：美国教育法》，以法律形式将地理及其他 6 门学科列为中小学生的必修课程。美国长期以来没有国家规定的全国统一的课程设置，各地各校有不少差异，但在基本结构上存在一定的共性。在学校阶段的划分上同时存在着六三三制、六六制、八四制、四四四制、五三四制等多种形式，各州或各学区可自主选择不同的学制。

美国高中现多为 4 年，即 9—12 年级，并且多独立设校。在美国高中，地理与历史通常是作为一门课程开设的，属于美国高中社会学科课程的内容，为必修课。比如，洛杉矶高中在 9 年级开设的一门课就叫"世界地理和世界历史"，11 年级开设的是"美国地理和美国历史"。美国高中的地理历史课程希望通过用地理的概念来说明历史，使学生对世界有空间上的了解，使学生明白为什么历史事件和人物会在他们所生存的地理环境出现。课程强调人类与物质和文化环境的关系。本研究所选用的是美国高中 11 年级使用的地理教材《地理》，全书以区域地理为主。

二、美国高中地理教材的概况

本研究所选用的是霍尔特·麦克杜格尔出版社 2010 年出版的美国高中地理教材《地理》，全书共 856 页，供 11 年级学生使用。

（一）美国教材的章节结构

美国地理教材总体框架为总分结构，共 10 个单元，32 章内容。第一单元为地理基础部分，主要为整本书的总述部分，分为 4 章，前 3 章为自然地理，第 4 章为人文地理。

从第二单元到第十单元分别对各大区域进行介绍，依次为美国和加拿大、拉丁美洲、欧洲、俄罗斯、非洲、西北亚、南亚、东亚、东南亚、大洋洲和南极洲。第一单元所讲的知识点分布于这 9 个单元中，体现出本书更重视地理知识在具体区域的应用与实践。每单元分为 4 个部分：概述、该区的自然地理、人文地理和当今大事。

（二） 美国教材的内容体系

美国地理教材在内容分布上具有自己的独特性，主要是将大部分内容（9 个单元）用于介绍具体的区域地理，而仅用一个单元讲具体的知识体系，并且所讲解的自然和人文的知识点也是仅在区域地理部分所要用到的。这一点与中国人教版高中地理教材有很大差异，人教版仅在必修 3 介绍区域地理的内容，而且是在很详细地讲解了自然和人文知识后才进行区域地理的学习。

与中国高中地理教材知识分布非常不同的地方是第一单元的第一章，该章主要介绍地理学的相关概念，如地理学、相对位置等概念，以及地理学家的工具，如地图、地球仪、地理信息系统等，而这些大多是中国初中地理的内容。从第一章的内容可以看出美国地理教材很注重地理技能的习得，因为第一章中有一节内容为地理技能手册，如定位、比例尺、地理坐标运用、投影、不同类型的地图，都是在学习地理时所要用到的技能信息。

美国地理教材主要重视应用，从第二单元到第十单元都属于区域地理部分，并将第一单元的知识点分布其中。在介绍每个区域前，有一部分内容是对这本章所介绍的区域的概览，概述当今该区域面临的问题，分为自然地理格局、人文地理格局、区域地理格局。内容的大体形式是让学生看图表回答问题，问题大都为比较形式。教材让学生在未学该区域时，自己寻找答案，组成小组进行讨论，找到解决问题的方法，锻炼学生解决问题的能力。

以第三单元拉丁美洲当今面临的问题中的区域格局为例，文中会给出 1 个饼状图——拉丁美洲的宗教，3 个专题地图——拉丁美洲的气候、语言和城市化，然后提出问题，例如，"南美洲内陆多数地区是什么气候？它与多数海岸地区的气候有何不同？这种气候如何影响内陆的居住？""巴西人讲哪种语言？这个地区大多数国家讲哪种语言？""南美洲人口最多的地方在哪里？人口最少的地方在哪里？为什么人们在这些区域定居而不在其他地区定居？"

区域自然地理都是通过 3 个部分的内容介绍的，分别是地形和资源、气候和植被、人与环境的相互作用。这样每个区域的自然地理部分的形式是统一的，内容上可进行比较。地形和资源、气候和植被在教材中是联系在一起的，教材强调了它们之间的关系。人与环境的相互作用充分体现了地理学中人地关系思想。

在介绍区域人文地理时，都是将该区域分成几个子区域来分别介绍。每个区域都有独特的人文特点。例如，第六单元"非洲"就分为 5 个部分，分别为：东非、北非、西非、中非、非洲南部。

每个介绍区域的单元都有"当今大事"。"当今大事"部分会讲解该区域比较关注的问题，并且以区域热点为话题，佐以案例分析。可以看出美国地理教材更关注当今热点问题，引导学生关注社会问题，鼓励学生在分析地理问题的时候不是仅关注地理表象，还要探究其深层原因。以第六单元"非洲"为例，"当今大事"这章主要讲述了经济发展和医疗保健，并提供 1 个案例分析。

（三） 美国教材的各章结构

美国教材每一单元都对应着某个区域，单元是从导入环节开始的。在导入环节里，设计了标示该区域在世界上地理位置的示意图、地形图的航拍照片、能代表该区域特征的景观照片、地理数据等。导入环节还会说明本单元所涉及区域的概况、单元的地图集，并说明共包含几章，各章主要讲什么，最后附上针对本区域的案例研究。

从第二单元开始，美国教材的每个单元都包含自然地理、人文地理和当今大事。每一章都是从提出本单元核心问题开始的，例如第五章美国和加拿大的自然地理，其核心问题是"美国和加拿大的主要自然特征是什么?"接下来是各节内容，每一节的开始都提出了本节的主要观点、地形和术语等，对本节的内容进行概括，帮助学生学习。每一节不断出现的"地理思维"栏目，为学生提供解决研究问题的方法指导。每一节的末尾都有本节评价。在一章的末尾，安排了每章评价。每章评价中既包括对地理技能的评价（例如，对地图和图表技能的评价）、对本章内容的概括（例如，概括主要观点），也包括对地理问题批判性的思考（例如，如何识别主题、进行推论等），还包括多媒体活动（例如，提供网站地址、鼓励学生对问题进行更多探索）。

三、美国高中地理教材的栏目设置及特点

美国高中地理教材共有 18 个栏目，各栏目的特点如表 5-18 所示。在每章的第一节内容中，右侧栏都会有 3 个栏目：主要思想、地方和术语、相关问题。这 3 个栏目构成了对该节内容的概括及重点介绍。

在课文内容的叙述过程中，侧栏会出现 2 种栏目：第一种是背景，第二种是地理思考。地理思考部分，会提出一些针对课文的思考性问题，引发学生思考。问题的答案一般都在课文中，学生总结概括就能找到答案。这种地理思考能培养学生的思维模式，对一些文字内容提出自己的问题，并进行更进一步的探索。

每节评价和每章评价出现在本节或本章的最后，起到复习的作用。每节评价是以问题形式出现的，类似于节末复习题。每章评价都有分节内容回顾，并提出一些复习题用于回顾学过的内容。每章评价中的批评性思考的题目，能够培养学生的反思能力和批评精神，也是现代教学所倡导的。评价后面都会有地理活动，每个地理活动针对一节或一章内容提出。每章

评价后面会多个多媒体活动。地理活动具有探究性，活动与学生生活联系密切（以学生周边的环境为代表），活动注重学科之间的融合（例如，让学生写篇报道），注重培养学生的地理能力（例如，制作图表等）。

美国地理教材中有 2 个较大的地理阅读专题：文化比较和灾害，主要出现在节与节的连接处，较多分布在人文地理部分，占 2 页版面。内容主要是图画和简单文字介绍，并有地理数据引发学生思考。

图表技能讲解如何读某种类型的图，并配有题目，占 1 页版面。该栏目主要分布在自然地理部分的节与节连接处。教材将各种技能分配在各区域的地理内容中，使学生能感到技能的应用性强，并具可操作性。

表 5-18　美国教材栏目特点及举例

栏目名称	特点	举例
地理数据	提供所介绍内容的相关地理信息，有时也会有一些知识点	地理数据： 小行星 ・小行星是绕太阳运行的小星体。 ・据估计，我们的太阳系有 50000 个小行星。
必要问题	介绍每章的核心问题	核心问题：东亚极端的自然地理如何影响人们的生活？
主要思想	介绍每章的主要内容	中心思想： 东亚有一个巨大的大陆地区，大陆拥有崎岖的地形。
地方和术语	每章的关键词	地方和术语： 昆仑山脉 秦岭山脉
背景	对正文部分内容的进一步解释	背景： 日本由四个主要的岛屿和许多较小的岛屿组成。
灾害	每章所介绍的区域内发生过的灾难	灾难： 小行星撞击！

续表

栏目名称	特点	举例
文化比较	每章所介绍的区域内文化对比或本区域与其他章节区域的文化对比，加深学生对不同文化的了解	文化比较： 盛宴 印度人庆祝 Sankranti 节 中国人庆祝中秋节
相关问题	每章所介绍的区域遇到的核心问题	相关问题： 自然力量：东亚地区的崎岖地形和资源分布的不平均对这一地区的定居和生活方式影响很大。
地理的五大主题/当今地理	主要为对正文内容的补充及引申	当今地理： 日本的渔业
技能构建：描述图表/地图	对图表或地图提出问题，以锻炼学生的识表识图技能	……图（东亚的河流和山脉）…… 技能构建：解译地图 1. 地区：中国的什么高原将喜马拉雅山脉与昆仑山脉分离？
地理思考：进行比较/运用地图集/探索模式	针对正文内容提出问题，供学生思考	地理思维探索模式： B. 该地区的哪三个国家成长为经济强国？它们有什么相同之处？
读图：位置/地点/区域/迁移/人与环境的相互作用	针对一张图片提出问题，供学生思考	……图（迁移）…… 工人沿着黄河把一只船拉上岸。人们可以怎样利用一条河流？
每节评价	对每节内容进行汇总回顾，并提出相关问题以供学生思考	评价： 1. 地区和条件 2. 做笔记 3. 主要观点 4. 地理思考
地理活动	让学生依据所学内容进行比较、探索活动，并锻炼学生的合作、制图、探索研究的能力	地理活动： 和一个伙伴合作，绘制东亚的河流与山脉地图，使用箭头指出河流的流向。为什么中国的三条主要河流都一路向东流经大陆，即使它们的源头都在西部的山脉？

栏目名称	特点	举例
每章评价	每章内容的小结、汇总及回顾，并提出相关问题以供学生思考	回顾：地方和术语 A. 简单解释以下每个词的重要性 B. 在完整的句子里回答有关这个词语的问题 主要观点 地形和资源（p619-624） 气候和植被（p625-627） 人与自然相互作用（p628-631） 批判性思考 1. 利用你的笔记 2. 地理主题 3. 与主题相关联 4. 做决定 5. 总结
多媒体活动	用多媒体进行学习探索，并锻炼学生解决问题的能力	多媒体活动： 使用网络链接 hmhsocialstudies.com 调查东亚产量高的农业区。你也许会关注降雨对居住分布和庄稼生长的影响。 多媒体展示：在电子呈现中，结合表格、地图或其他可视化图像，展示产量最高的农业区，以及该区最普遍的农作物。
案例研究	对所研究区域的案例提出问题，并做简单介绍	案例研究 污染：人口对环境会施加什么样的压力？
图表技能	锻炼学生识图的技能	地图和图表技能评价 1. 探索模式 2. 做出决定 3. 得出结论

四、美国高中地理教材的特点与启示

美国高中地理教材《地理》在内容结构、内容安排和栏目设置等方面都各具特色，可以归纳为4点。第一，教材内容结构清晰，易于学生掌握；第二，教材将历史和地理结合，关注社会问题；第三，教材习题与内容紧密结合，注重学生活动；第四，栏目设置丰富，易于激发学生兴趣。

美国高中地理教材先讲地理学基础，再讲自然地理和人文地理，最后大篇幅介绍区域地理（包括该区域内的自然地理、人文地理、当今社会问题），内容结构清晰明了，由基础知识到系统知识，再到各种知识在区域中的体现，使教材内容结构与知识体系联系紧密，循序渐进地将知识引入学生的脑海里，不会产生知识难度骤增而让学生理解困难乃至知识脱节的现象。

美国高中地理教材的内容以理解、掌握居多，难度较中国简单。教材内容具有以下 2 个特点。一是涵盖历史部分，将地理与历史结合，突出地理要素的作用及影响，并且可以从纵向和横向 2 个方面扩展学生的知识，增加学生的间接经验。二是美国高中地理教材重视培养学生参与社会问题、解决社会问题的意识，让学生对当今社会的显著问题有所了解并深入探讨其成因。与美国地理教材不同，中国地理教材中较少大篇幅地介绍历史，只是以阅读材料等形式介绍一些历史背景或过程，地理学科特点更突出。如何进行不同学科内容的结合，是值得我们认真思考的问题。

美国高中地理教材的习题部分与教材内容结合紧密，大部分习题问题在教材内容中都有所涉及。其主要特点是重视学生的动手实践，让学生通过"从生活中学习"来建构自己的认知，加深自己对所学知识的记忆与理解。与中国高中地理教材习题不同的一点是，其活动类习题偏多，且活动类习题需要学生查阅大量网上资料或书籍、文献。这样从学生的兴趣出发，让学生自主获取课外知识，使他们不会觉得自己是为了学习而学习、为了做作业而做作业。这样的习题设置是我们应该追求的，因为在这种情境下，学生所获得的知识才是稳固的。

美国地理教材栏目设置多样化，其主要特色，一是将彩图和地理思考问题相联系，通过彩图提出思考问题，并与正文中的知识相结合，引发学生思考，大量生活化的简洁的彩图还可以引起学生的兴趣；二是多媒体活动和地理活动的栏目设置，有助于学生将地理知识融入生活，使知识更加生活化。

第七节　日本高中地理教材特点分析

一、日本高中地理教材的选取

日本现行学制是六三三学制，即小学 6 年，初中 3 年，高中 3 年。初中开设的学科课程均为必修，地理学科相关课程分设在社会科和理科这 2 个综合科目中。地理课程是社会科的一个重要组成部分（社会科分为地理、历史和公民课程 3 个独立的部分），在初中学段开设。初中 1 年级、初中 2 年级都有独立的地理教材和地理课程设置，初中 3 年级不单独编制地理教材。日本的理科课程所包括的科目较多，可以分为 2 个领域。领域一主要包括物理、化学等，这个领域涉及少量地球与宇宙、可持续发展观等地理课程的内容；领域二包括生物和自然地理等，这个领域包括自然地理、生态环境等地理课程的内容。

日本高中的教学采用学分制，包括教科中的共同和专门教科及教科内部的必修和选修科目。高中阶段的地理课程和初中阶段类似，地理课程一部分在文科（历史与地理）领域中，包括限定性选择必修课程地理 A、地理 B；另一部分在理科领域中，理科的限定性选择必修课程包括地学ⅠA、地学ⅠB、地学Ⅱ。本次研究的日本地理教材为《新详地理 B》初订版，适用于历史与地理科 10 年级，即高中 1 年级学生使用。

二、日本高中地理教材的概况

《新详地理 B》由帝国书院在 2012 年出版发行，全书共 331 页。本教材对应的科目为地理 B，对应 4 个学分。

（一）日本教材的章节结构

日本教材整体分为四部：第一部"自然与生活"，第二部"世界的各地区"，第三部"全球化发展的现代世界"，第四部"全球性课题"。每一部分内容都有其主旨（如表 5-19 所示）。

表 5-19　日本教材的章节结构

部分	章名
第一部 自然与生活	第一章　自然环境和生活
	第二章　资源和产业
	第三章　生活和文化
第二部 世界的各地区	第一章　市町村规模的区域性调查
	第二章　地域的观察方法
	第三章　国家规模的地域调查
	第四章　洲、大陆规模的地域调查
第三部 全球化发展的现代世界	第一章　临近各国的研究
	第二章　联系紧密的当代全球课题
	第三章　用地图了解当代世界
	第四章　地域划分的当今世界
第四部 全球性课题	第一章　人口、食材问题
	第二章　城市、居住问题
	第三章　环境、能源问题
	第四章　民族、领土问题

（二）日本教材的内容体系

从《新详地理 B》的章节结构可以看出，日本地理教材的内容体系与我国教材的一般结构设置有所不同。

第一部"自然与生活"，通过地理学习的视角，统观人们生活中与自然环境和社会环境息息相关的特征的具体体现，结合实际案例在学习过程中加以具体分析探讨。该部分分为 3 章。第一章为自然环境和生活，有 5 节，大体属于自然地理内容，主要介绍自然地理环境的地形和气候及其与人类生活的关系，联系日本本国，介绍其自然环境特征与人们生活的联系。第二章为资源和产业，为人文地理内容，共6节。第一节整体介绍产业的发展和变化。第二、三、四节讲解农产品的生产、流通，全球农业和日本农业的全球地位。第五节介绍资源，主要为矿产资源。第六节介绍工业制品的生产、流通。第三章为生活和文化，为人文地理内容，共3节。第一、二节介绍人们的衣食住和消费休闲活动。第三节介绍村落和城市。

第二部"世界的各地区"以从第一部中了解到的世界的特征为视角，进行地域性的探讨。该部分共4章，属于区域地理内容。第一、二章为地理调查方法建构。第一章为市町村规模的区域性调查，共2节，从身边的地域和分离的地域调查方法两方面进行讲解，从调查准备到调查报告撰写——详细讲解并举例。第二章为地域观察方法，分为地方志和系统地理观察区域的方法。第三、四章，根据第二章的方法从国家和大洲及地区尺度进行地域调查。教材对美国、西亚和中亚采用的是对清晰的分项内容进行汇总并反映相关特点的特征性调查；对澳大利亚和欧洲采用的是以事物为落脚点，关注历史背景和其他区域的联系等的比较调查；对印度和东南亚则是采取关键字跟踪法进行调研。

第三部"全球化发展的现代世界"是在对第一部和第二部知识点进行理解学习的基础上，以现代世界发展动向为课题，进行重点研究和学习，加强对地理学习的基本工具"地图"的灵活应用及实践。该部共4章。第一章是对日本邻近各国的研究，介绍了韩国、中国和俄罗斯的情况，属于区域地理。第二章为联系紧密的当代全球课题，介绍了世界上的国家、连接世界的交通和通信、当代世界的贸易和经济圈，体现了世界的紧密联系，属于人文地理。第三、四章介绍了地理学习工具和地理研究方法，加强了地图信息和区域划分方法的讲授。

第四部"全球性课题"延续了第三部的当代世界的有关问题，并专门针对全球性课题进行调查研究。通过有关话题的重点学习，学生可以理解和掌握问题的解决办法，并培养地理应用技能与思考能力。该部分共4

章，分别就人口食材问题、都市居住问题、环境能源问题及民族领土问题等进行具体的解析。每章都有 4 节内容，第一节从世界角度探讨该章的问题，第二节是举例介绍存在该问题的具体地域，第三节反映日本在这个方面存在的问题，第四节是针对该问题的具体解决方法。

（三） 日本教材的各章结构

日本教材的每一部之前都有个引入环节，包括一段综述性文字和一张与本章有关系的图片。日本教材的各章结构相对比较简单。每一章的开始没有引入环节，直接呈现第一节的内容。一节内容之中会插入技能训练环节（或是附在一节内容结束之后），例如，"航拍照片的阅读方法""地形图的使用""景观照片的观察方法"。章末也没有总结或复习题。

三、日本高中地理教材的栏目设置及特点

日本高中地理教材栏目共包括 11 类，各栏目的介绍如表 5-20 所示。其中"话题"这个栏目包含了一些比较新颖的内容，如防止海啸灾难、节约能源及一些有关环境技术的介绍。

表 5-20　日本教材栏目特点及举例

栏目名称	特点	举例
图注释	每幅图下的注释，对图进行解释说明	图 1 拉瓦斯的街道（玻利维亚，摄于 1987 年）拉瓦斯，位于安第斯山脉中段，是世界上海拔最高的首都城市。平均海拔超过 4000 米，慕名而来的旅游者有些会由于对高海拔不适应而产生高原反应。
技能训练	有图或地图，介绍一定的地理技能，包含作业	照片的阅读方法：地形 从照片中解读地形特点。
作业	在技能训练中	注意观察图中土地资源的利用特点，从中整理其特点，思考该地区地形的变化及其来由。

续表

栏目名称	特点	举例
课题	位于小标题下，最后提出问题引出该小标题的内容，为指导性材料	地球上分布着诸如图①中雄伟陡峭、海拔几千米的连绵山脉，也有着图②中起伏平缓的地区等形态各异的不同地形地貌。然而这种地形地貌是如何产生的呢？
注释	对正文内容的注释	大地形的形成和分布依据的是板块运动原理，在1970年被称为"板块构造"。
话题	阅读补充材料，图文并茂	防止海啸灾难。
读解	教材上的图的读解，会有需要思考的问题	分别观察右侧4个关于雨水温度的图示，分析比较4个地区的气候有何特点。并结合其高位图示，学习研究各地区所处的位置有哪些特点。
地域观察视角	也是正文内容，出现在第二部的地域介绍中	美利坚合众国的消费生活。
该国的调查方法	出现在第二部的国家介绍中，对正文内容具有指导意义	印度的语言和宗教较为复杂，传统的制度和社会价值观在当今社会仍然保留着。然而，随着飞速发展的经济社会、城市和工业地带的进步，人们的生活正在逐渐改变。这里，需要关注人们的生活和产业的多样性发展特点，以此为重点，对印度进行全面的调查。
这个地区的调查方法	出现在第二部的大规模地域调查中，对正文内容具有指导意义	中部亚洲是苏联的构成部分之一，如今在多数情况下，苏联与俄罗斯是同一说法。当地的气候、宗教、产业等与西亚地区的相同点较多。这个地区需要关注自然、民族、产业等的发展，根据以上内容进行调查梳理的同时，也要对西亚和中部亚洲的地方志进行调查。
课题学习	位于第四部的每章后面，为阅读补充内容	粮食援助。

四、日本高中地理教材的特点与启示

日本地理教材在内容结构、内容安排和栏目设置等方面存在一些特点，可以归纳为4点。第一，日本教材突出时间与空间的概念，强调地理过程。第二，重视学生的自身体验，强调学生调查、考察及分析的能力。第三，教材突出区域性与区域联系。第四，教材按照由近及远的方式展开，学生可以从身边事物入手，展开学习。

突出时间性、空间性是日本地理教材的一大特色。教材加强了对学生时间概念和空间概念的培养，要求学生从身边的地理事物着手，养成正确的时间概念和空间概念。例如，要求学生关注身边的地域，观察距离较远的地区，甚至考察全球规模的地理事物。通过这些知识的学习，学生形成了地理时空概念、地理事物发展观。

本教材中的第二部用一章的篇幅大体介绍了地域调查方法，给学生提供了一定的思路，列举了例子。学生只有通过进一步分析、亲身体验，才能完成身边地域的调查。在这一点上，我国教材总会给出明确的操作过程，而日本教材需要学生运用教材指导进行调查研究，更能锻炼学生的分析能力。

对于全球性的地理问题，通过划分不同规模的区域类型——洲、国家、市、镇、村，让学生了解日本及世界各地人们生活的特殊性及共性，让学生通过地理环境了解人们生活的区域的特色，了解世界区域构成的多样性、地理事物空间分布的区域共性与差异。

日本教材从结构体系到具体内容，都特别强调让学生结合身边事物及日常生活来了解全球性的地理问题。例如，教材对中国生活的介绍，先从饮食生活入手，并与日本的饮食做比较，这样会让学生产生亲切感，提高学习兴趣。

第八节　新加坡高中地理教材特点分析

一、新加坡高中地理教材的选取

新加坡教育的突出特点之一是采取教育分流制度。新加坡的小学分为

2个阶段，1—4年级为基础阶段，5—6年级为定向阶段。新加坡的中等教育为4—5年，根据学生小学6年级毕业考试的成绩，实习三轨制：特别课程（10%左右成绩较好的学生）、快捷课程（50%左右的学生）和普通课程。其中，普通课程又分为普通学术课程（25%左右的学生）和普通工艺课程（normal technical）（15%左右的学生）。特别课程和快捷课程均修读4年，普通课程修读5年。

新加坡的大学预科教育为2—3年。中学生在毕业时要参加统考，GCE-O水平考试成绩最好的学生（约30%）进入大学预科班教育，包括初级学院（junior colleges，2年制）和高级中学（centralized institute，3年制）。成绩一般的学生（约50%）进入理工学院（technical institute，3年制）。学生完成大学预科班教育后，参加GCE-A水平考试，才能进入大学进行学习。

新加坡在中等教育和大学预科阶段均开设了地理课程，小学教育阶段没有设置。在中等教育的4年中，7年级和8年级的地理课程大纲规定在特别课程、快捷课程和普通课程中均开设地理课，7年级包括"引言""环境""自然环境"3个主题；8年级包括"人文地理""管理不断变化的环境"2个主题；9年级和10年级开设的3类课程均涉及自然地理、人文地理与地理技能。自然地理主题包含板块构造及构造地貌、天气与气候、自然植被、河流与海岸。人文地理主题包含食品地理、世界工业、旅游业与发展。不过，特别课程与快捷课程的课时较多（112小时/学年），普通课程课时较少（105小时/学年）。

从学制角度来看，中等教育10年级和大学预科1年级均在选择范围之内。但考虑到大学预科教育阶段的地理课程没有指定的地理教材，完全由教师自主选择、开发教育资料，因此我们选择10年级的地理教材作为研究对象。在10年级的3类课程中，考虑到学习快捷课程的学生所占比例较大（约50%），因此选择新加坡快捷课程10年级的教材进行比较研究。

二、新加坡高中地理教材的概况

本研究选择的是马歇尔·卡文迪什教育出版社出版的中等教育 10 年级地理教材《地球：我们的家园 4》。马歇尔·卡文迪什教育出版社是新加坡著名的教育出版社，新加坡 75% 以上的学校都使用该出版社出版的教材。这本教材 2008 年出版，共 250 页，适用于学习快捷课程的 10 年级学生。

（一） 新加坡教材的章节结构

新加坡教材是按照地理教学大纲（2012 年）规定的主题组织安排的，具体包括：人文地理学简要介绍、世界产业、旅游业、发展、食品地理。

教材是按照典型的"总—分"结构组织的，第一个主题"人文地理学简要介绍"分别简单介绍了后面将要学习的几个主题，并介绍了这几个主题之间的相互关系。后面的 4 个主题则比较详细地讲解了相关内容。

该书由序言、命令词、目录、正文、索引、编委与版权页等几部分组成，最后一页附有世界地图。该书的序言部分结合图示，主要介绍了该书的各类栏目及其作用。该书的命令词部分，汇总了本书将出现的命令词，说明当命令词出现的时候，学生应该如何作答。整本书的章节结构如表 5-21 所示。

表 5-21　新加坡教材的章节结构

部分	章名
主题 1 人文地理学简要介绍	第一章　人文地理学简要介绍
主题 2 世界产业	第二章　产业类型
	第三章　产业区位
	第四章　全球产业格局的变化
	第五章　新兴工业经济体的研究

续表

部分	章名
主题3 旅游业	第六章　旅游业
	第七章　旅游业的发展带来的影响
	第八章　管理旅游业带来的影响
主题4 发展	第九章　世界发展的不平衡
	第十章　世界发展不平衡的原因
	第十一章　减缓发展不平衡的策略
主题5 食品地理	第十二章　食品消费
	第十三章　粮食生产的强度
	第十四章　食品生产的发展

（二）新加坡教材的内容体系

主题1为"人文地理学简要介绍"，该主题共包括1章内容："人文地理学简要介绍"。该章包括人类及其活动、人类与环境之间的相互作用。其中第一部分内容"人类及其活动"简要介绍了后面将要学习的几个主题的内容；第二部分内容分析了人类与环境之间的相互作用，以及管理人类活动的必要性。

主题2为"世界产业"，该主题共包括4章内容：产业类型，产业区位，全球产业格局的变化，新兴工业经济体的研究。第二章"产业类型"主要介绍了产业的概念，第一产业、第二产业、第三产业和第四产业的概念与特点，以及国家的工业化进程。第三章"产业区位"主要介绍了产业区位的影响因素，包括自然因素和人为因素。其中，自然因素介绍了土地、原材料、能源对产业区位的影响；人为因素介绍了资金、劳动力、市场、政府、交通、技术对产业区位的影响。第四章"全球产业格局的变化"主要介绍了4个方面的内容：全球制造业的发展，全球产业转移的趋势（分别介绍了20世纪60年代、20世纪70年代—80年代早期、20世纪80年代晚期—90年代、20世纪90年代中期这4个历史阶段产业转移的趋势及原因），制造业转移的原因（从竞争优势和技术发展 2 个角度进行了阐述），转移趋势带来的影响（从工作机会、国外投资和制造业产品出口 3 个方面进行了分析）。第五章"新型工业经济体的研究"主要介绍了 2 个方面的内容：新型工业经济体的兴起（介绍了其概念与特征），新型工业经济体——印度（介绍了印度电子产业的概况，跨国公司在印度选址的原因，印度班加罗尔的电子城——电子产业研究案例，印度电子产业面临的挑战，以及可持续发展的管理策略）。

主题 3 为"旅游业"，该主题共包括 3 章内容：旅游业，旅游业的发展带来的影响，管理旅游业带来的影响。第六章"旅游业"，主要介绍了 3 个方面的内容：旅游业的概念（介绍了国内旅游和国际旅游的概念，旅游业性质的改变），旅游业的发展（分别介绍了国际旅游和国内旅游的发展趋势），旅游业增长的原因（介绍了需求因素、供给因素等对于旅游业的影响）。第七章"旅游业的发展带来的影响"主要介绍了 6 个方面的内容：旅游业的发展对经济的积极影响（包括收入的提高、基础设施的发展、就业机会的增加、给当地经济带来贡献、带来经济的多样化、国外投资的增加），旅游业的发展对经济的消极影响（包括收入和发展机会的流失、飞地旅游、高成本的基础设施、不平等的产业发展、价格提高、季节和突发事件的脆弱性），旅游业的发展对社会和文化的积极影响（包括价值交换和保护遗产），旅游业的发展对社会和文化的消极影响（包括地方特征和价值观的流失、资源利用的冲突、经济不平等、价值冲突和犯罪的产生），旅游业的发展对环境的积极影响（主要是自然保护区的建立），旅游业的发展对环境的消极影响（主要指环境退化）。第八章"管理旅游业带来的影响"主要介绍了 3 个方面的内容：可持续旅游（介绍了规划当局、商业、游客、非政府组织的保持和保护旅游区域的责任），可持续旅游的方法（介绍了生态旅游和社区旅游及其局限性），不同组织间合作的重要性。

主题 4 为"发展"，该主题共包括 3 章内容：世界发展的不平衡，世界发展不平衡的原因，减缓发展不平衡的策略。第九章"世界发展的不平衡"主要介绍了 4 个方面的内容：发展的概念，探究发展的不平衡（主要介绍了"核心—边缘"理论），评价一个国家的发展水平（主要介绍了人类发展指数及其局限性），发达国家与发展中国家的发展水平差异（介绍了发达国家和发展中国家在经济福利、健康、教育 3 个方面的差异）。第十章"世界发展不平衡的原因"主要介绍了以下 5 个方面的原因：历史原因（主要介绍了殖民主义的影响），自然环境的原因（包括原材料、气候 2 个方面），经济原因（介绍了累计因果理论），社会原因（包括教育、人口增长率 2 个方面），政治原因（包括政治冲突、领导能力 2 个方面）。第十一章"减缓发展不平衡的策略"主要介绍了 3 个方面的内容：国际合作（主要包括国际组织与国际协议），国家尺度上的发展不平衡，国家发展（主要介绍了发展中国家采取的促进国家发展的策略，包括改善供水和卫生设施、提高教育水平、人口控制、创造就业机会和经济援助）。

主题 5 为"食品地理"，该主题共包括 3 章内容，分别是：食品消费，粮食生产的强度，食品生产的发展。第十二章"食品消费"主要介绍了以下 5 个方面的内容：食物的作用，20 世纪 60 年代以来的食品消费趋势（主要介绍了发达国家和发展中国家食品消费水平和饮食偏好的变化情况），食品消费变化的原因（主要分析了支付能力、食品供应的稳定性、食品的可获得性对食品消费变化的影响），食品消费变化的影响（主要介绍了饥饿、营养不良、肥胖 3 个方面），对食品消费变化的响应（主要介绍了国际组织、政府和发展中国家的食品生产者的响应）。第十三章"粮食生产的强度"主要介绍了以下 2 个方面的内容：粮食生产强度（主要介绍了生产力的概念及测量方式），影响生产力的因素（详细介绍了自然因素、社会因素、经济因素、政治因素和技术因素）。第十四章"食品生产的发展"主要介绍了 3 个方面的内容：食品生产的加速带来的影响（主要介绍了土地灌溉技术的使用带来的土地盐化和水涝等方面的影响，化学物质使用的增加带来的土壤养分失衡、水体富营养化、水体污染等方面的影响），转基因农作物（主要介绍了转基因农作物带来的好处与危害），粮食生产面临的未来挑战（主要从农业综合经济的主导地位、食品出口和健康教育的缺失3个角度进行了分析）。

（三） 新加坡教材的各章结构

新加坡教材每个主题开始时是本章的简要介绍。章首一般安排一幅与本章内容有关的景观图，并附上图片的文字介绍，引出本章。接下来是一幅本章的内容结构图，包括各章的主要内容、各章之间的关系。主题2"世界产业"的内容结构图如图5-3所示。

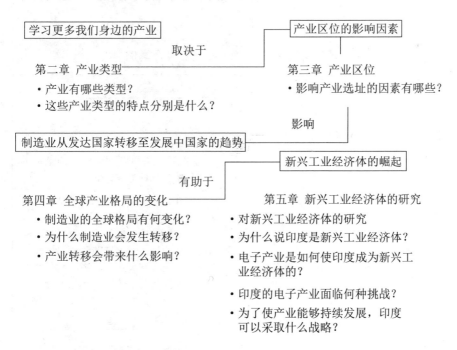

图5-3 新加坡教材"主题2：世界产业"内容结构图

每章的章首都先说明本章要学习的内容，明确学习目的。再通过一个有趣的导入活动激发学生的兴趣和思维。每一章的主题之间交叉引用，概念之间相互关联。为了激发学生的学习兴趣、帮助学生更深层次地理解相关概念，教材的边栏还安排了丰富的栏目，例如，有趣的异域地理事件、背景信息等。每章的末尾都给出了相关概念的列表和本章的知识清单，明确指出学生需要掌握的地理概念。每章的最后是本章复习，用表格和图示的方式体现本章内容，帮助学生更好地掌握内容。

三、新加坡高中地理教材的栏目设置及特点

新加坡教材的栏目共有 11 种，分别是：学习提纲、导入活动（章首）、异域地理事件、更多知识、自我测试、知识应用、相关概念、知识清单、本章小结、知识回顾、提示练习册的相关题目（如表 5-22 所示）。新加坡教材中划入作业系统的栏目主要有：导入活动（章首）、自我测试、知识应用、知识回顾、提示练习册的相关题目。

表 5-22　新加坡教材栏目特点及举例

栏目名称	特点	举例
学习提纲	这个栏目主要是介绍相应章节地理大纲的规定性要求，正文会对其展开详细的阐述	你将学习： · 描述人类活动是如何改变自然环境的。 · 描述人类是如何管理他们的活动对自然环境带来的影响的。
导入活动（章首）	该活动一般首先给出与本章内容密切相关的材料，之后会设计两个相关的问题，以激发学生的兴趣与思维	景观变迁，当人类把沼泽地改造为工业区，或者砍伐森林以建筑房屋和道路时，人类就会给自然环境带来改变。随着时间的推移，自然环境不断被人类改变，并被人文环境或者具有人文环境特征的环境所替代。下面的两幅图显示了新加坡裕廊 1962 年和 2006 年的景观。学习这两幅图片并回答下面的问题。

续表

栏目名称	特点	举例
异域地理事件	有趣的异域地理事件可以激发学生的兴趣与意识；有些会附上网址，以便学生自己探索更多内容；该栏目主要是呈现拓展学生知识面的阅读材料	煤矿开采是典型的第二产业，负责提供能源。制造业的一次重要的腾飞就是因为燃煤蒸汽机的发明。浏览网站，体验1913年以来的英国的采煤业。
更多知识	该栏目提供更多与正文知识相关的背景信息，以帮助学生从更深层次上理解相关概念	易腐产品：经过加工的产品往往比原材料更容易腐败。例如，棕榈油就比棕榈果实更容易腐败，面包就比面粉和水更容易腐败。因此，你认为生产棕榈油和面包的工厂应建在靠近原材料还是市场的地方呢？
自我测试	该栏目以问题的形式帮助学生理解已学过的知识、概念；给出作答步骤，以帮助学生精确作答；其中的"命令字"被标注出来，提示学生应该如何作答	在渔业、农业、林业和矿业这几种产业中，哪种产业至今还存在于新加坡？解释这种产业在新加坡存在的原因。提示：要考虑新加坡的特点（例如，面积狭小）对第一产业类型的影响。描述这些第一产业自20世纪70年代以来在新加坡的发展历程。
知识应用	该栏目让学生应用已经学过的概念，并评估他们对概念的理解程度和对知识的掌握程度；其中的"命令字"被标注出来，提示学生应该如何作答	说出每幅图片所表示的产业类型并解释原因。描述A产业和B产业之间的关系。解释第四产业是如何给其他产业提供帮助的。
相关概念	该栏目突出本章的术语的含义；比较暗的阴影部分，强调本章关键术语的含义；比较亮的阴影部分，强调其他有用的术语的含义	第一产业通常直接与自然资源相关。第二产业通常加工和处理第一产业获得的原材料，以及对产品进行包装。第三产业指的是商品和服务的买卖和交换。第四产业指处理和加工信息与知识的产业。
知识回顾	以提问的方式吸引学生的注意力，以帮助学生掌握学过的重点知识	描述制造业活动从发达国家到发展中国家的转移趋势。

栏目名称	特点	举例
知识清单	帮助学生自我测试对关键概念的理解	学习完本章，你需要知道以下概念： ■第一产业 ■第二产业 ■第三产业 ■第四产业 ▨工业化
本章小结	通过给出本章概念的关系图来帮助学生复习	（略）
提示练习册的相关题目	该栏目主要是链接练习册中的习题，让学生思考作答	快捷课程练习册4.1：解释制造业活动从发达国家转移到发展中国家的趋势。

四、新加坡高中地理教材的特点与启示

新加坡高中地理教材的序言部分就明确介绍了各项栏目的名称和功能，既体现了教材编者的意图，也有利于教师使用教材。教材中的序言部分给出栏目中的"命令词"，使学生明白当这些"命令词"出现时应该从哪些方面作答，利于教师教学与学生学习。新加坡教材的特点可以概括为：第一，栏目形式多样，功能明确；第二，正文内容叙述详尽，注重策略性知识；第三，注重培养学生的辩证思维和批判思维；第四，注重分析地理事件的原因和影响。

新加坡教材共设置了11种栏目。每章的章首设置"学习提纲"，章中设置"知识回顾"栏目，章末设置"知识清单"和"本章小结"，指导学生充分了解需要掌握的重点知识及各种知识的掌握程度。我国教材很少有这样的安排，教师一般对照课程标准确定重难点，而学生手中一般没有课程标准，这就会导致学生对于什么知识掌握到什么程度、哪些知识是重点等不太清楚，不利于学生自主学习。新加坡教材的栏目中有些补充材料是帮助学生拓展知识广度，有些材料是帮助学生加深知识深度，我国教材没有对这不同功能的材料加以区分。新加坡教材每章末会设置"知识应

用", 我国教材也会在每章末设置针对整章的"问题研究", 这一点与新加坡教材比较相似。

与我国教材相比, 新加坡教材对于各个知识点的阐述非常详尽、透彻。比如, 讲解"产业的区位影响因素"这一知识点时, 教材对于自然因素 (土地、原材料、能源等) 和人为因素 (资金、劳动力、市场、政府、交通、技术等) 的定义和重要性都进行了比较详细的叙述, 并且用多个案例辅助说明, 共用了 10 页; 而我国教材《地理 2 (必修)》在讲解这一问题时仅用了 1 页, 简要介绍了原材料、市场、能源、劳动力、技术 4 个方面的影响因素, 其他因素仅用一张仅占 1/6 页的示意图展示出来, 并没有详细阐述。这非常不利于教师的教学和学生的自主学习。另外, 新加坡教材比较注重策略性知识的讲解。新加坡教材在讲解"旅游业"这个主题时, 用一章介绍了"管理旅游业带来的影响"; 在讲解"发展"这个主题时, 用一章介绍了"减缓发展不平衡的策略"; 在讲解"食品地理"这个主题时, 用一个小标题介绍了"改善食品生产的有效性"。策略性的知识更有利于培养有用的人才。而我国教材对策略性知识的讲解较少, 也较简要。

新加坡教材对很多问题都是从多个角度、正反两面进行分析与阐述的。例如, 在阐述旅游业的发展带来的影响时, 分别详细分析了旅游业的发展对经济、社会文化、环境的积极影响和消极影响。又如, 在讲述可持续旅游时介绍了生态旅游和社区旅游, 但同时也分析了这 2 种可持续旅游方式的局限性。我国教材在编写过程中可以适当借鉴新加坡教材的这种编写思路。

相比较而言, 我国教材对概念与原因介绍较多, 教材中的事实类和影响类知识偏少, 今后可以适当丰富这类知识, 让学生更加深刻地了解地理事件的因果联系, 培养学生的分析、归纳能力, 使学生能够对地理事件的发展趋势做出预判。新加坡教材在这方面就做得很好。例如, 在讲解制造业转移趋势时，用 1 个小标题分析了制造业转移的原因；在讲解旅游业时，用 1 个小标题分析了旅游业获得发展的原因；在讲解世界发展不平衡时，用 1 章的内容分析了世界发展不平衡的原因；在讲解食品消费时，用 1 个小标题分析了食品消费差异的原因。

第九节　英国高中地理教材特点分析

一、英国高中地理教材的选取

英国的学制包括 5 个阶段：幼儿园教育（3—5 岁）、小学教育（5—11 岁）、中学教育（11—16 岁）、继续教育（大学预备班）（16—18 岁）、高等教育（18—21 岁）。英国的义务教育年限为 11 年（5—16 岁），被分为 4 个关键阶段（Key Stage 1-4）。小学教育中的 5—7 岁为第 1 阶段，7—11 岁为第 2 阶段。中学教育为 5 年，不分初中和高中，11—14 岁为第 3 阶段，14—16 岁为第 4 阶段，每个阶段有不同的目标要求。义务教育阶段结束时，学生要参加国家统一考试，即"中等教育普通证书考试"（GCSE 考试）。16—18 岁为继续教育阶段，学生为了进入大学继续学习，参加大学入学测试（A/AS 考试），凭考试成绩申请进入大学学习。

1988 年《教育改革法》确立了以学科为基础的"国家课程"。所有学科分为核心学科（core subjects）和基础学科（foundation subjects）。其中，核心学科包括英语、数学、科学；基础学科包括美术、技术、地理、历史、音乐、信息技术、体育等。地理是义务教育阶段学生必须学习的 10 门国家课程之一，也是学生在关键阶段 4 的主要选修学科。

关键阶段 1、关键阶段 2、关键阶段 3 都单独设置地理科，每周 2 课时。关键阶段 4 没有单独的地理科，学生可以选修地理课、历史课或包括地理和历史在内的综合科目。学生在继续教育阶段，可以选择地理课。但如果学生要修读地理相关专业，则必须修读地理课程，并以地理成绩申请进入大学（如表 5-23 所示）。

表 5-23　英国的学制和地理课程设置

教育阶段	义务教育阶段										GCSE水平测试——中等教育毕业证	继续教育阶段		A/AS水平测试——大学入学
	小学（初等教育）6 年						中学（中等教育）5 年					中学（中等教育）大学预科阶段		
年级	1	2	3	4	5	6	7	8	9	10	11	12	13	
国家课程关键阶段	关键阶段 1	关键阶段 2					关键阶段 3			关键阶段 4		又称第六学级		
地理课程设置	必修课程									选修课程		选修课程（如修读地理相关专业则为必修课程）		

英国的关键阶段 4（2 年）和继续教育阶段（2 年）都对应着中国的高中阶段。2 个阶段的地理课本各有特点：关键阶段 4 的课本以 GCSE 水平测试的能力要求为大纲进行编写；继续教育阶段以 A/AS 水平测试的能力要求为大纲进行编写，其课程内容、课程体系、难度广度、能力水平要求的差异都较大。

为了选取能够和中国高中 10 年级地理教材进行比较的教材，本研究从下面 3 个方面进行了思考。第一，教材适用的学生年龄范围应该为 16—18 岁。从这个角度来看，应该选取继续教育阶段的教材，尤其是 17—18 岁使用的教材。第二，在同等年级中，教材的内容应尽量选取与中国教材相似的。英国有 5 个考试局，每个考试局都会为各个阶段的学生编写教材，所以教材种类繁多。研究需要根据内容相似程度来选取最合适的教材。第三，普遍性和代表性。选择的教材应该在英国具有普遍性和代表性。

根据选择教材的原则，着重考虑教材内容的相似性和基础性，因此，选取牛津大学出版社出版的《高级地理》作为与中国 10 年级地理教材进行对比的教材。

二、英国高中地理教材的概况

《高级地理》出版时间较早，2000 年出版了第一版，迄今已再版 3 次，本研究使用的是 2006 年出版的第三版。本书是继续教育阶段的教材，使用范围较广，英国继续教育阶段的学术型高中和普通高中均有使用。本书印刷精良，共 464 页，指向的是 A 水平系列测试，包括 AS 水平和 A2 水平。

（一） 英国教材的章节结构

英国教材的全书结构如表 5-24 所示。全书共 21 章，前 10 章主要讲自然地理方面的内容，第 11 章到第 18 章主要讲人文地理方面的内容，第 19 到第 21 章主要讲区域地理方面的内容。学习全书需要用 2 年时间，其中 1 年主要学习自然地理，之后 1 年主要学习人文地理和区域地理。本研究主要涉及自然地理的学习。

表 5-24　英国教材的章节结构

章名
第 1 章　板块构造理论
第 2 章　岩石的风化作用和侵蚀
第 3 章　斜坡和块体运动
第 4 章　水文学
第 5 章　河流和河流地貌
第 6 章　海岸
第 7 章　冰缘作用和冰川作用
第 8 章　天气和气候
第 9 章　土壤
第 10 章　生态系统
第 11 章　人口

章名
第 12 章　村庄
第 13 章　城市
第 14 章　工业
第 15 章　服务业
第 16 章　农业
第 17 章　经济
第 18 章　运输和贸易
第 19 章　区域不平等
第 20 章　旅游业
第 21 章　发达国家和发展中国家

（二）　英国教材的内容体系

英国教材内容结构紧凑，栏目清晰，安排合理。总体来说，教材的内容囊括了地理的自然、人文、区域 3 个方面。全书共 21 章，其中前 10 章是自然地理的内容，内容涵盖了大气圈、水圈、岩石圈和生物圈。后面 11章是人文地理和区域地理的内容。人文地理的内容包括了第一产业、第二产业和第三产业。区域地理的内容包括区域不平等、发达国家和发展中国家。从章节设置上来看，偏重自然地理和人文地理，区域地理较少。在内容上，区域地理更多地以案例研究、研讨学习的栏目形式展现。另外，英国地理的内容都在各章节中以举例的形式出现，严格来说，这些内容也属于区域地理。

由于本书只分析自然地理部分的知识点，并和中国教材做对比，因此，这里只简要介绍前 10 章的内容。

第 1 章 "板块构造理论" 包括 8 个小节的内容，分别为：地球的结构，板块构造理论的发展历史，板块运动学说，板块边界理论，地形、断层及褶皱山脉的分布，火山，地震，海啸。板块构造理论强调地球的内核是由熔融状态的岩浆构成的，地球的表层或外壳在这层熔融状态的岩浆上漂浮运动。地球内核的放射性核衰变是产生这些运动的原因。地球内核的能量非常巨大，它创造了巨大的对流，让地球表面发生隆起，让大陆分离和合并。

第 2 章"岩石的风化作用和侵蚀"包括 5 个小节的内容，分别为：物理风化作用，化学风化作用，风化作用的控制因素，石灰岩景观，白垩。风化作用是将岩石原地物理剥落或化学分解的作用过程。化学分解指的是风化作用会引起岩石物质的侵蚀，例如，花岗岩侵蚀分解成高岭土。相反，物理剥落只能将岩石磨成微小的、多角的岩石碎片，例如，碎屑堆（倒石碓）。在生物风化作用中，植物的生长过程、动物的运动过程都会从化学性质上改变岩石，从物理性质上引起岩石的碎裂。生物风化不是风化作用的特殊形式，而是一种物理剥落和化学分解的形式。风化作用有多种控制因素，如气候和地质条件。风化作用会形成特殊的景观，如石灰石景观和白垩。

第 3 章"斜坡和块体运动"包括 5 个小节的内容，分别为：坡面模型，坡面控制，坡面运动，块体运动，块体运动的类型。斜坡指的是一个斜面或者坡面，它具有一定的斜坡角或坡面角。在对斜坡的广义定义中，地理学家主要研究的是坡面，并制定一些坡面模型来协助研究。一个主要的研究内容是如何进行坡面控制，并发展出一系列坡面运动的理论。块体运动是一个地块的运动，也是本章研究的主要内容之一。教材具体解释了地块运动的类型。

第 4 章"水文学"包括 10 个小节的内容，分别为：水文循环，流域的水温循环，下渗，暴雨水位图，河势，城市水文，大型水坝，森林砍伐，灌溉，发展中国家的水管理。世界上最重要的资源之一就是水。水的可用性随着地点和时间的变化而变化。研究水文循环，尤其是流域的水文循环，对我们更好地利用水资源是很有意义的。流域的水平衡与下渗密不可分，水平衡变化体现在暴雨水位图和河势上。城市水文、大型水坝、森林砍伐、灌溉都能体现出人类对水文循环的影响。此外，我们还可以从发展中国家和发达国家的水资源管理对比中看出水资源管理的重要性。

第5章"河流和河流地貌"包括12个小节的内容，分别为：合理系统，河道的特性，流域，排水密度，河流模式，侵蚀，河流的负荷，河流阶地，搬运和堆积，河道变化，洪水，河流和人类活动。河流是创造和改变地貌的自然系统。了解河流系统是十分重要的，河道的特性、流域的形态、排水密度都是河流系统中的重要内容。由于河流的特点不同，河流模式也可以分为很多种。河流侵蚀河岸，越来越多的泥沙被冲入河中，称为河流的负荷，被侵蚀的河岸会发育成河流阶地。泥沙被河流搬运和堆积，在这个过程中河道也发生了变化。河流越来越多地遭到人类活动所产生的压力，很多河流因为人类干预过多，已经跟"自然河流"没有相似之处了。河流已经被人类当作一种资源，但是河流也会带来洪水，给人类带来危险。总之，河流和人类活动密不可分。

第6章"海岸"包括6个小节的内容，分别为：波浪，潮汐，海岸侵蚀，海岸沉积，岩岸，沿海地区的生态系统和问题。海岸或者海滨地带是非常重要的地理区域，它是由海洋、陆地、大气、生物及人类等活动过程相互影响形成的。海水的运动主要有波浪、潮汐2种类型。海水也在侵蚀海岸，称为海岸侵蚀作用，与此同时，沉积作用也在发生。本章关注海岸沉积系统、海岸沉积和岩岸。沿海地区的生态系统越来越受到人们的关注，人类在沿海地区进行活动，尝试利用和管理海岸，但人类活动往往会导致灾难性的后果。

第7章"冰缘作用和冰川作用"的主要内容包括2个部分，即冰缘作用和冰川作用。前者包括3个小节的内容，分别是冰缘环境、冰缘过程和冰缘地貌。受冰川作用影响的地区往往首先受到了冰缘作用的影响；在冰川时期之后，这些地区仍然受到冰缘作用的影响。"冰川作用"的10个小节分别为：雪如何变成冰（即冰川的形成和增长），冰川系统，冰期和冰线前进的原因，冰川环境的分布，冰川的分类，冰川侵蚀，冰川沉积，冰川和海平面面积的变化，冰川分流排水，冰川沉积和人类活动。

第8章"天气和气候"是地理学中重要的组成部分。各种各样的气候影响着地貌、生物和人类活动，共包括20个小节的内容，分别为：第1节大气层的结构，介绍了大气的分层和组成；第2节地球的能量收支平衡，分析大气受热的基本过程；第3节全球气温分布模式，分析影响气候的因素，并概括世界1月、7月的气温变化特点；第4节大气环流，介绍了经典的哈德雷环流和费雷尔环流，还有新环流模式；第5节大气运动，分析了影响大气运动的因素；第6节行星风系，说明全球风系的形成原因；第7节降雨模式，解释降水的形成、全球降水带的形成、降水的类型和英国的降水特点；第8节气团的定义和类型；第9节云和雾的形成和类型；第10节世界气候类型，主要介绍柯本的气候类型；第11节介绍中纬度天气系统，气团、锋面和低压系统如何在中纬度地区相互作用，并形成了特殊的中纬度天气系统；第12节气象卫星与低压系统；第13节热带气旋；第14节龙卷风的形成，借助卫星航拍图片研究热带气旋和龙卷风的形成，以及它们给人类带来的灾难和影响；第15节季风系统，讲解季风系统的形成，以及季风气候的特点和给人类带来的影响；第16节高压系统，讲解高压系统的形成和特点；第17节局部气候，介绍山谷风、海陆风、焚风和钦诺克风的形成和影响，关注人类生活的城市中的城市小气候和城市热岛效应；第18节厄尔尼诺，关注近年来太平洋区域反常的气候特点；第19节臭氧层的削弱作用，关注臭氧的重要作用，以及臭氧层消退带来的危害；第20节气候变化，介绍了多种研究长期（几百年）气候变化的方法，以及气候变化的因素。

第9章"土壤"共包括7个小节的内容，分别为：土壤质地，土壤结构，土壤中的胶体，土壤颜色，土壤层的重要性质，土壤形成的影响因素，土壤的类型。土壤形成了地球表面的最外层，由风化物质（风化层）、有机质（包括活着和死亡的生物）、空气和水分组成，这就是土壤的结构。土壤质地、土壤中的胶体、主要成分和酸度、土壤颜色都是土壤层的重要性质。土壤的形成受到多个因素的影响，30 厘米厚的土壤需要 1000 年到 10000 年时间才能形成。由于土壤形成非常缓慢，因此可以被视为不可再生资源。基岩的性质、气候、土壤、地形、植被和土地利用都会影响风化的程度，以及所形成的土壤的组成物质。因此，较小范围内的土壤的特点都会存在很多不同。土壤的类型很多，不同条件下发育成的土壤各有特点。

第 10 章"生态系统"共包括 13 个小节的内容。生物地理学研究土壤、植被和生态系统的地理分布，解释它们在哪里和为什么在那里。生态系统是指植物、动物，以及它们与生物及非生物环境之间的关系。生态系统的规模不一，从一棵死亡的树到全球生态系统都涵盖在内。本章的前 4 个小节分别讲了一些生态学概念，包括第 1 节生态系统的结构，第 2 节营养级，第 3 节演替，第 4 节岛屿生态学。后面 9 个小节针对不同的气候类型，分别简要介绍了不同的生态系统中的气候、土壤、植被、动物和人类的影响。这 9 个小节分别为：第 5 节热带雨林，第 6 节热带稀树草原，第 7 节热带沙漠，第 8 节地中海林地，第 9 节温带草原，第 10 节温带落叶林地，第 11 节温带针叶林地，第 12 节苔原生态系统，第 13 节荒野灌丛和沼泽。

（三）英国教材的各章结构

英国教材每章的内容包括本章概述（0.5 页以内）、本章正文、小节后的习题、探究体系的栏目（3—5 个栏目）和章末习题（1 页）。

本章概述的主要目的是对本章内容进行导学。这部分概要是没有任何标题的，写在每一章的开头处，内容多少不定，并不与本章内容的多少成比例。

每章正文的内容图文并茂，每一节内容基本都能在 1 页内呈现，正文和图片都在一个实线文本框内。如果一节的内容过多，排版超过 1 页，那么就会在相邻的页面上以 2—3 个虚线文本框呈现。

小节后的习题出现在每一章内容中的各小节后，并不是每个小节后都有习题。习题数量一般是 2—5 道，通常数量为 3—4 道。题目内容根据正文内容来确定，主要是针对该部分内容进行的提问和练习。习题难度一般不大，通常要求学生根据课文中的内容回答问题，以复述概念、解释原因、区分类型为主。以第 8 章的第 11 节为例，本小节的名称为"中纬度天气系统"。本节习题共有 5 道，都需根据课文中的"图 8.47 不列颠群岛的低压系统和锋面系统天气图"进行回答。

探究体系的栏目设置在小节之间，对应着小节的内容。每一章会有 3—5 个探究体系的栏目。探究体系共包括 4 种栏目（或称"模块"），分别是技能学习、深入拓展、探讨学习、案例研究。其中，每个模块都有自己特定的作用和目的，有着独立的内容和探究方式。这 4 个模块的数量、顺序和出现位置也是不固定的，一般依据模块自身的训练目标和具体课文内容而定，例如，有一些特殊章节可能会缺失某一模块，也有一些章节会出现多个案例研究等。

章末习题出现在每章的末尾，占 1 页篇幅。该部分的目的是链接英国高考，所以题目以综合评价为主，习题难度较大。习题分为 AS 水平测试的习题和 A2 水平测试的习题。

三、英国高中地理教材的栏目设置及特点

英国教材出现的栏目有 3 类，共 6 种。3 类栏目分别是：小节后的习题，探究体系，章末习题。其中，探究体系又分为 4 种，分别为技能学习、深入拓展、探讨学习、案例研究（如表 5-25 所示）。

表 5-25　英国教材栏目特点及举例

栏目名称	特点	举例
小节后的习题	在正文中每小节后出现，题目数量 3—5 道不等，题目内容根据正文内容来确定	定义并解释水能临时存在于空中的两种方式 命名并解释植被情况影响水循环的三种方式 解释海洋蒸发量和海洋上空降水量之间存在的差值
技能学习	占篇幅相对较少，语言精练，技能训练目标明确	计划和书写一篇短文 卡方 χ^2 检验 饼图和比例图标 运用拓扑图
深入拓展	这是知识的扩展和深化，多结合章节内容和前后课文关系而设定	热带喀斯特 沙丘的演替研究 土壤形成过程 人口统计过渡模型（DTM）
探讨学习	针对某一具体事实问题或理论观点，让学生思考讨论，并发表自己的观点	板块构造和大不列颠群岛 喜马拉雅山区的森林砍伐 人类对土壤的影响 跨国公司
案例研究	以实际案例为对象，让学生将理论知识和实际情况建立联系，讨论实际问题	意大利 1998 年泥石流 印度恒河 冰缘区环境的生存问题 学校附近的土壤 巴基斯坦的人口增长
章末习题	在每章课文结束后出现，题目数量不等，难度较高，根据 AS、A2 考试的标准来设定	叙述你将怎样进行一个调查来发现基部存在溪流的坡面和没有溪流的坡面有什么不同 运用案例解释地块运动是怎样发生的 叙述并解释英国地块运动的类型

英国教材中的探究体系栏目是教材的一大亮点，下面介绍该教材的探究体系的 4 种栏目（或称"模块"），细录如表 5-26 所示。

技能学习模块所占篇幅相对较少，语言精练，技能训练目标明确。每章有一个明确的技能主题，因为本教材的编写目的之一是指向 A2、AS 考试，所以其训练技能除有关地理学科的观测等操作性技能外，还加入了回答问题和写作的技能。从文本设置来看，该模块内部融合了文字讲解、图像示意和问题练习。其中，图像以示意图和统计图表为主，抽象度较高。问题的设置多是提出具体操作方案，对某项技能进行训练，旨在让学生掌握相应技能。这是进行深层探究的技能基础。

深入拓展模块多为知识的扩展和深化，每章有明确的知识内容，多是结合章节内容和前后课文关系设定的。该模块旨在建立新旧知识的联系，帮助学生更深入全面地理解知识。该模块会针对学生可能存在理解困难的内容做出补充扩展，注重对学生分析性思维的训练。从文本设置来看，模块内部设置了文字讲解、图像示意和问题练习，理论性强，帮助学生理解相应知识，促进思考，拓展思维。这是进行课文内容深层理解的必要条件。

探讨学习模块以讨论的形式展开，多针对某一具体事实问题或理论观点，给出相应辅助资料（多为这一问题或是观点的具体阐述），让学生思考讨论，进而得出自己的结论，发表自己的观点。该模块有明确的话题，与深入拓展模块中的知识主题一样，多是结合章节内容和前后课文关系设定的，主要是为了让学生认识到实际存在的问题，帮助学生更深入全面地理解课文知识，培养学生发现问题和解决问题的能力。这是将课文内容上升到实际应用层面的主要途径。

案例研究模块以实际案例为对象，结合章节主题和前后课文内容进行设计，让学生把理论知识与实际情况联系起来，从而更深入全面地理解课文知识，讨论实际问题。从案例选取来看，更关注区域问题，人文实例多，理论性较弱。案例研究需要学生发现问题、分析复杂的实际情况，从而形成自己的观点。

表5-26 英国教材探究体系栏目细录

技能学习			
名称	页码	名称	页码
1 计划和书写一篇短文	26	11 利用论据支持答案	232
2 回答一个构成性问题	31	12 最近邻指数	256
3 坡面测量	53	13 示意图和图表的应用	272
4 有注释的图表	71	14 区位商	302
5 测量河流	103	15 饼图和比例图标	332
6 回答一个数据反映的问题	110	16 描述一幅地图	357
7 规范性答案	135	17 运用拓扑图	380
卡方 χ^2 检验	140	18 等值线图	401
8 气候曲线图	165	19 在一个小的中心研究旅游业	420
9 研究和分析土壤：散点图和斯皮尔曼的等级相关系数	195	20 统计数字	434
10 描写一个生态系统	210		
深入拓展			
名称	页码	名称	页码
1 冲击波	19	12 地图作业和乡村聚落	249
2 热带喀斯特	38	13 规模等级标准、首位城市和世界大都市	291
3 剪切力与抗剪切	48	14 工业地区模型	305
4 水平衡	60	15 服务业的定义和分类	324
5 曲流	93	16 解释 BSE	352
6 沙丘的演替研究	118	17 英国的煤矿业	362
7 冰川运动	137	18 开始掌握贸易	387
8 沉降率	161	19 区域不平衡的原因	396
9 土壤形成过程	190	20 影响旅游业的因素	422
10 营养循环	206	21 贫穷国家的债务	446
11 人口统计过渡模型（DTM）	230		

续表

探讨学习			
名称	页码	名称	页码
1 板块构造和大不列颠群岛	12	12 乡村剥夺	263
2 石山的形成	41	13 英国的城市剥夺	279
3 英国的崩塌灾害	55	14 跨国公司	316
4 喜马拉雅山区的森林砍伐	74	15 城市外延的影响	337
5 Hjulstrom 曲线	95	16 在 ELDCs 中提高食品的产出	354
6 威斯特海岸的地质概况和侵蚀	112	17 壳牌和奥格尼	366
7 多边形土	132	18 希思罗机场 5 号航站楼： 一个决策练习	384
8 温室效应	152	19 英国的区域政策	398
9 人类对土壤的影响	198	20 旅游业的影响	423
10 生物多样性	209	21 健康与发展	438
11 人口和性别	233		

案例研究			
名称	页码	名称	页码
1 1902 年，马提尼克岛，培雷火山	18	布拉德福的迁入	237
为大地震做准备	22	英国人口的变化	242
2 石灰岩地貌	37	12 高尔半岛和洛娜岛	262
3 意大利 1998 年泥石流	54	13 布隆方丹的城市种族隔离	296
4 印度恒河	73	14 苏格兰工业的变迁	300
5 中国河流	102	15 达克兰的服务业发展	330
6 切尔西海岸的研究	117	利兹的服务业	333
奇斯维尔、波特兰岛和多赛特 的洪水防护	123	16 绿色革命	355
7 冰缘区环境的生存问题	133	遗传改良食物	356
8 1974 年 4 月大爆发	172	17 三峡大坝	372
9 学校附近的土壤	197	18 世界贸易和香蕉战	391
10 改变的生态系统	222	19 突尼斯的旅游业	417
11 巴基斯坦的人口增长	231	20 南非的改变	452
消失的数百万人口，印度和巴西	235		

四、英国高中地理教材的特点与启示

英国教材包括自然、人文、区域 3 个部分的内容，本研究只选取了自然模块进行对比分析。英国教材自然模块的特点可以归纳为：第一，内容以 5 大自然地理要素为主，结合了本国独特的地理条件。第二，材料丰富，图表较多。第三，习题总量虽大但容量合理。第四，探究活动类型丰富，所占篇幅较大。

英国教材自然地理部分的内容，是依据 5 大地理要素"气、地、水、土、生"来选择的。如第 1 章板块构造理论、第 2 章岩石的风化作用和侵蚀、第 3 章斜坡和块体运动都是围绕"地"的内容展开的。第 4 章水文学、第 5 章河流和河流地貌、第 6 章海岸、第 7 章冰缘作用和冰川作用是围绕"水"的内容展开的。第 8 章天气和气候是围绕"气"。第 9 章土壤是围绕"土"。第 10 章生态系统是围绕"生"。由于英国所处的地理位置有其独特性：地处北半球高纬度地区，地理位置为北纬50°—58°，有多处冰川遗迹。于是书中特意增加了"冰缘作用和冰川作用"一章。英国为岛国，处于欧洲西北面，由不列颠岛（包括英格兰、苏格兰、威尔士）及爱尔兰岛东北部的北爱尔兰和周围 5500 个小岛（海外领地）组成。于是教材特意增加了"海岸"一章。

英国教材提供了大量的图表、案例、拓展阅读，内容十分丰富。例如，讲板块构造理论，会用整整 1 页讲述人类对板块构造运动的研究历史，还会用 2 页篇幅来讲述科学界学者们对板块运动的 3 种不同看法。教材几乎不会告诉学生一套通用的理论，而是让学生通过了解不同学派、不同理论，自己去判定。

英国教材的习题总量大，但如果和内容一起分析，习题容量就比较合理了。正文的每一节后都会有 3—5 个问题，这些问题较为简单。每一章末，都会有与 AS、A2 考试相链接的习题，这些问题更加综合，难度较大。在每个栏目中，也会设置 3—5 个问题。每组习题的数量较少，分散出现在全书中，这样即便习题总量较大（与中国教材相比），也不会给学生留下习题很多的印象。

英国教材采取的是模块式的活动设置形式：4 个活动模块各自独立地分布在章节内部，每个探究活动有自己独立的文字资料，是超脱于章节正文而存在。与中国教材相比，英国教材探究活动的设置相对集中，具有较好的针对性和较强的研究性。

第十节　中国高中地理教材特点分析

一、中国高中地理教材的选取

中国现行学制分为初等教育、中等教育、高等教育。小学（1—6 年级）阶段地理不单独设科，地理课程的内容归属于社会科和科学科。

初中阶段（7—9 年级），根据《基础教育课程改革纲要（试行）》，设置分科与综合相结合的课程，主要包括思想品德、语文、数学、外语、科学（或物理、化学、生物）、历史与社会（或历史、地理）、体育与健康、艺术（或音乐、美术）及综合实践活动。学校根据当地实际，既可以选择分科课程，也可以选择综合课程，或部分选择综合课程。中国大部分省市均选择分科课程，地理课程在初中 7、8 年级学习，共 4 个学期。

高中阶段（10—12 年级）单独设置 2 年的地理课程，由必修课程和选修课程组成，分高中 1 年级（10 年级）和高中 2 年级（11 年级）完成。高中地理必修课程由"地理 1""地理 2""地理 3" 3 个模块组成（各 2 学分，36 学时）。选修课程由"宇宙与地球""海洋地理""自然灾害与防治""旅游地理""城乡规划""环境保护""地理信息技术应用"7 个模块（各 2 学分，36 学时）组成，选修课可以在必修课之前、之后或同时开设。

我国高中地理课程与义务教育阶段课程相衔接，是高中阶段学习地球科学知识、认识人类生活与地理环境的关系、进一步掌握地理学习和地理研究方法、树立可持续发展观念的一门基础课程，跨"人文与社会"和"科学"2个学习领域。

高中地理共同必修课共6学分，由地理1（必修）、地理2（必修）、地理3（必修）（以下分别简称必修1、必修2、必修3，各2学分，36课时）3个模块组成，其中前2个模块为10年级学习内容，必修1以自然地理为主，必修2以人文地理为主。

我国高中地理教材经国家教育部审查通过后才能推广使用，目前使用教材的包括人教版、中图版、湘教版和鲁教版4个版本，其中人教版教材是由人民教育出版社编写，具有较为悠久的编写历史，且在全国范围内使用最广，其编写水平基本可以代表我国高中地理教材的发展现状，因此选作本次国际比较的中国教材版本。

二、中国高中地理教材的概况

中国高中教材全名为《普通高中课程标准实验教材·地理》，包括必修1、必修2、必修3，以及7册选修。本研究选用的是其中的必修1和必修2，因为这是我国高中10年级学生所使用的高中地理教材。其中必修1共98页，必修2共107页。

本套教材由人民教育出版社课程教材研究所地理课程教材研究开发中心编写。2004年5月由全国中小学教材审定委员会初审通过，2004年6月由人民教育出版社出版发行。

（一） 中国教材的章节结构

必修1和必修2是2个相互独立又有一定联系的模块。必修1以自然地理为主，必修2以人文地理为主，教材具体的内容设置如表5-27所示。

表 5-27　中国教材的章节结构

模块	章名	模块	章名
必修 1	第一章　行星地球	必修 2	第一章　人口的变化
	第二章　地球上的大气		第二章　城市与城市化
	第三章　地球上的水		第三章　农业地域的形成与发展
	第四章　地表形态的塑造		第四章　工业地域的形成与发展
	第五章　自然地理环境的整体性与差异性		第五章　交通运输布局及其影响
			第六章　人类与地理环境的协调发展

（二）　中国教材的内容体系

必修 1 以自然地理内容为主，具体包括：行星地球、地球上的大气、地球上的水、地表形态的塑造、自然地理环境的整体性与差异性 5 个部分。第一章"行星地球"作为全书的总论，通过宇宙环境、地球的运动、地球圈层结构等内容，揭示自然地理环境的形成和演化背景。第二章到第四章依次介绍了地球上的大气、水、地质地貌等基本自然地理要素。最后，以自然地理环境的整体性和差异性作为总结，前后呼应。

必修 2 以人文地理内容为主，具体包括：人口的变化、城市与城市化、农业地域的形成与发展、工业地域的形成与发展、交通运输布局及其影响、人类与地理环境的协调发展 6 个部分。围绕人文地理知识逻辑和学生的认知顺序，第一章到第五章按照"人口—城市—农业—工业—交通运输"的顺序编排，由浅入深，循序渐进。第六章以人地协调发展作为结尾，进行总结和升华。

必修 1 和必修 2 都采用了系统地理的表述方式，从教材的整体设计而言，体现了培养公民地理素养的基本理念。在知识维度上，与中国的高中课程标准相符合，反映了地理学的基本思想、基本结构和发展方向，内容有清晰的逻辑结构，体现了地理学的使用价值。在思想文化内涵维度上，意在建立正确的人口观、资源观，把握分析问题的时间尺度和空间尺度。在教学维度上，注重动手实验，突出案例分析，引导教学过程。

（三） 中国教材的各章结构

中国教材每一章的开始是章首引入页，由一段话引出本章的主要内容，接下来提出本章的探讨问题。探讨问题为本章力求解决的研究问题，例如，第一章行星地球的探讨问题为："地球处在什么样的宇宙环境中？为什么说地球是一颗既普通又特殊的行星？太阳对地球有什么影响？"等。

引入页后进入每一节的正文内容，正文中穿插了"阅读""活动""读图思考""案例"等栏目。

章末安排"问题研究"栏目，给出相关资料，让学生分工合作或自行探究进行问题研究。例如，"月球基地应该是什么样子"，"从市中心到郊区，你选择住在哪里"，"北京的自行车是多了还是少了"。

三、中国高中地理教材的栏目设置及特点

中国教材中包括阅读、活动、读图思考、案例、问题研究 5 种栏目。其中阅读、活动、读图思考、案例会出现在每一节之中，问题研究出现在每一章的结尾（如表 5-28 所示）。

表 5-28　中国教材栏目特点及举例

栏目名称	特点	举例
阅读	在小节中出现，有些阅读有小标题，有些没有；作为正文的补充阅读材料，此栏目并不设置题目	太阳能量的来源。 到哪里寻找外星人？ 厄尔尼诺和拉尼娜现象。
活动	在小节中出现，结合正文中的内容和图进行设问，或结合案例中的材料进行设问，或要求学生动手制作	修建水库会对自然地理环境造成许多影响，请根据案例中的线索进行讨论，并将讨论结果填入下表空白处。 根据图 1.13，回答 1985—2000 年太阳黑子数经历了什么样的变化？周期大约是多少年？ 制作三圈环流模型。

栏目名称	特点	举例
读图思考	在小节中需要使用地理图表的时候出现，帮助学生学会使用图表；结合正文或案例中的材料进行设问	（结合木桶效应示意图）加入各块桶板代表不同的资源种类，那么"木桶效应"揭示了什么道理？（结合北半球二分二至日全球的昼长和正午太阳高度角分布）全球昼长有什么分布规律？正午太阳高度角有什么分布规律？极昼和极夜分别出现在哪些地区？
案例	采用实际生活中发生的案例，鼓励学生思考生活中的地理	东北森林变化导致环境的整体变化。上海市城市等级的变化。环地中海地区农业的发展。
问题研究	出现在每一章最后，一般占2—3页的篇幅；会提供丰富的文字、图片、图表等资料，这些资料都围绕着某一个地理问题	如何看待农民工现象？为什么市区气温比郊区高？如何看待我国西北地区城市引进欧洲冷季型草坪？煤城焦作出路何在？

四、中国国内高中地理教材的比较研究

（一）中国国内高中地理教材的比较研究对象

中国目前的高中地理教材是"一纲多本"，即围绕高中地理课程标准存在多个版本的教材，本研究只选择人教版地理教材作为中国高中地理教材的代表。进行中国国内高中地理教材的比较研究有2个目的：第一是本研究拟定的难度分析方法需要进行小样本试分析，根据分析结果不断修正难度分析方法；第二是为了验证人教版教材的难度是否具有普遍性。

出于以上原因，本研究选择中图版教材（由中国地图出版社出版）作为人教版教材的对比对象。对2个版本教材的对比仅局限于《地理1（必修）》（以下简称必修1）的对比，2个版本教材的对比如表5-29所示。

表 5-29　中国教材比较研究的 2 个对象

教材	人教版必修 1	中图版必修 1
编者	人民教育出版社课程教材研究所地理课程教材研究开发中心	北京师范大学国家基础教育课程标准实验教材总编委
章节内容	第一章　行星地球 第二章　地球上的大气 第三章　地球上的水 第四章　地表形态的塑造 第五章　自然地理环境的整体性与差异性	第一章　宇宙中的地球 第二章　自然地理环境中的物质运动和能量交换 第三章　地理环境的整体性和区域差异 第四章　自然环境对人类活动的影响
出版年	2004 年	2004 年
页码	98 页	101 页

（二）　中国国内高中地理教材的难度比较结果

根据本文确定的高中地理教材内容难度比较研究方法，对人教版和中图版必修 1 教材进行编码，最终得到教材的知识点及难度的数值。中国必修 1 教材知识细目表共 280 条知识点，人教版必修 1 教材包括其中的 208 条，中图版则包括其中的 224 条，二者相差 16 条知识点，占总知识条目的 5.7%。

由此可以推断出，我国必修 1 地理教材中人教版的内容广度略大于中图版，且随着难度的增加，知识点数量逐渐减少。根据教材内容难度的计算方法，可以得出人教版和中图版教材的内容广度分别为：

$$G_{人教} = (208-Min) \times 4/(Max-Min) = 208 \times 4/280 = 2.97$$

$$G_{中图} = (208-Min) \times 4/(Max-Min) = 224 \times 4/280 = 3.2$$

从课文内容深度的分布来看，"知道"层级的知识点最多，且 2 个版本的数量相当；其次是"领会"和"应用"层级，且中图版略多于人教版；"分析综合评价"层级的知识点最少，且 2 个版本数量一致（如图 5-4 所示）。根据教材内容难度的计算方法，可以得出人教版和中图版教材的课文内容深度分别为：

$$TS_{人教} = （85×1+71×2+44×3+8×4）/208 = 1.87$$

$$TS_{中图} = （85×1+80×2+51×3+8×4）/224 = 1.91$$

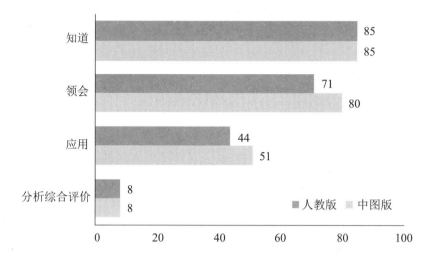

图 5-4　人教版和中图版地理教材课文内容深度分布

进一步对 2 个版本教材中习题的难度进行了分级赋值。具体来看，中图版"信息分类"的习题数量多于人教版，而在其他各个级别上，人教版的习题数量要明显多于中图版（如图 5-5 所示）。根据教材内容难度的计算方法，可以得出人教版和中图版教材的习题内容深度分别为：

$$ES_{人教} = （37×1+51×2+42×3+15×4）/（37+51+42+15）= 2.24$$

$$ES_{中图} = （43×1+38×2+24×3+13×4）/（43+38+24+13）= 1.97$$

根据计算得到的教材内容广度和内容深度，即可得出人教版和中图版高中地理教材内容难度值，具体如下：

$$N_{人教} = G_{人教}×（TS_{人教}+ES_{人教}）= 2.97×（1.87+2.24）/T×3 = 0.787/T$$

$$N_{中图} = G_{中图}×（TS_{中图}+ES_{中图}）= 3.2×（1.91+1.97）/T×3 = 0.787/T$$

因此，可以推断出人教版和中图版地理教材总体内容难度相当。具体而言，人教版教材内容广度小，但内容深度相对大，特别是习题难度较中

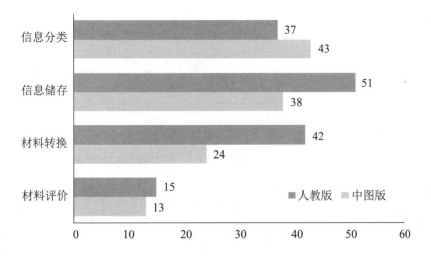

图 5-5　人教版和中图版地理教材习题内容深度分布

图版明显偏大；中图版的特点则是内容广度大，但内容深度相对较小。比较结果说明，本研究拟定的难度分析方法经过磨合，已修正难度分析方法；另外人教版教材可以代表我国教材的难度水平。

（三）　中国国内高中地理教材的分主题难度比较

根据本研究在"自然地理"模块划定的 7 大知识主题，对人教版和中图版教材的内容广度、课文内容深度和习题内容深度进行分别统计和计算，具体如表 5-30、图 5-6、图 5-7、图 5-8、图 5-9 所示。

表 5-30　人教版和中图版地理教材的难度对比统计

知识主题	教材版本	内容广度	课文内容深度									习题内容深度
		知识点个数	知道	领会	应用	分析综合评价	课文内容深度	信息分类	信息储存	材料转换	材料评价	
行星地球	人教	27	15	6	5	1	1.70	5	4	1	1	1.82
	中图	27	16	7	4	0	1.56	4	8	3	2	2.18
地球运动	人教	31	8	10	12	1	2.19	3	3	6	0	2.25
	中图	29	7	15	7	0	2.00	5	5	2	1	1.92

续表

知识主题	教材版本	内容广度	课文内容深度									习题内容深度
		知识点个数	知道	领会	应用	分析综合评价	课文内容深度	信息分类	信息储存	材料转换	材料评价	
地球圈层结构	人教	14	10	4	0	0	1.29	3	2	3	2	2.40
	中图	19	13	5	1	0	1.37	5	1	2	0	1.63
大气圈	人教	56	21	21	11	3	1.93	10	23	15	3	2.22
	中图	63	16	28	14	5	2.13	11	9	5	6	2.19
水圈	人教	28	10	11	5	2	1.96	4	10	4	5	2.43
	中图	33	15	9	7	2	1.88	5	5	7	1	2.22
岩石圈	人教	34	13	15	5	1	1.82	8	5	11	4	2.39
	中图	34	9	13	12	0	2.09	4	5	3	1	2.08
自然地理环境	人教	18	8	4	6	0	1.89	4	4	2	0	1.80
	中图	19	9	3	6	1	1.95	9	5	2	2	1.83

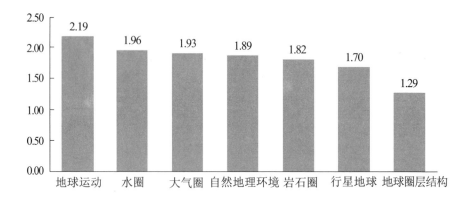

图 5-6　人教版地理教材各知识主题课文内容深度统计

各个主题内容广度的分布特点在内容的选择部分已经进行了详细的对比。从课文内容深度来看，人教版的"地球运动"，中图版的"地球运动""大气圈"和"岩石圈"的课文内容深度大于 2.00；相较而言，2 个版本教材的"地球圈层结构"和"行星地球"主题的课文内容深度值均

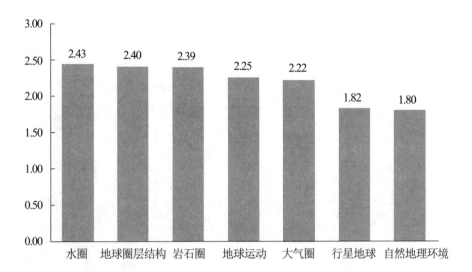

图 5-7　人教版地理教材各知识主题习题内容深度统计

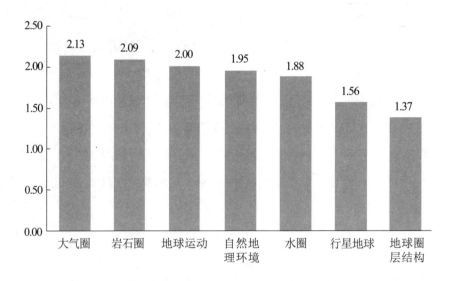

图 5-8　中图版地理教材各知识主题课文内容深度统计

最小。习题内容深度普遍要略微大于课文内容深度，深度较大的为人教版的"地球圈层结构""水圈""岩石圈"，其习题内容深度均达到 2.40 左右；中图版仅"行星地球"部分的习题难于人教版，其他部分主题的习题

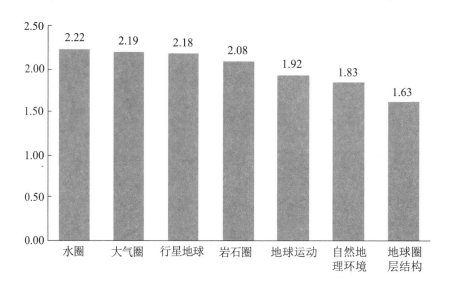

图5-9 中图版地理教材各知识主题习题内容深度统计

内容深度普遍比人教版小。

人教版"行星地球""地球运动""水圈"3个主题的课文内容深度比中图版大，中图版其他4个主题的课文内容深度更大，两个版本相差的数值均不大。在习题内容深度上，人教版"地球运动""地球圈层结构""大气圈""水圈""岩石圈"的习题内容深度值都略大于中图版。尽管各主题上的课文内容深度和习题内容深度表现不同，中图版的习题内容深度比人教版的小，但是总体而言，人教版和中图版必修1地理教材内容难度相近。

GEOGRAPHY

第六章

对我国高中地理教材
改革的建议与启示

第一节　我国高中地理教材难易程度总体评价

一、我国高中地理教材难易程度的评价结论

高中地理教材难易程度总体评价，是不考虑所选定的地理教材具体内容分支，仅仅对教材总体进行内容难度的判断。本研究结合各国家地理课程学时的设置，通过知识细目表统计教材知识点，并对课文内容深度和习题内容深度进行多次赋值求平均，最终得出了 10 个国家教材难度比较的基本数据。结合所确定的高中地理教材难易程度计算模型，最终的比较结果可以总结为：中国教材的总体难度位于第 4，略低于国际平均水平。中国教材的内容广度较小，内容深度较大，习题内容深度略大于课文内容深度。

中国高中地理教材的难度水平适中，不需要大幅度调整教材内容。针对中国高中地理教材的难度特点，在高中地理教材修改中，可以适当加大广度，减小深度。

二、知识主题的难易程度比较

在高中地理教材划分的 15 个知识主题中，中国教材涉及 11 个知识主题。在这 11 个主题中，中国教材的难度排名如图 6-1 所示。总体而言，中国教材的难度适中，接近各国教材的平均水平。其中"地球运动""城市""产业"主题难度较大，显著高于平均水平。"地球圈层结构""人口"主题也较难，其他主题的排名和距平值都较为接近平均水平。内容广度上，中国教材的数值接近平均值。只有"地球运动""人口""城市""产业"内容广度较大。内容深度上，中国教材的数值较大，排名靠前，"水圈"和"大气圈"排名第 1。课文内容深度和习题内容深度对内容深度的贡献基本相等。

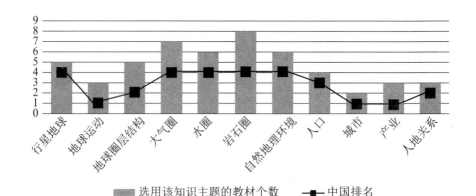

选用该知识主题的教材个数 　 中国排名

图 6-1　中国地理教材各知识主题的难度排名

在"行星地球"知识主题，我国教材在 5 个国家的教材中总难度排名第 4，低于平均水平。中国教材的内容广度和内容深度都低于国际平均水平。韩国和法国教材在此部分的知识点数目非常多，是中国教材的近 3 倍，内容深度也相对较大，学习该部分所安排的学时也相应较长。在高中地理教材修改中，可以适当增加"行星地球"部分的知识。

在"地球运动"知识主题，我国教材在 3 个国家的教材中总难度排名第 1，显著高于平均水平。10 个国家中只有 3 个国家的教材中有该主题的内容，只有中国教材在这一主题进行了系统的讲解，美国和德国教材只讲解了该主题的 1—2 个知识点。在高中地理教材修改中，可以适当减少"地球运动"部分的知识，可以考虑将"地球运动"部分移到初中地理中进行系统讲解。

在"地球圈层结构"知识主题，我国教材在 5 个国家的教材中总难度排名第 2；内容广度接近平均水平；内容深度高于平均水平。中国教材在讲述"地球外部结构"时仅用了 1/2 页的篇幅对各大圈层进行了概述，知识点数目少。中国教材侧重于地球内部结构的讲解，习题内容深度也相对较大。

在"大气圈"知识主题，我国教材在 7 个国家的教材中总难度排名第

4，低于平均水平；内容广度低于平均水平；内容深度排名第 1。"大气圈"是中国地理教材的经典核心内容，所涉及的知识点是各知识主题中最多的，使用的篇幅和教学时间也是最多的。在"三圈环流""热力环流""海陆热力差异"等内容涉及严密的逻辑推理，知识深度较大，对应的习题内容深度也较大。

在"水圈"知识主题，我国教材在 6 个国家的教材中总难度排名第4，低于平均水平；内容广度显著低于平均水平；内容深度排名第 1。中国教材中涉及的"洋流运动"等内容，课文内容深度较大，对应的习题内容深度也较大，因此内容深度很大。但中国教材在"水圈"涉及的内容较少，因此总体难度不大。

在"岩石圈"知识主题，我国教材在 8 个国家的教材中总难度排名第4，几乎与平均水平持平；内容广度排名第 5，低于平均水平；内容深度排名第 3。中国教材主要从"塑造地表形态的力量""山地的形成""河流地貌的发育"这几个角度来阐述"岩石圈"主题，内容广度较小。美国、澳大利亚、英国、法国教材在这一知识主题中均有与土壤相关的内容，中国教材也可以考虑加入该内容。

在"自然地理环境"知识主题，我国教材在 6 个国家的教材中总难度排名第4，低于平均水平；内容广度排名第 4，略低于平均水平；内容深度排名第 3，低于平均水平。"自然地理环境"是自然地理模块最为综合的内容，是最为锻炼学生地理综合能力的内容，中国教材应该加强这个知识主题的内容设计。澳大利亚教材在本知识主题突出关注了人地关系，英国教材扩展到生态系统，德国教材关注环境污染问题，中国教材可以考虑从这 3 个角度扩宽该知识主题。

在"人口"知识主题，我国教材在 4 个国家的教材中总难度排名第3；内容广度排名第 3，低于平均水平；内容深度排名第 2，略高于平均水平。"人口"主题共有 4 国教材涉及，虽然人口部分是中国地理必修 2 的

6 个组成部分之一，但如果说到知识数目，澳大利亚和俄罗斯教材更多。澳大利亚教材的知识数目是中国教材的 4 倍，俄罗斯教材的知识数目是中国教材的 2 倍，澳大利亚和俄罗斯教材此部分的学时也很多。

在"城市"知识主题，我国教材在 2 个国家的教材中总难度排名第 1；内容广度和内容深度均高于日本教材。选择这个知识主题的教材并不多，仅有中国和日本教材。中国教材的内容关注"城市内部空间结构""不同等级城市的服务功能"和"城市化"；而日本教材主要关注城市居住问题。中国教材更关注"城市化"符合中国国情，今后也可以更加关注城市居住问题。

在"产业"知识主题，我国教材在 3 个国家的教材中总难度排名第 1；内容广度和内容深度也排名第 1。中国教材的内容分为"农业"和"工业" 2 个部分；新加坡和日本教材都没有单独划分农业或工业，而是直接进行产业的讲解。中国教材关注农业是因为考虑到中国的国情，今后可以考虑加入更多产业类型的内容，关注全球产业格局的变化。

在"人地关系"知识主题，我国教材在 3 个国家的教材中总难度排名第 2；内容广度和内容深度均排名第 2。俄罗斯教材关注全球性问题，中国教材可以考虑在内容中增加对全球性问题的讲解并探讨其解决之道。

三、"自然地理""人文地理"和"区域地理"模块的难易程度比较

10 个国家的教材内容安排各有不同，有 8 个国家的教材涉及"自然地理"模块，6 个国家的教材涉及"人文地理"模块，3 个国家的教材涉及"区域地理"模块。各模块的难度排序以及各国教材总难度的排序如表 6-1 所示。

表 6-1　各国高中地理教材总难度及各模块难度的排序

排序	教材总难度	"自然地理"模块难度	"人文地理"模块难度	"区域地理"模块难度
1	澳大利亚	澳大利亚	澳大利亚	美国

排序	教材总难度	"自然地理"模块难度	"人文地理"模块难度	"区域地理"模块难度
2	英国	英国	俄罗斯	俄罗斯
3	俄罗斯	美国	中国	日本
4	中国	中国	新加坡	
5	新加坡	德国	德国	
6	美国	韩国	日本	
7	德国	法国		
8	法国	日本		
9	韩国			
10	日本			

在"自然地理"模块中，中国教材选取的知识主题均为较普遍的主题。总体来说，中国教材的难度适中，接近各国教材的平均水平。其中，"地球运动"难度最大，显著高于平均水平。"地球圈层结构"也较难，其他主题的排名和距平值都较为接近平均水平。中国教材的内容广度在国际上并不是名列前茅的，而内容深度相对较大，其中习题内容深度较大。我国高中地理教材可以考虑适当降低自然地理部分的难度，降低"地球运动"主题的内容，适当扩大内容广度。

在"人文地理"模块中，中国教材选取的知识主题以人口、城市、农业、工业、交通、人地关系为主，教材内容安排思路来自系统的人文地理学经典内容；其他国家教材的人文地理内容中，澳大利亚教材突出了资源、文化、政治和发展；日本教材强调了文化、民族、资源；新加坡教材强调了旅游业、发展和食品；俄罗斯教材则关注资源和世界经济等内容。由于各个国家地理教学中的关注点不同，即使同一个主题，在不同国家教材中的内容难度表现也不同。在涉及人文地理的 6 本教材中，中国教材的内容广度相对居中，排名第 3，内容深度相对较大，内容深度中习题内容深度所占比例较大。中国和俄罗斯教材的总体难度比较接近世界平均水平。国外地理教材的人文地理内容多以专题展开，关注世界发展不平衡、食品地理、资源利用、文化等全球热点问题。我国教材人文地理部分也可以适当加入对热点问题的探讨，引导学生用地理思维去思考问题。

在"区域地理"模块，各国教材以大洲划分主题居多，日本教材则是通过主题分析方法来确定主题，区域地理内容的伸缩性和弹性都较大。只有3个国家的教材讲了区域地理，教材的内容安排差异较大，难度差异也非常大。中国教材在高一阶段没有选取区域地理的相关内容，区域地理出现在高三阶段。与各国相比，我国高三阶段教材的"区域地理"模块缺少地理学史、科学史的渗透，今后可以考虑适当增加该部分内容。俄罗斯教材在讲解区域地理时，会先介绍每个大洲是怎么被发现的，发生过哪些地理故事。俄罗斯教材通过地理发现史、地理科学家的故事等加强对学生情感态度价值观的培养，这值得中国教材借鉴。

第二节　各国高中地理教材特点分析

一、各国高中地理教材内容体系的特点分析

地理教材的内容是在一定的地理观指导下构建的地理知识间的逻辑关系，反映了教材编写者对于地理规律的认识，涵盖了地理学科的主要知识。这一逻辑关系即为教材的内容体系。

教材的内容体系包括内容编排、内容选择、内容表述。内容编排是指地理教材章节的安排顺序和各章节之间的逻辑架构如何体现地理的教育原理。内容选择是指地理教材涵盖的主要知识内容，包括地理概念、地理规律、地理理论等。内容表述是指地理教材内容的表现形式，其栏目设置、形态结构如何层层递进，对地理教学进行引导和深化。对各国高中地理教材的主要内容、表述方式、展开方式进行比较，结果如表6-2所示。

表 6-2　各国高中地理教材内容比较

国别	主要内容	表述方式	展开方式
中国	自然地理+人文地理+区域研究	系统地理表述+专题表述	
日本	区域调查+专题	专题表述	由近及远
韩国	自然地理专题+人文地理专题	专题表述	
新加坡	自然地理+人文地理	系统地理表述	
俄罗斯	经济与社会地理	专题表述	由近及远
英国	自然地理专题+人文地理专题	专题表述	
法国	专题	专题表述	由近及远
德国	自然地理专题+人文地理专题	专题表述	
美国	地理学基础知识+世界地理	区域地理表述	由近及远
澳大利亚	自然地理+人文地理+专题	系统地理表述+专题表述	

（一）　内容选择比较

各国中多数国家的教材以"自然地理+人文地理"内容为主，区域地理通常作为案例出现。在各国教材中，以区域地理为主要内容的只有美国教材。多数国家的教材或按典型的系统地理的方式安排自然地理和人文地理内容，如中国、新加坡、澳大利亚，或以自然地理专题和人文地理专题的方式安排内容，如韩国、英国、德国等，专题的讲述比初中阶段更为深入和综合。各国教材在内容设置顺序上，均先安排自然地理内容，再安排人文地理内容。俄罗斯高中阶段的地理教材内容则是和初中阶段贯通的，在初中"自然地理+人文地理+地理基础知识+世界地理+俄罗斯地理"的基础上，高中阶段以经济与社会地理专题为主。对中国、新加坡、澳大利亚、德国等国教材中各章涉及的自然地理和人文地理主题进行统计，结果如表 6-3 所示。

表6-3　各国高中地理教材自然地理主题与人文地理主题统计

国别	自然地理主题	人文地理主题
中国	行星地球、大气、水、地表形态的塑造、自然地理环境的整体性与差异性	人口地理、城市与城市化、农业、工业、交通、人地协调发展
新加坡	板块构造和板块运动、气象气候、植被、河流和海岸	工业、旅游业、世界发展不平衡、食品地理
澳大利亚	大气圈、水圈、岩石圈、生物圈、海岸、河流治理、生态系统	人口地理、资源利用、文化融合、政治地理、世界发展不平衡、城市、经济地理
德国	自然地理基础知识（包括大气、洋流、水循环和碳循环）、生态系统、资源、灾害	可持续发展、食品地理、经济地理、旅游业、发展不平衡和全球化、人口和城市化、聚落
英国	板块构造理论、岩石的风化和侵蚀、斜坡和块体运动、水文学、河流和河流地貌、海岸、冰缘作用和冰川作用、天气和气候、土壤、生态系统	人口、村庄、城市、工业、服务业、农业、经济、运输和贸易、区域不平等、旅游业、发达国家和发展中国家
韩国	气候、地貌	文化景观、城市和乡村、工业和服务业选址、地区开发、可持续发展
日本	地形地貌、世界地形、世界气候、日本的自然特征	资源和产业、生活和文化、世界的各地区、全球化发展的现代世界、全球性课题
美国	行星地球、地形地貌、天气和气候、土壤和植被	文化地理、人口地理、政治地理、城市、经济地理

各国的自然地理内容在具体角度和表达上有所差异，如澳大利亚教材主要围绕圈层、海岸、河流、生态系统等主题进行编写；而中国教材则是主要按大气、水、地貌等几个自然地理要素进行编写。但各国教材自然地理内容大多涉及岩石圈、水圈、大气圈、生物圈的内容。各国教材人文地理部分所选择的主题则有较大差异。人口地理、城市和城市化、可持续发展、工业等主题被选用的次数较多。国外教材中也多次涉及世界发展的不平衡、旅游业、食品地理、资源利用、文化等内容，而这些内容在中国的教材中则没有涉及。

很多国家的教材以自然地理、人文地理内容为基础，都安排了可持续发展的内容。如法国教材的主题就是社会与可持续发展，中国的"人类与地理环境的协调发展"一章、俄罗斯的"人类面临的全球性问题"一章、韩国的"可持续发展"一节、德国的"可持续发展的途径"一章等都专门讲述了可持续发展问题。其他国家教材也多把可持续发展问题融入各章进行讲述。

（二）表述方式比较

高中阶段的地理教材，在表述方式上更为灵活，很多内容通常并不严格限于某一种表述方式。高中阶段，以区域地理表述为主要方式编写地理教材的情况很少，只有美国的地理教材属于这种情况。以系统地理表述为主要方式的情况也较少，新加坡教材属于这种情况。中国的必修1、必修2和澳大利亚的预备科目教材属于系统地理表述，但其后的教材采用了专题式表述。大多数教材以专题式表述为主，如日本、韩国、英国、法国、德国和俄罗斯，各国在专题内容的选择上各不相同。

1. 区域地理表述

高中阶段，本书研究的各国教材中只有美国教材运用了区域地理表述，内容仍然为世界地理内容。该册教材也是以大洲尺度或大于国家的地区尺度设置单元，从地形和资源、气候和植被、人与环境相互作用等方面讲述该区域的自然地理概况，进一步以低一尺度的区域或国家设节，讲述该区域独具特色的人文地理内容，属于典型的区域地理的表述方式。例如：

第九单元　东亚

概述：整体概览：当今大事

第二十七章　东亚自然地理：崎岖的地形

第一节　地形和资源

第二节　气候和植被

第三节　人与环境的相互作用

第二十八章　东亚人文地理：共享的文化传统

第一节　中国

第二节　蒙古

第三节　韩国和朝鲜

第四节　日本

第二十九章　当今大事：东亚

第一节　环太平洋火山地震带

第二节　贸易与繁荣

2. 系统地理表述

高中阶段，以系统地理表述为主要表述方式的，主要是新加坡、德国、英国、澳大利亚，以及中国的必修 1 和必修 2。

新加坡教材、英国教材和中国的必修 1 与必修 2 属于比较典型的系统地理表述方式。新加坡教材自然地理部分按照自然地理学简介、板块构造和板块运动、气象和气候、自然植被、河流和海岸进行编写；人文地理部分覆盖了工业、旅游业、世界的发展不平衡、食品地理等内容。中国的必修 1 是自然地理部分，按照行星地球、大气、水、地表形态的塑造、自然地理环境的整体性和差异性进行编写；必修 2 是人文地理部分，覆盖了人口、城市与城市化、农业、工业、人地协调发展的内容。英国教材的自然地理部分包括板块构造理论、岩石的风化和侵蚀、斜坡和块体运动、水文学、河流和河流地貌、海岸、冰缘作用和冰川作用、天气和气候、土壤、生态系统；人文地理部分包括人口、村庄、城市、工业、服务业、农业、经济、运输和贸易、区域不平等、旅游业、发达国家和发展中国家。

澳大利亚教材的自然地理部分是按照圈层进行编写的，包括大气圈、水圈、岩石圈、生物圈，此外还编写了海岸和河流 2 个单元，在自然地理部分注重各自然地理要素的交互作用，以及人类的影响。人文地理部分覆盖了人口、自然资源利用、文化融合、政治地理和世界发展不平衡等全球性问题的内容。

德国教材的自然地理部分以大气、洋流、植被、水循环和碳循环等自然地理基础知识作为铺垫，接下来设置的是生态系统、资源、自然灾害、可持续发展等有人类活动参与的内容。人文地理部分包括食品地理、经济地理、旅游业、世界的发展和全球化、人口和城市化等内容。德国地理教材突出了自然地理要素与人文地理要素之间的相互作用，章节主题的设置弱化了传统系统地理中各部门的界限，体现出更强的综合性。在具体章节的表述中已经可以看出专题表述的特征，但从教材整体来看，仍然属于系统地理表述。

3. 专题表述

高中阶段以专题表述为主编写的有韩国、日本、法国、俄罗斯教材，中国的必修 3 也属于专题表述的编写方式。以专题表述为主的地理教材形式多样，特色突出，各国教材之间的差异非常大。

俄罗斯教材的主题为世界经济地理与社会地理，从世界总体特征、世界区域特征 2 个方面进行了深入讲述。韩国和日本教材由于受到课程分科设置的影响，其表述体现出地理学科系统性不强、综合性较强的特点。以日本教材为例，它首先从贴近生活的角度讲述了自然地理要素（地形、气候等）和人文地理要素（资源、产业、聚落等），接下来保持了注重区域调查方法培养的特色，设置了区域调查的内容，最后以全球性问题作为结尾。

法国教材中有 2 个主题和地理相关，分别是"地球：可居住的行星"，以及"当代行星的筹码：能量与地球"，前者包括 1 个章节，后者包括 3 个章节。每个章节都是 1 个专题，围绕专题展开内容。例如，主题 2 中"太阳：能量的来源"一章，含有 6 个方面的内容，均围绕该主题展开。

章节 5　太阳：能量的来源

1 地球接收的太阳能

2 光与光合作用

3 地球上的光合作用

4 太阳能和大气运动

5 太阳能和水运动

6 利用源于太阳的能量

中国的必修 3 是以不同区域为案例进行阐述的，每章的主题设置根据各区域研究内容的不同而不同。

（三） 内容设置顺序比较

地理课程内容的设置顺序包括直线式、螺旋式、混合式 3 种类型。直线式是指构成中学地理的课程内容从初中到高中不间断地排列。直线式的设置，大多在初中安排区域地理，在高中则主要介绍系统的自然地理和人文地理。螺旋式以重复出现、逐渐加深的方式设置地理课程内容。混合式就是把直线式和螺旋式相结合而形成的一种方式，具体的混合方式有多种。

以直线式设置教材内容的国家以中国、俄罗斯为代表。中国初中到高中的地理教材的主要内容为世界地理—中国地理—自然地理—人文地理—区域研究；俄罗斯初中到高中的地理教材的主要内容为自然地理—人文地理—地理基础知识—世界地理—俄罗斯地理—经济与社会地理。中国教材的主要内容如图 6-2 所示。

以螺旋式设置教材内容的国家以美国、英国等为代表。本书所研究的美国初中、高中教材均设置区域地理内容，高中的内容深度和综合性大于初中，属于螺旋式的设置。英国教材也属于典型的螺旋式的设置。本研究所选用的英国初、高中教材均为专题式的表述，有些内容在初、高中反复多次出现，难度逐渐加深。如"躁动的地球"主题，在 7 年级出现时讲述了火山和地震的位置、后果、对人类的影响，在 9 年级出现时讲述了地震和火山的类型、成因、人类与火山地震的共存，在高中阶段再次出现时，讲述了岩石、板块构造学说和地震是否可以被管理。随着年级升高，内容逐渐加深，由表现向成因、过程过渡。除火山地震外，人口、河

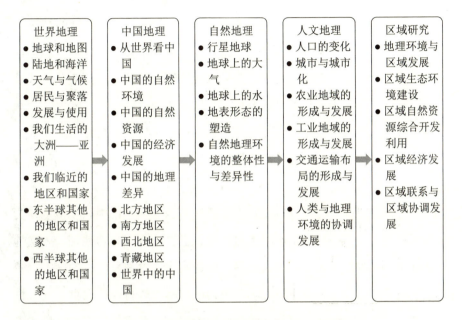

图6-2 中国中学地理教材的直线式设置

流和海岸、天气和气候、发展问题等主题内容也有类似的规律。

以混合式设置教材内容的国家以澳大利亚为代表。多数国家的区域地理以直线式进行设置，而专题和系统地理以螺旋式进行设置。如澳大利亚教材的本国地理内容只在初中进行了设置。初中阶段的专题中讲述几类生态系统、山脉和板块构造学说、全球的不平等、城市化等内容；在高中阶段预备科目的生物圈、岩石圈、发展地理学中，按系统地理的方式进行了更为理论和系统的讲述。

（四）各国高中地理教材内容体系特点小结

高中阶段，多数教材以自然地理和人文地理内容为主，区域地理通常作为案例出现。高中教材的地理内容，无论是自然地理、人文地理还是专题内容，均较为深入，多涉及原理和过程，与初中阶段教材的深度和侧重点不同。多数国家很重视可持续发展内容，在教材的单独设置一册、一章或一节进行讲述。

初中阶段，以系统地理表述为主要表述方式编写地理教材的情况较少，大多数教材均采用以专题表述为主、以区域地理表述为主或专题与区域表述相结合的编写方式。高中阶段，以区域地理表述为主要表述方式编写地理教材的情况很少，大多数教材均为以专题表述为主或以专题与系统表述相结合的方式为主，这样的安排方式也符合学生的认知规律。

在展开方式上，高中阶段涉及展开方式的教材全部是由近及远的展开方式。

在内容设置顺序上，以直线式设置教材内容的国家以中国、俄罗斯为代表，从初中到高中，分别设置本国地理、世界地理、自然地理、人文地理等内容，具体设置顺序因国家而异。以螺旋式设置教材内容的国家以美国、英国等为代表。本书所研究的美国初中、高中教材均设置世界地理内容；英国等国家初、高中教材均设置专题，部分内容重复出现，难度逐渐加深。以混合式设置教材内容的国家以澳大利亚为代表，区域地理以直线式进行设置，而专题和系统地理以螺旋式进行设置。

二、各国高中地理教材图像系统的特点分析

（一） 图像系统分布规律

1. 章首、主题首设置图像

除俄罗斯外，参与比较的 9 个国家的高中地理教材都会在每章的首页、每个主题的首页设置图像。图像基本为照片。这些图像位于一个主题、一章的起始页，起到创设情境的作用。法国高中地理教材设置了四幅图像，澳大利亚高中地理教材设置了三幅图像，美国高中地理教材设置了由多幅图组成的组图，其他国家均设置了一幅图像。

2. 目录页设置图像

除俄罗斯和德国外，有 8 个国家的高中地理教材的目录中也设置了图像，法国教材章目录如图 6-3 所示。图像来自于教材内已有的图像，很少有来自教材自身内容之外的图像。

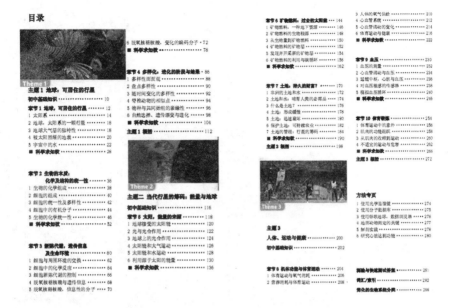

图 6-3　法国高中地理教材章目录

注：该插图出自法国教材第 4-5 页，本书进行了翻译。

3. 各类栏目设置示意图

新加坡、法国、澳大利亚的教材均在目录页前后设置了介绍教材中各类栏目及其功能的示意图（如图 6-4 所示）。俄罗斯教材则是以文本的形式进行了介绍。

4. 设置知识点关系示意图

韩国、新加坡、俄罗斯、法国的教材在每一节或每一主题之后，均设置了本部分知识点的示意图。

韩国教材的知识点示意图设置于节末；俄罗斯教材在每一主题的开始设置了本主题知识点纲要图；法国教材在每章的章末设置了由组图组成的知识关系示意图。新加坡教材不仅在每节末设置了知识点示意图（如图 6-5 所示），还在每一主题设置了各节关系示意图（如图 6-6 所示），全书末尾还设置了整本书的知识关系示意图。

图 6-4　新加坡高中地理教材栏目设置示意图

注：该插图出自新加坡教材第 2-3 页。

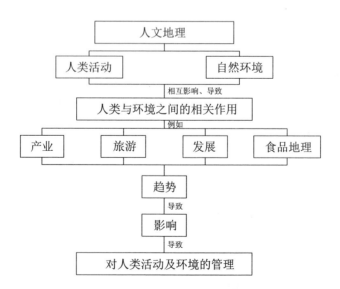

图 6-5　新加坡高中地理教材章末知识点关系示意图

注：该插图出自新加坡教材第 6-9 页，本书进行了提炼。

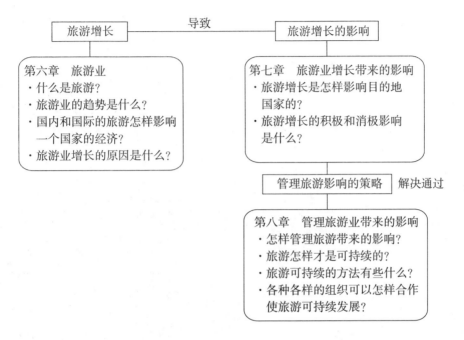

图6-6　新加坡高中地理教材每一主题的各节关系示意图

注：该插图出自新加坡教材第7页，本书进行了翻译加工。

5. 设置训练学生图像技能的栏目

日本、英国、德国、澳大利亚、美国的高中地理教材均设置了专门的地理技能训练项目，其中很多项目都旨在培养学生的读图、用图能力（如图6-7所示）。

我国高中地理教材缺少各类栏目示意图、知识点关系示意图、训练学生图像技能的栏目，在今后的修订中，可以适当借鉴国外教材的成功经验。

（二）不同类型的图像数量比较研究

地理教材中出现的图像可分为地图，照片，图表与表格，示意图，漫画、资料框与游戏，组图。第一类，地图是地球表面或其中一部分在平面上简化的、按比例缩小的并附有解释的图片。地图的作用在于确定地理事物的地理位置，以及分布规律；表明各地理事物的大小、高低、形状、范

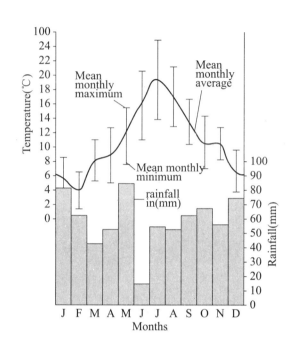

图 6-7　英国高中地理教材技能栏目"气候曲线图"

注：该插图出自英国教材第 165 页。

围等多种特征；揭示地理事物间的相互关系；阐明地理事物的空间变化过程等。第二类，照片包括实拍照片、卫星照片、航空照片、绘画等。照片信息丰富，真实反映了世界各地的自然景观和社会人文信息。第三类，图表包括饼状图、柱状图、曲线图等，是数值的图形表现；表格提供大量的数字信息。图表与表格是体现定量化地理信息的重要载体。第四类，示意图包括关系图、剖面图、过程图、概念图、模式图等，用简练的手法清晰描述地理事物。第五类，漫画包括卡通漫画和讽刺漫画，资料框是在教材中补充信息的重要载体，游戏主要以作业或活动的形式出现，例如，填充积木框游戏、与地理事物有关的横纵字谜等。第六类，组图，就是上述五类之间的任意组合。组图的形式灵活多样，能起到多元化的作用。

　　有 8 个国家的高中地理教材包含自然地理内容，经过统计分析可知 8

个国家教材的不同类型图像占图像总量的百分比。比较有共性的是：示意图占图像总量的 15.9% 左右，图表和表格所占比例在 13.4% 左右，地图所占比例在 11.0% 左右。中国和日本高中地理教材的地图所占比例高于 8 国教材的平均水平；日本、澳大利亚和法国高中地理教材的照片所占比例高于 8 国教材的平均水平；英国和法国高中地理教材的图表与表格类图像所占比例高于 8 国教材的平均水平；中国和英国高中地理教材的示意图类所占比例高于 8 国教材的平均水平。中国高中地理教材的地图比例较高，示意图比例较高，组图比例较低。

有 5 个国家的高中地理教材包含人文地理内容，经过统计分析可知 5 个国家教材的不同类型图像占图像总量的百分比。比较有共性的是：示意图占图像总量的 7.1% 左右，地图所占比例在 11.0% 左右，漫画、资料框和游戏占 1.4% 左右。中国高中地理教材的地图所占比例高于平均水平；新加坡和澳大利亚高中地理教材的照片所占比例高于平均水平；俄罗斯高中地理教材的图表与表格类图像所占比例高于平均水平；示意图类所占比例较小，各国教材差异不大。中国高中地理教材的地图比例较高，图表与表格比例较低，组图比例较低。

有 3 个国家的高中地理教材包含区域地理内容，经过统计分析可知 3 个国家教材的不同类型图像占图像总量的百分比。比较有共性的是：地图占图像总量的 25.6% 左右，组图所占比例在 25.0% 左右，图像与表格占 11.1% 左右。

各国高中地理教材中，照片所占比例最高，漫画、资料框与游戏所占比例最低。区域地理部分的地图比例最高，自然地理部分的示意图比例最高，人文地理部分的图表与表格比例最高。

（三）图像设计案例分析

案例 1：以"地球内部圈层结构"为案例，对比分析中国教材（图 6-8）、韩国教材（图 6-9）、英国教材（图 6-10）、美国教材（图 6-11）、澳大利亚教材（图6-12）的相关图片。

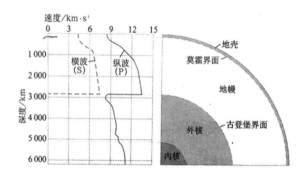

图6-8　中国教材（人教版）地球内部圈层结构示意图

注：该插图出自中国教材《地理1（必修）》（人教版）第21页。

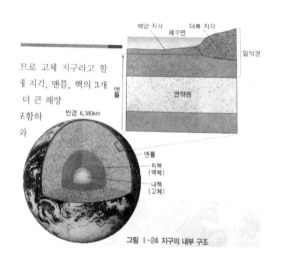

图6-9　韩国教材地球内部圈层结构示意图

注：该插图出自韩国教材第33页。

从图像设计来看，英国、韩国、美国教材均使用了整体示意图加局部示意图组成的嵌套型组图，即一幅整体图加一幅局部细节图。我国的人教版教材和澳大利亚教材使用的是单幅示意图。人教版教材使用的是一幅平面图，其他教材使用的是三维立体模型图。

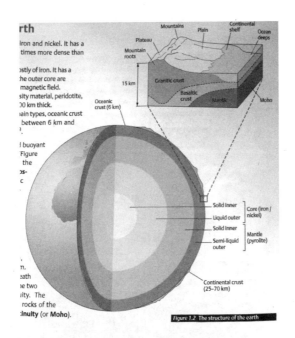

图 6-10　英国教材地球内部圈层结构示意图

注：该插图出自英国教材第 6 页。

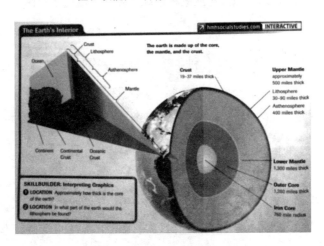

图 6-11　美国教材地球内部圈层结构示意图

注：该插图出自美国教材第 28 页。

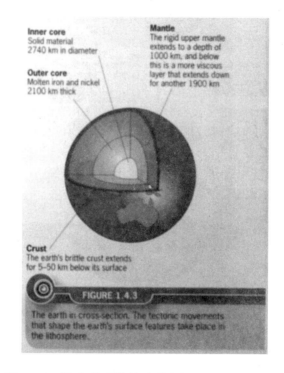

图6-12　澳大利亚教材地球内部圈层结构示意图

注：该插图出自澳大利亚教材第83页。

从图像信息量来看，澳大利亚教材的示意图所包含的信息量是最少的，仅展示了内地核、外地核、地幔和地壳这几个基本的圈层。人教版教材展示了上地幔、下地幔、软流层、横波、纵波、莫霍界面、古登堡界面等多个术语。

韩国、英国、美国教材均标注出了地壳表面的海洋和陆地。美国教材在局部示意图上标注了大陆壳和大洋壳。英国教材的示意图所包含的信息最多，在整体示意图中标注了哪些圈层是固态，哪些圈层是液态；局部示意图也用立体的方式标注了山脉、高原、平原等地表形态；在剖面示意图中还区分了花岗岩地壳和玄武岩地壳。

案例2：以"大气的垂直分层"为案例，对比分析中国教材（图6-13）、

德国教材（图6-14）、英国教材（图6-15）、韩国教材（图6-16）的相关
图片。

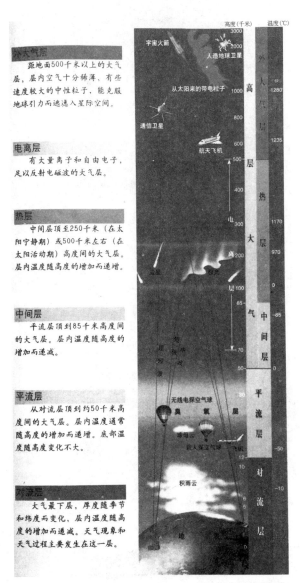

图6-13 中国教材（中图版）大气的垂直分层示意图

注：该插图出自中国教材《地理1（必修）》（中图版）第27页。

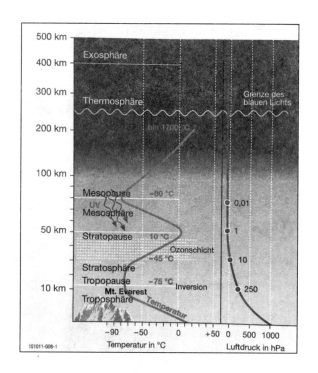

图 6-14　德国教材大气的垂直分层示意图

注：该插图出自德国教材第 8 页。

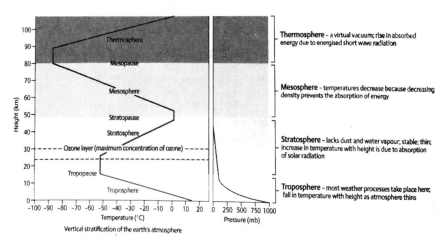

图 6-15　英国教材大气的垂直分层示意图

注：该插图出自英国教材第 148 页。

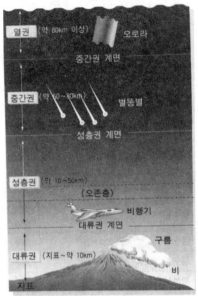

그림 Ⅰ-22 기권의 구분
대류권과 성층권의 경계면을 대류권 계면, 성층권과 중간
권의 경계면을 성층권 계면, 중간권과 열권의 경계면을
중간권 계면이라고 한다

图 6-16　韩国教材大气的垂直分层示意图

注：该插图出自韩国教材第 31 页。

　　从图像设计来看，大部分教材的图像均为示意图和资料框组合的形式，以资料框补充信息，说明示意图中的内容。我国的中图版教材和韩国教材的图像设计比较形象，各层大气分别适合哪些活动、存在哪些自然现象比较明了。德国和英国教材的图像较为类似，都是用颜色区分各层，用曲线表示温度和气压随高度的变化情况。

　　从图像信息量来看，韩国教材除标示出各层大气所处的高度之外，还说明了各层分别适合哪些活动、存在哪些自然现象。我国的中图版教材也具有韩国教材的特点，同时还以资料框的形式说明了各层大气的特点。德国教材在标示出各层大气所处的高度后，用资料框介绍了大气的主要成分、人类活动对于大气成分的影响。英国教材在标示出各层大气所处的高度后，用资料框介绍了各层大气的概况、大气的热量来源、大气温度的变化原因。

案例3：以"水循环"为例，对比分析中国教材（人教版）（图6-17）、中国教材（中图版）（图6-18）、法国教材（图6-19）、英国教材（图6-20）、韩国教材（图6-21）的相关图片。

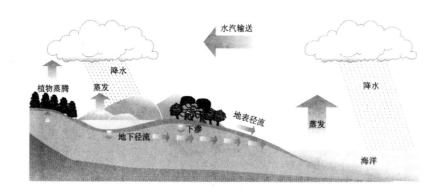

图6-17　中国教材（人教版）水循环示意图

注：该插图出自中国教材《地理1（必修）》（人教版）第55页。

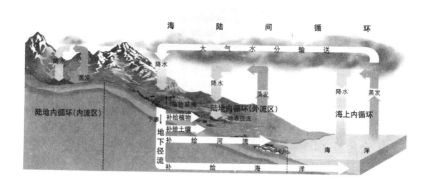

图6-18　中国教材（中图版）水循环示意图

注：该插图出自中国教材《地理1（必修）》（中图版）第47页。

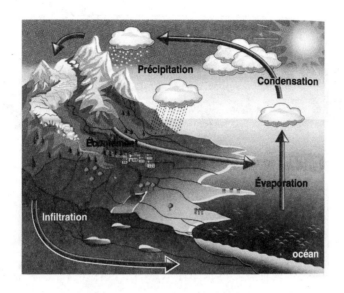

图 6-19　法国教材水循环示意图

注：该插图出自法国教材第 134 页。

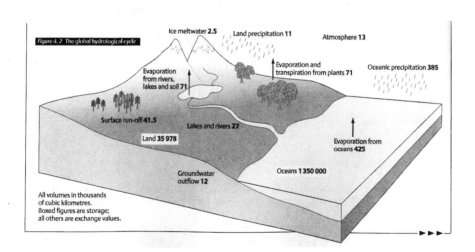

图 6-20　英国教材水循环示意图

注：该插图出自英国教材第 58 页。

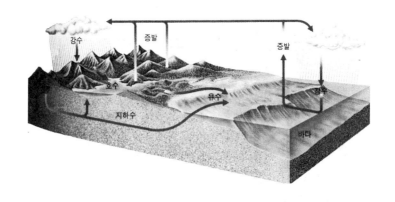

图 6-21　韩国教材水循环示意图

注：该插图出自韩国教材第 93 页。

以上各国高中地理教材的水循环示意图虽然有详有略，但是都比较形象地表示了水循环的主体部分，即海陆间循环。从海陆表面蒸发的水分，在太阳辐射能的作用下，上升到大气中；在一定的热力条件下，随着大气的运动，水汽凝结为液态水降落至地球表面；除蒸发外，一部分水会在地面流动，形成地表径流；一部分渗入地下的水，以地下径流形式进入河道，成为河川径流的一部分；贮于地下的水，一部分上升至地表供蒸发，一部分向深层渗透，在一定的条件下溢出成为泉水。地表水和返回地面的地下水，经过江河汇集，最终都流入海洋中。

由此可见，河流，尤其是大江大河，是径流的主体，而大江大河的源头多是高山冰川，水循环的示意图要表现出这个特点。从不同教材的水循环示意图来看，有的表示得比较清楚，如法国、英国、中国（中图版）教材，韩国教材也基本表示清楚了；中国（人教版）的水循环示意图则存在缺陷，基本没有表示出高山冰川，没有完整地表现径流这个环节。

三、国外高中地理教材对中国国家形象的描述

在本研究选择的 10 本高中地理教材中，韩国教材着重于自然地理部分的内容，几乎没有对中国国家形象的描述，仅有一处提到了中国的喜马拉雅

山。俄罗斯、美国、澳大利亚教材包括区域地理的部分，在区域地理中将中国作为一个独立单元进行了介绍，对中国国家形象描述较多，篇幅较大。

亚洲国家的地理教材中关于中国的形象描述较多，在教材举例时往往会选择中国的相关地理事物作为教材的案例。对中国的描述不仅数量上较多，篇幅较大，而且评价态度相对客观。相比之下，欧洲国家的地理教材中对中国的描述较少，篇幅较短，叙述的人文类地理事实不够客观。欧洲国家教材提到的中国很多信息还停留在几十年前，甚至有一些明显错误。

日本高中地理教材划分为 4 部，每一部都有中国的内容。在第一部"自然与生活"中，以中国桂林为例，讲述喀斯特地貌的成因；以中国南部为例，说明温暖湿润气候的特点，配以中国湖南人工收割稻田的图片作为例子。在讲述日本的资源、产业、文化、生活时，经常以中国为例和日本进行对比。中日比较包括：中日火力发电的比重都较大，中日都是以大米为主食，中日的资源存储量不同，全球化发展中的经济关系等。第二部"世界的各地区"中，介绍西亚、东南亚、日本、美国、澳大利亚的时候均提到了这些地区和中国的关系。第三部"全球化发展的现代世界"在介绍日本邻国的时候，系统介绍了中国。第四部"全球性课题"，以中国严重的环境问题作为例子。

韩国高中地理教材与我国高中地理必修 1 类似，是以自然地理内容为主的。教材主要的内容包括：宇宙、天气与气候、洋流、地球圈层结构等。只在"地壳的运动和板块运动"中提到了我国的喜马拉雅山。

新加坡地理教材共 14 章内容，有 11 章涉及与中国相关的内容。新加坡对中国形象的描述比较客观，对中国的分析考虑到中国的基本国情，如人口众多、劳动力价格相对低廉。对于中国形象的正面描述包括：中国政府推进清洁能源，中国电子产业迅速发展吸引国外投资，中国政府做出重大努力治理长江和黄河的水灾以降低灾害对经济的冲击等。在阐述人口政策时，列举了中国的计划生育政策，编者对于计划生育政策有所了解，其描写基本符合中国的实际情况。

俄罗斯地理教材一共有 11 个主题，其中有 9 个主题提到了与中国相关的内容，总计 50 多处，但篇幅都较小，提到中国是为了与其他国家或地区相对比。在教材主题 7 中，除介绍亚洲总体特征外，还分节介绍了中国、日本、印度、澳大利亚等国。在中国一节中，介绍了中国的领土、边界、地理位置、人口情况、经济发展等，内容属实，符合我国的国情。

德国地理教材只有一处与中国形象相关的内容，即三峡大坝的建设。编者对三峡大坝的建设持否定、消极的态度，强调环境保护，以人为本，反对建设水坝。

英国全书 21 章，有 8 次提到中国一共约 9 页。自然地理部分提到了中国的喀斯特地貌、长江与黄河的洪涝灾害，以及中国的三北防护林等植树造林计划。人文地理部分提到了中国的计划生育、中国的玩具制造业、中国的水利工程、三峡大坝等。教材还关心中国的区域发展问题，解释中国区域发展存在差异的原因。教材中出现的中国案例，材料基本客观，但夹杂着惯有的批评，如对计划生育、水力发电的批评。在英国教材中，大量采用了英国本土的案例。常会出现的其他国家有日本、新加坡、印度、突尼斯、马来西亚、南非等。

在美国地理教材中，有十几处讲到中国，相关内容集中出现在"东亚"部分。教材以中国作为区域案例，强调了中国的崎岖地形；对于中国自然地理概况的叙述比较客观公正，符合事实；从正面影响和负面影响两个方面来介绍三峡大坝，材料比较全面，观点比较客观。

澳大利亚地理教材中有多处提到中国，在人文地理部分主要关注中国的人口、资源、文化、政治和发展。材料基本客观，但夹杂着惯有的批评，如对计划生育、环境保护等的批评。

第三节　教材难度的国际比较研究带来的建议与启示

一、对我国高中地理教材的修改建议

第一，我国高中地理教材的总难度处于中等水平，内部的各个主题却是有难有易。修改地理教材时就需要思考，比较难的主题，需要那么难吗？到底多难合适？比较容易的主题，也有难度多少为合适的问题。

比较而言，我国高中地理教材可以考虑适当降低自然地理部分的难度。比如，减少"地球运动"主题的内容。只有 3 个国家的教材有这个主题的内容，其中只有我国进行了系统的讲解，而且难度最大。"地球圈层结构"的知识也可以简化。我国教材中"大气圈"主题的内容深度位列第 1。"大气圈"主题是我国高中地理教科书的经典核心内容，所涉及的知识点是自然地理部分各知识主题中最多的，所用篇幅和教学时间也是最多的，如"三圈环流""热力环流""海陆热力差异"等知识的深度较大。修改教材时可以适当减少这部分内容，减小内容深度，并多结合实际生活案例进行讲解。

选择高中地理教材的内容，不仅要考虑地理科学体系，也要联系中国的地理国情，增加如自然资源、自然灾害、生态环境等方面的知识。

第二，我国高中地理教材的人文地理部分可以适当加入对热点问题的探讨，引导学生运用地理思维思考问题。我国教材的人文地理部分主要划分为人口、城市、农业、工业、交通、人地关系 6 个模块，国外地理教材的人文地理内容则多以专题的形式展开，关注世界发展不平衡、食品地理、资源利用、文化等全球热点问题。其中，澳大利亚教材突出了资源、文化、政治和发展；日本教材强调了文化、民族、资源；新加坡教材强调了旅游业、发展和食品；俄罗斯教材则关注资源和世界经济等内容。地理学科是一个紧密结合实际的学科，与国外教材相比较，我国高中地理教材在这个方面普遍存在不足，应用性较差，值得我们认真关注。

第三，我国高中地理教材内容普遍缺少地理学史、科学史的科学渗透，可以考虑适当增加该部分内容。通过地理发现史、地理科学家的故事等加强对学生情感态度价值观的培养。

二、对我国高中地理课程与教材改革的启示

本课题的研究解决了我国高中地理教材"难不难"的问题。接下来人们可能会问，我国高中地理教材"好不好"呢？这个问题值得我们进一步思考，也是我们今后研究的重要课题。

好的教材的标准是什么？本课题的研究给了我们一些启示。这些启示既是本研究的重要结论，也可以成为后续研究的一个开篇。

（一）好看是好教材的起码条件

在地理教材比较研究过程中，我们常常听到人们对国外教材的一些图像、印制水平的赞扬，这些赞扬甚至有些夸张。在此，我们需要强调，教材的图像、印制水平是重要的，但图文并茂、印制精良只是好教材的起码条件，而不是唯一标准，因为再精美的画报也成不了教材。

我们除了关注教材的图像、印制外，更为重要的是研究教材的表层结构，即课文系统、图像系统和作业系统内容是否充实，各系统之间关系是否清晰，比例是否恰当。

（二）好教材主要是内容好

高中地理教材到底应该介绍什么内容？选择的标准是什么？各部分内在的关系是什么？这主要指的是教材的深层结构，即教材的知识、能力、情感态度价值观的内容是否充实，关系是否清晰，能否相互促进，比例是否恰当。

我们认为，高中地理教材首先要浓缩知识主题，突出核心素养。

关于核心素养的研究，已经在国际上形成一股巨大的浪潮。什么是核心素养？按照目前一般的理解，核心素养是（跨）学科知识和技能、过程

与方法、情感态度和价值观的整合，不是简单的学科与技能；是个体在面对复杂的、不确定的现实生活情境时，分析情境、发现问题、提出问题、解决问题、交流结果过程中表现出来的综合性品质。

地理课程教材改革对核心素养也有研究和反映。如美国最新版地理课程标准《终身地理教育：2012 年国家地理标准（第 2 版）》在《终身地理教育：1994 年国家地理标准》的基础上进行了修改补充，它依然以 6 大要素和 18 项标准为主线。6 大要素包括空间尺度上的世界、地方和区域、自然系统、人文系统、环境和社会以及地理学的应用，涵盖了从幼儿园到 12 年级的地理知识。每个要素中包含 2 至 5 项标准，每项标准又按学年来分述。依据学年的特点，美国地理课标将学生划分成 3 个阶段：幼儿园到第 4 学年，第 5 学年到第 8 学年，第 9 学年到第 12 学年。德国中学地理课程标准（2012 版）则把培养目标概括为 6 方面的能力，包括地理学科知识、空间定位能力、资料的收集与选择、合作与交流、地理信息评价、行为能力。

国际地理奥林匹克竞赛集中在 12 个主题，包括：气候与气候变化，灾害与灾害管理，资源与资源管理，环境地理与可持续发展，地貌、景观和土地利用，农业地理和粮食问题，人口与人口变化，经济地理与全球化，发展地理与空间不平衡，城市地理、城市更新与城市规划，旅游和旅游管理，文化地理与区域认同。

可见，突出核心素养已经成为高中地理教材内容选择的首要标准。那么，什么是地理学科的核心素养？新修订的高中地理课程标准列出了 4 个核心素养，它们是：人地协调观、综合思维、区域认知、地理实践力。每个核心素养又分成 5 级水平。高中地理课程的总目标是培养学生的地理核心素养，使学生在一定程度上形成人地协调观，增强社会责任感；使学生学会运用地理综合思维、区域认知的方法，解决地理问题；使学生初步具备地理实践力，将理论与实际密切结合，为未来学习和走向社会打下基础。

核心素养的形成和培养无法脱离地理学科内容。个体只有具备系统的、结构化的地理学科知识和技能、思想方法和探究模式，才能深刻理解特定任务情境，明确问题，形成假设，解决问题。地理教材要强调地理学科内容的结构性和关联性，避免从孤立的、过细的学科知识点角度思考学科内容；要突出地理思想方法和探究技能的运用，关注重要的、整合的现象，创设基于现实情境的复杂或开放性问题。

4个核心素养是地理学多个素养中最核心、最高层的素养，它们是纲，纲举目张。它们可以统领地理教材的知识体系，使教材内容突出地理学的本质。在核心素养的统领下，我们需要进一步找出核心的概念、关键能力，分析并厘清概念的进阶。围绕核心素养编写地理教材，符合学生的心理发展和认识规律，有利于学生的认知和发展，这是好教材的本质特点。

（三） 学生好学是好教材的根本

目前，学生在学校所"获得"的地理知识或技能之所以无法迁移到现实生活中去，关键就在于学校学习活动所依存的情境被过于人为地简化和抽象化，丧失了和现实生活的链接。下面的例子可以很好地说明这个问题。在1993年中德历史、地理教科书合作项目研讨会上，当时的中国地理教材中介绍德国为"发达的资本主义国家，工业在国民经济中占绝对优势"。德国维尔茨堡大学博恩教授问道："什么是发达的？什么是资本主义？什么是工业国？"后来，王民教授与博恩教授对各自所在国家的中学生进行调查①，结果显示，德国中学生对中国人的3个印象分别是筷子、长城、眯缝眼（单眼皮）；中国中学生对德国人的3个印象分别是希特勒、足球、汽车。可以看出，中学生对对方国家的认识都是具体的，有情境

---

① 王民教授与博恩教授在调查研究结束后，共同编著了《德国—中国：地理教科书视野的扩展》一书，由中国地图出版社于1998年出版。

的。德国工业发达的具体表现为"汽车"，而不是一个抽象的"工业国"；中国历史悠久，则具体反映在"长城"上。

因此，地理教材要将知识条件化，即将地理知识带回具体的问题情境、熟知的生活情境、概念框架情境中，力避知识干涸化；将地理知识按某种逻辑组织起来，形成网状结构，以免碎片化；在知识与该知识习得过程之间建立关联思考，避免"用不科学的方法教科学"，杜绝各种假学习。

在探讨教材如何将"知识条件化"之前，我们需要讨论一下情境。什么是情境？它是指在一定时间内各种情况的相对的或结合的境况，包括戏剧情境、规定情境、教学情境、社会情境、学习情境等。问题情境是指教师有目的、有意识地创设各种情境，促使学生质疑问难。问题源于情境。问题情境教学可追溯到古希腊苏格拉底的问题教学法或谈话法。美国教育家杜威在 20 世纪初曾提倡过问题教学，其核心就是问题情境。布鲁纳的问题教学法（又称发现法）也主张创设问题情境。他认为："学习者在一定的问题情境中，经历对学习材料的亲身体验和发展过程，才是学习者最有价值的东西。"

核心素养是学习和教育过程中形成或培养起来的内在品质，是无法直接观测的，需要通过学生应对复杂现实情境的外在表现加以推断。各种复杂的开放性的现实情境是评价学生核心素养发展水平的重要依托。情境可以分成不同的水平，从简单、良好结构情境到复杂、良好构情境或者简单、不良结构情境，最后到复杂、不良结构情境。

接下来，我们具体探讨地理教材如何将知识条件化。

首先，创设具体的问题情境要基于"真实"的地理，具体可以包括：地理景观、地理空间、地理分布、地理实验与活动等。比如，狮身人面像在埃及是真实的景观，而在中国再建，它就不是"真实"的景观了，至多是一个建筑。

其次，生活情境一定要基于"活"的地理、学生身边的地理。情境不仅要真实，还要结合学生的实际或者可以理解的实际，要教给学生"活"的地理。比如，探索欧洲不同地区传统民居墙壁厚度变化的原因。在建筑保温材料尚未普及的时代，从大西洋沿岸往东至俄罗斯，欧洲传统民居的墙壁在厚度上呈现出一定的变化规律。教师可以引导学生观察图片（图片显示：英国南部墙厚 23 厘米，德国西部墙厚 26 厘米，德国东部墙厚 38 厘米，波兰中部墙厚 51 厘米，俄罗斯西部墙厚 73 厘米），然后找出这种规律，让学生思考：墙壁厚度发生变化的主要原因是什么？不同区域的地理环境对人类活动有哪些方面的影响？

最后，结合学生学习的地理知识，给出概念框架情境。比如，在《义务教育地理课程标准（2011 年版）》中，认识区域是从"大洲、地区、国家"3 个不同尺度进行的，这是认识区域的概念框架。对这 3 个尺度，我们在教材中给出 3 个情境：从太空看地球——认识大洲，从空中看地球——认识地区，从地面看地球——认识国家，或者更确切一些，从太空看地球——认识大洲，从空中看世界——认识地区，从地面看人地关系——认识国家。这样，就形成了概念框架情境。

附　　录

参与国际比较的高中地理教材目录

一、中国《地理》

《地理1（必修）》目录

第一章　行星地球

　第一节　宇宙中的地球

　第二节　太阳对地球的影响

　第三节　地球的运动

　第四节　地球的圈层结构

　问题研究　月球基地应该是什么样子

第二章　地球上的大气

　第一节　冷热不均引起大气运动

　第二节　气压带和风带

　第三节　常见天气系统

　第四节　全球气候变化

　问题研究　为什么市区气温比郊区高

第三章　地球上的水

　第一节　自然界的水循环

　第二节　大规模的海水运动

第三节　水资源的合理利用

　问题研究　如何利用南极冰山解决沙特

　　　　　　阿拉伯的缺水问题

第四章　地表形态的塑造

　第一节　营造地表形态的力量

　第二节　山地的形成

　第三节　河流地貌的发育

　问题研究　崇明岛的未来是什么样子

第五章　自然地理环境的整体性与差异性

　第一节　自然地理环境的整体性

　第二节　自然地理环境的差异性

　问题研究　如何看待我国西北地区城市

　　　　　　引进欧洲冷季型草坪

主要地理名词中英文对照表

《地理2（必修）》目录

第一章　人口的变化

　第一节　人口的数量变化

　第二节　人口的空间变化

　第三节　人口的合理容量

　问题研究　如何看待农民工现象

第二章　城市与城市化

　第一节　城市内部空间结构

　第二节　不同等级城市的服务功能

二、澳大利亚《全球交互作用》

第一章　自然生态的交互作用

1.1　自然生态的交互作用：绪论

自然生态环境的四大要素

人类影响、全球维度

什么是可持续发展

1.2　大气圈

大气的结构和组成

大气过程

全球气候类型

小气候的形成

人类与大气的相互作用

1.3　水圈

水循环

人类与水圈的交互作用

1.4　岩石圈

塑造地球表面的力量

大陆漂移和原始大陆

水塑造的地貌

风成地貌

冰造就的地貌

土壤

人类和岩石圈的相互作用

1.5　生物圈

地球上的生命

生态系统

全球植被类型的影响因素

生物多样性

当地植被的发展

1.6　海岸环境和海岸沉积物的处理

沿海环境

波浪：塑造海岸线

潮汐和水流

海岸的侵蚀和堆积

海岸沉积物收支

堆积地貌

人类对海岸演变过程的影响

可持续发展和海岸管理

1.7　流域与河流治理

河流流域

河流的功能

决定河流自然属性的是什么

河流地貌

河流是一个系统

河流生态系统

河流治理

第二章　全球性挑战

2.1　人口地理

世界人口：不断变化的性质、速率和
　　　　分布

影响生育率和死亡率的因素

人口迁移

人口规模和分布变化产生的问题

2.2　自然资源的利用

自然资源的特性

自然资源：可再生、回收和枯竭

自然资源的分布

资源的产量和消耗的不一致

与自然资源相关的经济和政治问题

自然资源所有权

有关自然资源的社会和环境问题

资源管理策略评估

2.3　文化融合

文化融合的定义

什么是文化

大众消费文化的传播、采纳和适应

影响文化融合的因素

文化融合的影响

2.4　政治地理

政治地理学和地缘政治学

民族国家的特点及角色变换

对国家主权的挑战

引起政治紧张和冲突的原因

政治紧张和冲突的地理结果

政治紧张和冲突的社会政治结果

解决问题和应对挑战的路径

2.5　发展地理学：朝向全球公平

理解发展

发展和空间差异

发展问题

影响发展速率的因素

公平问题和发展

三、德国《实践地理·起步阶段》

1 蓝色星球和地理区

1.1 有关大气的基础知识

大气的结构和组成

地球的辐射和热平衡

能量输入和全球光照

气温

能量输送：气压和风

能量输送：大气中的水

1.2 重要的循环：水和碳

水：循环中的水

碳循环

1.3 有关大气环流的基础知识

地转偏向力和西风急流

动态高压区和低压区的形成

风带和气压带

信风

季风

1.4 有关洋流的基础知识

洋流的成因

全球洋流模型

洋流作为能源运输系统

沃克环流和厄尔尼诺

1.5 中纬度地区的天气现象

气旋与反气旋的天气现象

方法：读天气图

中欧的大尺度天气系统

中欧天气的特殊现象和规律

方法：读天气卫星图

1.6 气候区与植被区简介

气候区

植被区及其边界

地理区

方法：解读气候直方图

2 生态系统和人类干预

2.1 热带

内热带生态系统

内热带生态系统中的人类干预

土地使用不当的后果

热带雨林被破坏的原因

案例：亚马孙河流域（巴西）

热带雨林的可持续利用

外热带生态系统

外热带生态系统中的人类干预

方法：绘制和读取因果剖面图

荒漠化的原因和后果

案例：马里

2.2 寒带

有关自然区的基础知识

亚极地区的利用

空间开发及其后果——以科拉半

气候保护和气候政策

5 可持续发展：针对全球环境问题的一个回答

5.1 可持续的生产方式

增长的极限：全球性的挑战

可持续发展：最后的拯救

消费行为和可持续经济

生态农业

生命周期评估：可持续生产的一种办法

生产流程分析：可持续生产的一种办法

生态审计：环境评估的一种操作方法

循环经济：一种正确的观念

5.2 综合征的概念

案例：过度开采综合征

方法：用综合征的方法来分析互动关系

5.3 全球性问题领域：淡水

生态冲突：案例：从咸海到咸沙漠

方法：情境脚本分析技术

政治冲突：案例：中东：为水而战

5.4 全球性问题领域：土壤退化

土壤污染：案例：工业废弃地

土壤退化：案例：萨赫勒地区的荒漠化

小建议

能力训练

方法：建立公文包：一种资料汇集方法

方法：考试：经过训练提高准确和可靠性

方法：如何做报告

词汇表

图片来源

四、韩国《地球科学Ⅰ》

Ⅰ 地球只有一个

1. 地球的探索

1.1 地球科学的领域和特征是什么

1.1.1 地球科学的领域和特征

1.1.2 地球科学和社会及科学史的关系

1.1.3 现代地球科学的发展和展望

1.2 地球科学的探索方法

1.2.1 地球科学的探索过程

1.2.2 地球和宇宙的探索方法

本节知识概括

本节综合习题   习题答案及解析

本章综合习题   索引

附录

五、美国《地理》

第一单元　地理基础

第一章　自然地理：看地球

第二章　自然地理：活跃的地球

第三章　自然地理：气候和植被

第四章　人口和地方

第二单元　美国和加拿大

概述：整体概览：当今大事

第五章　美国和加拿大的自然地理：反差极大的土地

第六章　美国的人文地理：塑造和富饶的土地

第七章　加拿大人文地理：形成一个广阔的荒凉

第八章　当今大事：美国和加拿大

第三单元　拉丁美洲

概述：整体概览：当今大事

第九章　拉丁美洲的自然地理：从安第斯山脉到亚马孙

第十章　拉丁美洲的人文地理：混合的文化

第十一章　当今大事：拉丁美洲

第四单元　欧洲

概述：整体概览：当今大事

第十二章　欧洲的自然地理：Pensulia 半岛

第十三章　欧洲的人文地理：多元、冲突和联合

第十四章　当今大事：欧洲

第五单元　俄罗斯

概述：整体概览：当今大事

第十五章　俄罗斯的自然地理：极端条件的陆地

第十六章　俄罗斯的人文地理：多元的遗产

第十七章　当今大事：俄罗斯

第六单元　非洲

概述：整体概览：当今大事

第十八章　非洲的自然地理：高原大陆

第十九章　非洲的人文地理：从人类起源到新的国家

第二十章　当今大事：非洲

第七单元　西北亚

概述：整体概览：当今大事

第二十一章　西北亚的自然地理：严酷和干旱的土地

第二十二章　西北亚的人文地理：宗教、政治和石油

第二十三章　当今大事：西北亚

第八单元　南亚

概述：整体概览：当今大事

第二十四章　南亚的自然地理：板块碰撞的土地

第二十五章　南亚的人文地理：反差很大的区域

第二十六章　当今大事：南亚

第九单元　东亚

概述：整体概览：当今大事

第二十七章　东亚的自然地理：崎岖的地形

第二十八章　东亚的人文地理：共享的文化传统

第二十九章　当今大事：东亚

第十单元　东南亚、大洋洲和南极洲

概述：整体概览：当今大事

第三十章　东南亚、大洋洲和南极洲的自然地理：反差较大的区域

第三十一章　东南亚、大洋洲和南极洲的人文地理：移民和征服

第三十二章　当今大事：东南亚、大洋洲和南极洲

六、日本《新详地理 B》

七、新加坡《地球：我们的家园4》

主题1　人文地理学简要介绍

第一章：人文地理学简要介绍

·人类及其活动

·人类与环境之间的相互作用

主题2　世界产业（仅针对 GCE-0 水平）

第二章：产业类型

·什么是产业

·产业类型

·国家的工业化

·对产业的持续研究

第三章：产业区位

·影响产业区位的因素

·世界的产业布局

第四章：全球产业格局的变化

·全球范围内的制造业是如何变化的

·转移的趋势

·为什么产业要把制造业转移呢

·转移趋势的影响

第五章：新兴工业经济体的研究

·新兴工业经济体的崛起

·新兴工业经济体：印度

主题3　旅游业

第六章：旅游业

·什么是旅游

·旅游业的发展

·旅游业发展的原因

·管理旅游业影响的需要

第七章：旅游业的发展带来的影响

·旅游业的发展带来的影响

·管理旅游业影响的需要

第八章：管理旅游业带来的影响

·如何才能管理旅游业带来的影响

·可持续旅游

·不同组织间合作的重要性

主题 4　发展

第九章：世界发展的不平衡

· 什么是发展

· 探究发展的不平衡

· 评价一个国家的发展水平

· 发达国家和发展中国家发展水平差异

· 为什么会存在发展不平衡的状况

第十章：世界发展不平衡的原因

· 为什么会存在发展不平衡现象

· 我们可以削弱这种不平衡现象吗

第十一章：减缓发展不平衡的策略

· 我们如何才能减缓发展不平衡问题

· 国际合作

· 国家尺度上的发展不平衡

· 展望更好的未来

主题 5　食品地理

第十二章：食品消费

· 食物的作用

· 20 世纪 60 年代以来的食品消费趋势

· 食品消费变化的原因

· 食品消费变化的影响

· 对食品消费变化的响应

· 满足世界的食品需求

第十三章：粮食生产的强度

· 粮食生产强度

· 影响生产力的因素

· 食品生产力增长带来的影响

第十四章：食品生产的发展

· 食品生产的加速带来的影响

· 转基因农作物

· 食品生产发展带来的成效

八、英国《高级地理》

第 17 章　经济

第 20 章　旅游业

第 18 章　运输和贸易

第 21 章　发达国家和发展中国家

第 19 章　区域不平等

九、法国《生命与地球科学 2 年级》（节选）

主题 1　地球：可居住的行星

初中基础知识回顾

章节 1　地球：可居住的行星

1 太阳系

2 地球：太阳系的一颗行星

3 地球大气层的独特性

4 被太阳照耀的地表

5 宇宙中的水

■ 科学求知欲

主题 2　当代行星的筹码：能量与地球

初中基础知识回顾

章节 5　太阳：能量的来源

1 地球接收的太阳能

2 光与光合作用

3 地球上的光合作用

4 太阳能和大气运动

5 太阳能和水运动

6 利用源于太阳的能量

章节 6　矿物燃料：过去的太阳能

1 矿物燃料：一种地下资源

2 矿物燃料的生物根源

3 从生物量到矿物燃料

4 矿物燃料的矿物层

5 发现并开采新的矿物层

6 矿物燃料的利用与碳循环

■ 科学求知欲

章节 7　土地：持久的财富？

1 非洲的土地和水

2 土地和水：哺育人类的必需品

3 什么是土地

4 土地：形成缓慢

5 土地：迅速衰退

6 保护土地：可持续农业

7 土地的管理：行星的筹码

■ 科学求知欲

主题 2 概括

十、俄罗斯《地理 10 年级》

前言

第一章　世界的总体特征

主题 1　现代世界政区图

1 现代世界国家的多样性

2 国际关系对世界政区图的影响

3 世界国家体制

参考文献

安德森，2009. 布卢姆教育目标分类学：分类学视野下的学与教及其测评（修订版）［M］. 蒋小平，张琴美，罗晶晶，译. 北京：外语教学与研究出版社.

鲍建生，2011. 主要国家高中数学教材的综合难度及其特征难度的比较研究［J］. 中学数学月刊（4）：35.

陈志鸿，2005. 地理新课程教学中的"教材观、学习观、评价观"［J］. 青海师专学报（教育科学版）（1/2）：122-123.

段玉山，陈澄，2010. 义务教育阶段地理课程标准的修订思路［J］. 课程·教材·教法（12）：80-86.

顾明远，2010. 学习和解读《国家中长期教育改革和发展规划纲要（2010—2020年）》［J］. 高等教育研究（7）：1-6.

国际地理联合会地理教育委员会，1993. 地理教育国际宪章［J］. 冯以浤，译. 地理学报（4）：289-296.

黄甫全，1995. 对中小学课程难度灰色模型 GM_n（1，1）的探索［J］. 系统工程理论与实践（10）：63-70.

孔凡哲，史宁中，2006. 现行教科书课程难度的静态定量对比分析：以初中数学课程标准实验教科书"不等式"、"四边形"课程内容为例［J］. 教育科学（3）：40-43.

雷云，2015. 新课程改革背景下的初中地理教学［J］. 学周刊（2）：124.

李长吉，2011. 防治教科书对农村的遗忘［J］. 课程·教材·教法（6）：23-28.

李家清，2010. 地理课程与教学论［M］. 武汉：华中师范大学出版社.

李强，李孟璐，2011. 变"教材"为"学材"的几个基本问题［J］. 教育理论与实践（10）：15-17.

林培英，2011. 学校地理教学方法的变革：我国地理课程变革中的继承与发展之教学法篇［J］. 首都师范大学学报（社会科学版）（1）：60-67.

林培英，杨国栋，2011. 高中地理教科书的文本比较研究与编写实践［M］. 北京：中国环境科学出版社.

刘儒德，1996. 论问题解决过程的模式［J］. 北京师范大学学报（社会科学版）（1）：22-30.

裴娣娜，2007. 教学论［M］. 北京：教育科学出版社.

沈晓敏，2001. 关于新媒体时代教科书的性质与功能之研究［J］. 全球教育展望（3）：23-27.

王策三，2004. 认真对待"轻视知识"的教育思潮：再评由"应试教育"向素质教育转轨提法的讨论［J］. 北京大学教育评论（3）：5-23.

王民，2001. 地理课程论［M］. 南宁：广西教育出版社.

王民，2003. 地理新课程教学论［M］. 北京：高等教育出版社.

王民，2005. 地理比较教育［M］. 南宁：广西教育出版社.

魏宏聚，2010. 新课程三维目标表述方式商榷［J］. 教育科学研究（4）：11-12.

徐英杰，韩保来，2001. 面向 21 世纪区域实施素质教育探索与研究［M］. 北京：中国文联出版社.

张华，2011. 关于教科书内容变革的思考［J］. 教育发展研究（10）：88.

中华人民共和国教育部，2003. 普通高中地理课程标准（实验）［S］. 北京：人民教育出版社.

中华人民共和国教育部，2012. 义务教育地理课程标准（2011 年版）［S］. 北京：北京师范大学出版社.

钟启泉，2005a. 概念重建与我国课程创新：与《认真对待"轻视知识"的教育思潮》作者商榷［J］. 北京大学教育评论（1）：48-57.

钟启泉，2005b. 中国课程改革：挑战与反思［J］. 比较教育研究（12）：18-23.

钟启泉，2008. 课程的逻辑［M］. 上海：华东师范大学出版社.

钟启泉，杨明全，2001. 主要发达国家基础教育课程改革的动向及启示［J］. 全球教育展望（4）：7-9.

钟启泉，张华，2001. 为了中华民族的复兴，为了每位学生的发展：《基础教育课程改革纲要（试行）》解读［M］. 上海：华东师范大学出版社.

仲小敏，宫作民，2001. 20 世纪末美国地理教育发展的思考［J］. 中学地理教学参考（7/8）：7-9.

朱慕菊，2002. 走向新课程：与课程实施者对话［M］. 北京：北京师范大学出版社.

Kintsch W, van Dijk T A, 1978. Toward a model of text comprehension and production［J］. Psychological Review，85（5）：363-394.

索　引

后　记

本书是国家社科基金"十二五"规划 2012 年度教育学重点课题"中小学理科教材国际比较研究(高中地理)"(课题批准号：AHA120008)的研究成果。

2012 年 2 月 3 日,国家社科基金重大委托项目"中小学教材难易程度的国际比较研究"第一次研讨会在北京召开。项目紧紧围绕"中小学""教材""难度"3 个关键词展开研究,重点研究教材中的知识问题,不做教材好坏的价值性判断。通过比较研究,要明确回答如下 3 个问题：中国教材到底难不难? 哪些学科难? 在学生不同年龄阶段,教材难度如何? 研究对基本性的事实问题要有定论。

高中地理教材难度的国际比较研究是国家社科基金的子项目之一,严格按照总课题组的要求进行研究。2012 年 3 月 2 日在北京师范大学地理学与遥感科学学院 180 会议室举行本项目开题会,专家组组长：刘恩山教授(北京师范大学生命科学学院),专家组成员有：曹一鸣教授(北京师范大学数学学院)、李春密教授(北京师范大学物理系)、韦志榕编审(人民教育出版社)、陈红博士(北京市东城区教师进修学院研究员)。专家组听取了高中地理教材难易程度国际比较研究课题首席专家、北京师范大学地理学与遥感科学学院王民教授的汇报,进行了认真的研究和评议。之后,课题通过了开题报告,进入研究阶段。

本课题选取 4 大洲的 10 个国家(英国、法国、德国、俄罗斯、日本、韩国、新加坡、中国、美国和澳大利亚)的高中地理教材(每个国家选择一套主流教材），从教材内容的广度、深度对其进行难度分析和比较研究。本课题拟解决两个主要问题：①中学地理教材难易程度应该如何表述？具体可以采用哪些指标进行度量？②与所选国家的教材相比较，我国当前使用的高中地理教材难度水平如何？

课题组研制开发了评价研究工具，选择了 10 个国家有代表性的教材进行翻译，分别对这 10 个国家的教材从广度和深度两方面进行了赋值，并计算了相应的难度。

2014 年 5 月 6 日，全国教育科学规划领导小组办公室在北京会议中心举行"中小学理科教材国际比较研究"成果报告暨专题研讨会，数学、物理、化学、生物、地理、科学共 6 个学科的专家均到场参加汇报和研讨。两年多的研究结果表明，我国初中地理教材的难度排在 10 个国家的第 5 位、高中地理教材的难度排在 10 个国家的第 4 位，均处于国际中等水平。

王民教授代表地理学科作题为"中学地理教科书难易程度的国际比较——基于国际十国中学地理教科书的研究"的大会发言。王民教授对高中地理教科书国际比较研究的成果进行了简要说明。

在我国乃至世界课程的设置中，地理学科是一门文理兼备的学科，有自然地理、人文地理和区域地理等诸多分支。其中，自然地理学以人类赖以生存的地球表层自然环境为研究对象，以研究地球表层自然环境的组成、结构、特征、区域分异规律、形成与运行机制为目的；人文地理学是研究地球表面人类活动与地理环境之间相互关系形成的地域系统及其空间结构的学科，更偏向于社会文化；区域地理学则研究地球表层某一地域地理环境的形成、结构、特征、演化过程以及区域分异规律。3 个分支在内容上存在巨大的差异，因此在难易程度比较过程中，需要将其进行分别比较，以保证研究结果的可行性。

10 个国家的教材内容安排各有不同，从地理学分支上来看分为自然地理、人文地理、区域地理等诸多分支。本研究进行内容广度分析时，将自然地理、人文地理、区域地理划分为本研究的 3 个模块。每个模块下，又可以划分出知识主题：在自然地理部分中，提取出行星地球、地球运动等 7 个有三国以上教材含有的知识主题；在人文地理部分中，提取人口、城市、人地关系、自然资源等 8 个有两国以上教材含有的知识主题；区域地理部分因为各国教材的内容设置差异太大，无法提取共同的知识主题，所以没有共同知识主题。在每个知识主题下，又包括许多知识点，知识点是本研究内容广度计算中的重要单位。

10 本参加国际比较的高中地理教材的平均难度是 0.37。高中地理教材总体难度由大到小依次为：澳大利亚、英国、俄罗斯、中国、新加坡、美国、德国、法国、韩国和日本。难度标准化之后，可以看到澳大利亚教材的难度值最高，达到 1.00，而日本教材的难度值最低，为 0.00。中国教材位居第 4，难度值为 0.37，恰好处于平均水平。

总体来说，中国教材的难度适中。中国教材包括自然地理和人文地理两个模块，自然地理模块的难度排名第 4（共 8 个国家），人文地理模块的难度排名第 3（共 6 个国家）。在具体的知识主题中，"地球运动""城市""产业"主题比拥有相同知识主题的别国教材的难度大。

《光明日报》等媒体对本次成果公开报告会的内容做了报道。总课题负责人袁振国教授表示，"我们的中小学生负担重与教材难度有多大关系，我们不能凭感觉和经验，如果没有充分研究就做出教材调整的决策是不可行的，要把感觉和经验变成科学，就需要用大量数据来说明，这正是两年前我们开始这项研究的原因。现在，在实证研究的基础上，我们可以用数据来说，我们的教材并不难，我们中小学课业负担与教材难度没有直接关系"。

本课题研究是集体完成的，具体分为 4 个阶段。

阶段 1：研制高中地理教材内容难度研究模型和方法；以人教版、中图版的高一地理教材为具体研究对象开展工作，测试研究模型和方法；采集相关数据。

阶段 2：翻译英语语种的高中地理教材（包括澳大利亚、英国、新加坡、美国 4 国的教材），对英语语种的高一地理教材内容难度进行研究，采集相关数据。

阶段 3：完成对其他语种教材的翻译工作，包括俄罗斯、德国、法国、韩国和日本 5 国。对其他语种国家教材内容难度进行研究，采集相关数据。

阶段 4：对各国高中地理教材的分析数据进行汇总，完成对 10 个国家高中地理教材难易程度的研究评价。

本课题负责人为北京师范大学的王民教授，北京师范大学团队参加研究工作的有：蔚东英、何亚琼、杨洁、杨敏、李楠、李春梅、王婧博、李泠、郭思彤、孔德婧、马菁、孟丽、宋晓莹、高翠微、冯媛霞等，负责澳大利亚、英国、新加坡、美国的地理教材的翻译工作。

哈尔滨师范大学教育学院万敏副教授负责俄罗斯地理教材的翻译工作，德国波鸿鲁尔大学留学生纪李梅翻译德国地理教材，首都师范大学周洵副教授翻译法国地理教材，韩国东国大学留学生李红翻译韩国地理教材，吉普利（北京）国际文化发展有限公司的李寒负责日本教材的翻译工作。

在各国地理教材翻译打印稿的基础上，根据难度模型，分工进行各册的整理赋值工作，主要由北京师范大学的研究团队完成。本课题的研究是一个严密组织的工程，在对教材难度进行赋值时，需要开会讨论各种情况，确定赋值的标准，并给出样例，供参考比较。

本课题的研究总报告撰写主要由王民、蔚东英、何亚琼、杨洁等完成。本书在研究总报告的基础上进行了提炼加工，主要由王民、蔚东英、杨洁、何亚琼撰写，最后由王民统稿。

感谢全国教育科学"十二五"规划 2012 年度国家重点课题"中小学理科教材国际比较研究"总课题组，感谢参加高中地理教材难度的国际比较研究项目开题、研究和评审的各位专家，感谢参加高中地理教材难度的国际比较研究项目各国教材翻译的老师和留学生，感谢教育科学出版社责任编辑对本书顺利出版所付出的努力。

由于我们水平有限，虽已尽力，但书中难免存在各种缺陷和不足，望各位老师不吝赐教。

王　民

2016 年 6 月 5 日于北京师范大学